サピエンティア *sapientia* 53

始まりの知

ファノンの臨床

Beginnings: Fanon, clinically situated

冨山一郎［著］

法政大学出版局

始まりの知

目次

序章　尋問空間

私は、言語現象を根本的に重視するものである。……話すとは、断固として他人に対して存在することであるのだから。[1]

——フランツ・ファノン

個性を表現すべき自分自身の言語を有つてゐない。[2]

——伊波普猷

集団は新たな言葉の姿を求めている。[3]

——『土曜日』

始原（origin）は、そこに由来するものを、中心となって支配するが、始まり（beginning）は、非線状的（nonlinear）な展開を押し進めようとする。[4]

——エドワード・W・サイード

1　家計簿

いつのころからか、出来事や思いついた考えあるいは抱いた感情を、緑色のお気に入りのフィールドノートに記すようになった。日記といえばそうなのだが、毎日つけているわけでもなければ、その日の事を書いているわけでもない。また何を書いているのかということよりも、書くという行為自体に意味があるように思う。それは、自分の中で動き出す思考や感情を逃さず書くことにより、私という存在を確かめているといったほうがいいのかもしれない。そしてこのように記すときは、多くの場合、この私という存在を確かめることが求められている時だ。

この「求められる」とは、自分の内面から生じていることではない。むしろ、自分ではどうすることもできない外的な状況から派生している。外的に私という存在を提示するよう、問答無用で求められるのであり、あえていえば自分ではどうすることもできない状況と自分との折り合いをつけようとして、書くのだ。だがそこには、その折り合いが破たんしてしまうという危機が、たえず持ち込まれているといっていいだろう。大げさにいえば折り合いをつけながら言葉を記すとき、まわりの状況と自分との折り合いの崩壊とともに浮かび上がる私という存在が、書くことによって潜在的に抱え込まれているのだ。この私は、既存の世界に居場所をもつことのできない私である。

この抱え込むこととは、書かれた内容というよりも、少なくともそれだけではなく、書くという行為そのものによって生じている。どんなに世界との一体感を表明しようと、表明せざるを得ない自分が、そして決して一体化などできない自分が、比喩的に抱え込まれているのだ。生き延びるために現実を受け入れ、その現実の中で生きる自分を記すとき、そこには目の前の現実に居場所をみつけることができない存在が潜んでいる。たとえばその記述は、毎日必要とされる食料品や日用品を購入したことを、ただ正確に記録する家計簿なのかもしれない。

いま私の手元には、すでに亡くなったある者がつけていた家計簿がある。介護支援を受けながら一人で生き抜いた彼女は、支給される障害者年金の使用先を毎日丁寧に書き記し続けた。彼女が生きるために必要だったモノたちは、品目と量と価格において表現され、いつ電車に乗り、いつバスに乗ったかということは、交通費として記載されている。それは毎日の生の記録であり、生きるということは、まずはこの年金と支出の均衡を保つことなのだ。しかし、収支の均衡などお構いなしに、彼女が多くの夢とあるべき未来を抱き続けたことを私は知っている。年金からは捻出不可能な旅行を、夢想し計画し続けていたことを知っているのだ。

家計簿をつけることとは、国家による社会保障制度とあらゆるものが商品として供給される世界の中で生きるということに、毎日折り合いをつけることである。そして毎日懸命に生き抜いた記録である彼女の家計簿をひらき、そこに記された鉛筆書きの費目と金額を読むたびに、そこには居場所が準備されていない別の生き方が、浮かび上がるのだ。

だいぶ昔のことになるが、石牟礼道子があるテレビ番組で、亡くなった水俣病患者が毎日つけていた日記について語っていた。その日記には日々の病状と、それに対処する投薬が淡々と記されていたという。このカルテのような日記には、しかし、最後に「今度生まれてくるときは、このような目にあいたくない」と記されていたという。資本の増殖により引き起こされた有機水銀中毒の苦痛とたたかう日々の現実を、淡々と写し取るカルテのような日記は、水俣病を引き起こした者たちにおいて成り立つ既存の現実に対する圧倒的な拒絶において、記されているのである。そして最後のこの文章がたとえ記されていなくても、石牟礼はカルテを読むことにより、その拒絶とそこから浮かび上がる別の未来をつかみ取ろうとしているのだ。

自らも所属しているはずの社会において、その社会においてはどうしても居場所がみつからない自分を凝視するとき、言葉が生まれる。その言葉たちは、居場所のみつからない孤絶の言葉であるだろう。それはいわば、安易な伝達を拒否する圧倒的な孤絶を支える言葉であり、まずは押し黙ることで獲得されるともいえる。と同時にこうした言葉たちは、既存の世界を前提する限りは出会うことのない人々とともにある。いま日記や家計簿ということで示したかったのは、このような孤絶の中から繰り出される言葉たちだ。私はこのような言葉たちから、居場所のみつからない者たちの存在を浮かび上がらせたいと考えている。本書で考えたいことは、遺された言葉たちから始まる蘇生術のようなことである。

この蘇生術とはまずは読むということにかかわるが、言葉が抱え込んでいる者たちを、ほどいていくといった方がいいかもしれない。このほどいていくという言い方には、読むということ以外にも様々な動詞が絡んでくるだろう。またこのほどいていくことにかかわる様々な行為の中で、居場所のみつからない者たちは姿をあらわし現勢化するのだろう。本書ではこのような現勢化から、世界を根底から批判し別の現実を生み出していく可能性を考えてみたいと思う。それは、言葉を遺して逝った者たちとともに作り上げる未来でもある。言葉を読むということは、この未来とともにあるのだ。またそこに、知、あるいは知るという行為を、設定しようと思う。

きっとこのような未来を予感しながら、私は手帳に言葉を記しているのだろう。本書ではさらに、私が言葉を通じて他者と出会い、死者たちも含めて私たちという集合性を獲得していくことを、考えてみたい。誤解のないようにあらかじめいえば、それは集団を分析し、カテゴリーとして命名することなのではない。考えるという行為も含め、言葉と行為が漸近し重なり合うところで始まる他者との関係を、どのように継続し、さらに連累していくのかという問題である。[5] 言葉とは、どのような形態であれ、「断固として他人に対して存在すること[6]」なのだ。未来を作り上げる可能性は、中断された家計簿に抱え込まれている居場所を持たない者たちが連累していくプロセスにこそ、みいだされるべきなのだ。この連累のプロセスを、本書においてこれから考えていくが、先取りしていえばそれは、複数の行為の連鎖において展開される。またそこでは、読む、書く、話す、という言葉にかかわる行為が、間違いなく重要になる。また知という言葉は、この言葉にかかわる複数の行為にこそ、すえたいと思う。

2　尋問空間

居場所のみつからない者たちから始まる言葉の姿の輪郭を、もう少し描いておきたいと思う。そのために、問答無用で私という存在を提示することが求められる状況について、検討しておこう。話しているのに、話しているとはみなされず、ただ身体動作のみが求められる場面を考えてみる。そこではただ、間違わないように体を動かすことだけに神経を集中させていくことになる。そしてこの間違わないようにするという努力の前提には、いくら言葉で説明しても〇〇に見えるという、反論を許さない断言があるだろう。〇〇人に見える、不審者に見える、異常者に見える、犯罪者に見える、アカに見える、過激派に見える、テロリストに見える、あるいはサボっている人のように見える……。

ここで重要なのは、この〇〇に入る名詞をすぐさま社会学的カテゴリーとしてピックアップして社会や秩序を論じることではなく、このような問答無用の断言の横行の中で、なにをいっても無駄なのだという言葉への感触が次第に広がっていくということだ。そしてこの無力感とともに言葉が停止していく先には、暴力が待機している。その暴力は、待機中であってもその存在自体において暴力に晒されているという感覚を生み出すのであり、かかる晒されているという点において、すでに作動している暴力でもある。

このような暴力に晒されているという状況は、レイシズムや植民地主義、占領にかかわることかもしれないし、あるいは戒厳状態にかかわることかもしれない。また、口答えを許さない教室や職場、ブラックバイトの現場かもしれない。こうした様々な場面において、なにが暴力として作動しているのかということを精緻に検討することは、重要である。たとえばレイシズムと占領は違うし、また問答無用の首切りとサーヴィス残業が交錯するブラックバイトの職場には、まちがいなく資本という問題が刻印されているだろう。

しかし概念的あるいは制度的な区分や、具体的事例において暴力を理解してしまう前に、まずは、暴力に晒されているという感覚が膨れ上がり言葉が停止していく状況を、凝視しておきたい。言葉にかかわる手触りとでもいうべき感覚を見失うことなく、本書では議論を進めていきたいのだ。蔓延する暴力を言葉において考えるには、こうした言葉への感覚が、何としても必要なのだ。

次節で述べるように、本書においてはフランツ・ファノンが幾度となく参照されることになる。そしてフランツ・ファノンにおける言葉とは、エピグラフにあるように、「断固として他人に対して存在すること」なのである。だがファノンは、路上で突然、「ほら、ニグロ」と命名されるのだ。「それは通りがかりに私を小突いた外的刺激だった」[7]。次の引用は、この問答無用の命名とともに始まる事態を描いている。

他者は身振りや態度や眼差しで私を着色（fixer）する。染料がプレパラートを着色・固定するように。私は激昂し、釈明を求めた……。なにをしても無駄だった。私はこなごなに砕け散った[8]。

すなわち、自らの身体と身振りへの着色の中で、次第に言葉が停止するのだ。そこでは「なにをしても無駄」であり、釈明を求める言葉も、応答すべき言葉とはみなされないまま放置されていくのである。話しているのに話しているとはみなされず、抗議の声も放置されたまま消えていき、次第に暴力に晒されているという感覚が膨れ上がり、「なにをしても無駄」という圧倒的な受動性が状況を支配していく。この〇〇として着色されていく言葉の状況を、尋問空間とよんでおきたい。

この尋問空間という言葉の設定については、次章においてはジュディス・バトラーの検閲にかかわる議論に関連させて説明し、また第三章以降では戒厳状態ということに引き付けて再度検討するが、この尋問空間の要点は、発せられた言葉が言葉の外におかれ、〇〇を示す徴候的なふるまいになるということだ。言葉は皮膚の色と対応したただの叫び声としてあつかわれ、あるいは精神疾患を示す病状としてカルテに書き込まれ、また生きさせるか「死の中に廃棄する」[9]かどうかの判別として聞き取られる。

「おい、貴様、ジュウゴエンゴジッセンといって見ろ！」[10]（関東大震災における自警団）、「沖縄語ヲ以テ談話シアル者ハ間諜トミナシ処分ス」[11]（沖縄戦における第三二軍）。そこでは言葉は、〇〇を示すふるまいとなり、「なにをしても無駄」という圧倒的な受動性の中で停止していく。本書においては、この尋問空間がすべての出発点としてある。この暴力に晒された圧倒的受動性の中から、ファノンのいう「断固として他人に対して存在すること」を担う言葉を、いかに再開するのか。これが、本書の全体を貫く問いに他ならない。

ところで〇〇を正しく認定することは、法による支配にかかわる問題でもある。見えるということではなく、秩序は法にもとづき〇〇を正しく認定しなければならないというわけだ。しかしここで尋問空間ということで示そうとしている暴力は、法それ自体の存立にかかわっているのであり、その基底に常に待機しているのである。またそうであるがゆえに、〇〇に見えるということにかかわる暴力は、法に内在しながら密かに法を侵食し再定義していく力にもなる。この点についても次章以降で再度議論するが、尋問空間という設定は、法の侵食あるいは再定義にかかわるのだ。また法や制度自体が境界を持つ以上、この待機中の暴力は、法の臨界を縁どり、境界を維持する力でもある。したがって尋問空間は、この境界におかれた者たちの言葉の在処にもかかわるだろう。

だがしかし、もし尋問が自分と無関係だと考える者がいるとしたら、それは大きな間違いだ。境界の内部は、境界において設定されるのであり、逆ではない。法の外に尋問空間があるのではなく、尋問が法を作り上げているのだ。法の内部にいると考えている者たちのすぐ横で尋問はくりかえされているのである。また内部かどうかは尋問が決めることである以上、すべての人々が尋問に晒されているというべきだろう。

本書では、この尋問空間にかかわる議論を、法や制度の手前において考えようと思う。なぜなら、法的正しさはすでに侵食され、再定義されているのであり、また初発から境界において縁どられているからだ。このことに向き合うことなく、暴力に対して、法や制度を守るということや新たな法をすぐさま対峙させることは、結果的に尋問空間ですでに作動中の暴力を追認し補強することになるだろう。問われているのは言葉の停止した状況からどうやって言葉を再開するのかということであり、あるべき正しさを説明することではないのだ。

したがって○○の正しい認定において、問答無用の断言を「間違い」とし批判することは、始めるべき起点を見失わせることになるだろう。この点は次章で、「間違われる」ということをめぐって再度考える。またなによりも重要なのは、○○ではないという抗弁は、○○に対する問答無用の断言を追認しているということだ。「○○ならしかたがないが、私は○○ではない」というわけだ。○○とみなされる者と、○○ではないと思い込んでいる者の間に、このフレーズではない道筋を、本書では考えたいのである。

ところで先に述べた尋問空間における言葉の停止は、単なる沈黙ではなく、停止を回避し続ける饒舌な言葉の秩序であるともいえるかもしれない。すなわち、ラインを越えない限り饒舌に語りうる世界である。たとえばそれは、ある発話が動作として制裁の対象となる一方で、軍命の反復が大声で求められる軍事教錬であり、あるいはまた、ある発言を学問ではないと切り捨てながら自由に話ができると思い込んでいる学者の世界かもしれない。あるいはまた、ここから進むなという機動隊の命令を、当然のこととして受け入れている言葉の世界の饒舌さかもしれない。あるいはさらに、決められた笑顔とともに発せられる「いらっしゃいませ」という発話以外は、いかなる言葉もさぼっている身ぶりとみなされる職場かもしれない。(12) そしてこの均質な言葉の饒舌さの傍らには、問答無用の暴力が支配する領域が、常にすでに存在しているのである。

なにをいっても無駄だから、無駄なことを回避することが、言葉が担う役割ということになるのだ。そのとき往々にして問答無用の暴力は、自分と無関係な領域に追いやられ、あたかも自分たちの外で生じている事態として語られることになる。〇〇だからしかたがない、というわけだ。この〇〇には人や地域、あるいは時期に区分された過去もはいるかもしれない。そしてこの「しかたがない」を前提にして、それを縁どりながら回避するように、饒舌な言葉の世界が成立する。こうした回避は、暴力の他者化でもあり、その他者は言葉の外に留め置かれることになる。それは、〇〇に見えるという断言の横行と、ピッタリと対応している。

だがしかし、くりかえすがすでに暴力に晒されているのだ。晒されているにもかかわらず、他人ごととして語ろうとするその饒舌なる言葉は、回避において構成された秩序の中を飛びかう空虚な記号のようなものでもあるだろう。そしてこの空虚な言葉の傍らで、問答無用の暴力が秩序を支配することになる。暴力がせりあがり、言葉は社会を構成していく力を失ったまま、ただ飛びかうのだ。それは、メルトダウンという壊滅状況を抱え込みながらそれを空虚な「ニッポン」コールによりやり過ごそうとする、この国で現在進行している事態でもあるだろう。あるいは、平和を守れというコールの中で問答無用の暴力に晒され続ける沖縄の状況でもある。本書が前提にしているのは、このようなどうしようもない世界である。

そして、どうしようもないこの世界に居場所がみつからない存在は、暴力を感知するだろう。その者たちが抱え込む、暴力に晒されているという感覚と言葉が停止していく臨界点に、言葉が再開される始まりの起点を定めておきたい。「なにをしても無駄」という圧倒的な受動性が状況を支配するなかで、ファノンは次のように記している。

自己をものとなした(Je me constisuant objet)[13]。

この再帰的表現には、圧倒的な受動性と、みずからがモノになるという能動性が重なり合っている。この受動と能動がV字型に重なり合う領域、すなわち停止と始まりが交差する言葉の停留を[14]、私たちのどうしようもない世界の中にみいだし、そこから開始される言葉の姿を確保すること。本書でおこないたいことは、この確保にかかわる作業である。また開始される言葉はやはり、書くことに加え、読むこと、話すこと、あるいはさらに見えなかった様々な行為が浮かび上がり連鎖していくことであり、再開される新たな言葉の姿はこうした行為とともにある。これから述べていくように、確保するとは、動きにもならない動きも含めた様々な行為の重なりにかかわる動詞なのだ。

そしてこの再開の中で他者と出会い、連累していくことになるだろう。そこでの言葉とは、「断固として他人に対して存在すること」であり、このことを決して手放さない態度こそ、やはり知とよんでもいいのかもしれない。

3　ファノンを読む

本書では、尋問空間の中で始まる新たな姿をまとった言葉を確保するために、フランツ・ファノンが遺した言葉を読もうと思う。ホミ・K・バーバがいうようにファノンの叙述は、「展開するにつれて、「科学的」な事実が街での経験によって浸食され」ていき、しばしば中断されていくようにみえる。[15]このバーバのいう「街での経験」とは、路上に常駐する暴力において構成された日常にかかわる経験であり、ファノンにとってそれはまず植民地状況の問題としてある。すなわち圧倒的な問答無用の暴力に晒されている状況であり、そこでは会話は突然中断され、無言のまま作動する暴力が場を支配するのだ。このような、会話が中断され言葉が停止するギリギリの臨界において、ファノンの遺した言葉は遂行されている。この言葉が消失し、問答無用の力が登場する場面に議論を集中させたい。また、こうした言葉と暴力が拮抗する地点を凝視し続けることにおいてこそ、ファノンを読むことが可能になる。

私は本書で、ファノンの記述をすぐさま植民地支配や占領といった制度的カテゴリーにおいて了解したり、あるいは具体的事例として囲い込むのではなく、まずは暴力に晒されているという感覚が膨れ上がり言葉が停止していく状況を、ファノンの言葉において浮かび上がらせようと思う。またくりかえすが、ファノンが記した植民地状況における路上での尋問が、どうしようもない今の世界において蔓延している尋問空間と無関係ではない以上、ファノンの言葉において浮かび上がる状況は、決して他人ごとではない。

先に述べたようにバーバは、ファノンの記述が暴力的状況の中で中断していくと指摘する。だが、言葉が停止し問答無用の暴力が支配する日常の中にいながら、ファノンは言葉を手放そうとしないのだ。やはり、「話すとは、断固として他人に対して存在すること」なのであり、ファノンは、問答無用の暴力が秩序を支配する中にあって、最後まで言葉においてみいだされる他者との関係を、そして社会を、みずからの存在をかけて担おうとする。

こうしたファノンの存在論的な言葉への執着を、これから幾度となく言及していくことになるが、それは社会を解説することとは異なる言葉の在処にかかわることである。本書の終章でも述べるように、かかる言葉の在処こそ、ファノンにとっての臨床という場の問題だったのだ。それは言葉の停止と再開が重なり合うところ、すなわち前述した停留の位置でもあるだろう。この臨床すなわち停留において、私はファノンを読もうと思う。

ところでファノンをめぐる議論はしばしば、精神科医としてファノンの活動にかかわる精神分析学的な用語が多用された『黒い皮膚・白い仮面』（一九五二年刊行）と、アルジェリアの病院を辞しアルジェリア民族解放戦線に参加していく中で執筆された激しい主張の『地に呪われたる者』（一九六一年刊行）を、切断してなされてきた。とりわけバーバをはじめとして、ポストコロニアル理論の中でファノンが言及される時、前者の『黒い皮膚・白い仮面』が中心的にとりあげられ、激しい暴力的な対峙関係を前提にする後者は、ポストコロニアル状況を議論する際には敬遠される傾向にある。しかし両者は深く結びついているのだ。そしてその結節点こそ、言葉と暴力が拮抗する地点に他ならない。臨床あるいは停留の位置においてファノンを読むとは、この結節点を逃さないことでもあるだろう。

『黒い皮膚・白い仮面』の冒頭でファノンは、「現在は常に未来を構築するのに役立つことが理想だから」といい、その未来とはあくまでも「私の現実の生の未来」であり、したがってどこまでも「私の時代に属している」と述べている[16]。この冒頭の部分から読み取るべきは、ファノンの遺した言葉が、目の前の具体的現在から「未来を構築する」ためにあるということだ。現在とは、いつも未来を構築するためにあるのであり、始まりの起点なのだ。現在を始まりとして抱え込むファノンのこの態度は、同書の「結論に代えて」にある、「私は〈存在〉を乗り越える限りにおいて、〈存在〉と連帯している[17]」ということに連結するだろう。

それはやはり、今の現実に居場所がみつからない者の言葉なのだろう。みずからの属している現実のなかで居場所のみつからない存在を凝視し、それを媒介としながら未来を構築しようとしているのだ。ファノンの言葉は、この「〈存在〉と連帯している」ところにある。すなわちみずからの現実に密着した言葉であると同時に、その密着においてこそ確認される居場所を持たない存在を媒介にして、現実を未来にむけて開いていく言葉でもある。そして強調すべきは、現実との密着において言葉が停止し、そして未来にむかって動き出すところに始まりがあるということだ。この停止と始まりの停留において確保された言葉の姿こそ、言い換えれば尋問空間の中における言葉の在処こそ、ファノンを読むということにおいては重要なのである。

4　対抗と遡行

だがしかし、ファノンが遺した言葉を読むということは、やはり彼が駆け抜けたアルジェリアの民族解放闘争と切りはなすことはできない。またファノンの言葉は、アルジェリアの解放闘争にかかわる者たちにむけて書かれているとみなされている。だからこそ、しばしばファノンを読む者は、ファノンの言葉が自分にむけられたものではないことを、まずは発見することにもなるのだろう。『地に呪われたる者』の「序」を書いたサルトルは、「君たちがファノンの書物を読もうが読むまいが、それが彼に何のかかわりがあろう[18]」と述べ、『黒い皮膚・白い仮面』の日本語訳を出版した海老坂武もまた、「私たちの名は、ファノンのメッセージの宛て先には書き記されていない」とし、みずからを「贋の読者」と呼ぶ[19]。にもかかわらず、ファノンは様々な状況の中で読まれてきた。全世界に海老坂のいう「贋の読者」を獲得してきたのである。

確かにファノンの記述は、植民地アルジェリアと切りはなすことはできない。と同時にファノンが描き出した状況は、決してある場所に閉じ込められるものでもない。だがその広がりは、理論化されるべき一般性や普遍的正しさということでは断じてない。とりあえずいえることは、ファノンは様々な状況にそくして読まれたのであり、かかる意味で状況におかれた複数のファノンがいる。すなわちファノンを読むという営みにより、読む者が自身のおかれている状況を発見し、それを変え得る状況として、浮かび上がらせるのだ。

たとえば、ブラック・パンサーの設立者の一人であるヒューイ・P・ニュートンはファノンについて、「我々はその考えや戦略を単に輸入したりはしなかった。学んだことを地区に住む兄弟たちに受け入れられる原則や方法として変換しなければならなかったのだ」と述べている。[20]また日本では、今日も継続するアジアやアフリカ、ラテンアメリカへの侵略に対する闘いを日本内部においてどのように構築するのかという問いとして、ファノンは読まれた。『フランツ・ファノン集』発刊に際して武藤一羊は次のように問いかけている。「「第三世界」とは日本にとってなにか。ベトナムとはなにか。アフリカとはなにか、朝鮮とはなにか、フィリピンとはなにか、ボリビアとはなにか、インドとはなにか」。[21]また韓国でもファノンは、「南朝鮮民族解放戦線事件」で検挙された金南柱によって一九七七年に訳され、激しい民主化闘争の渦中において読まれたのである。[22]

他方でファノンは、世界各地の解放闘争の中で読まれたと同時に、一九九〇年代以降、ポストコロニアル理論の中でも読まれるようになった。すなわち先ほどバーバにそくしてふれたように、ファノンは、ポストコロニアル理論の中で、「グローバルな理論家として復権」[23]したのだ。こうしたことをふまえると、いまファノンを読むといった時、その読む行為には複雑な前史がからみあっていることがわかる。

まずファノンは先ほども言及したように、様々な状況の中で読まれた。またそれらの状況が、解放闘争といった類似性を帯びているのも確かである。また他方でグローバルな理論としても読まれるようになったのである。しかしファノンを読むことは、グローバルな理論という普遍的位置から個別の事象を説明することではなく、またあらかじめ定義された解放闘争という類似した個別状況を、ファノンを読む根拠として前提にすることでもない。

ここで再度、『地に呪われたる者』の「序」で、「彼に何のかかわりがあろう」と述べたサルトルに立ち返って、ファノンを読むということを考えてみよう。そこでサルトルは、ファノンを読むということにおいて、読者として想定されている者とそうでない者を区分している。すなわちファノンの言葉は暴力に晒されている者にむけられているのであり、こうした人々は彼あるいは彼らとして区分される。またサルトルにおいてこうした人々は、兄弟愛にもとづく「同胞[24]」として描かれており、そこでは仲間同士と、その仲間から拒絶されている者たちが設定されている。

> ヨーロッパの人びとよ、この本を開きたまえ。その中に入ってゆきたまえ。暗闇を数歩あゆめば、見知らぬ人びとが火を囲んで集うさまが見えるだろう。近づいて耳を傾けたまえ。彼らは、君たちの商社を、商社を守る傭兵を、どう処分すべきかと議論している。多分、彼らは君たちの姿を眼にとめよう。だが声を低めもせずに、彼らは同志の話を続けるだろう。この無関心さが心に突きささる[25]。

こうしたサルトルの「序」において呼びかけられている、この君あるいは君たちと彼あるいは彼らの間に引かれた区分が示しているのは、暴力に晒され対抗的暴力を開始しようとする被植民者と、その対抗的暴力の対象となる植民者である。そして植民者がファノンを読むことは、彼らとは何のかかわりもないといいながらサルトルは、この植民者に、「この本を開きたまえ」と訴えるのだ。この「同胞」ではない者たちは、どこまでも海老坂のいう「贋の読者」なのである。

　このようなサルトルによるファノンの読み方においては、たとえばジュディス・バトラーが指摘するように、暴力的対抗を担う仲間とその仲間の外にいる者たちの分割と、その分割を支える兄弟愛的(fraternal)主体が想定されているといえるだろう。すなわちそれは、「男たちの集団における会話[26]」なのである。また両者の関係は、暴力的な植民者と被植民者の対峙関係であり、したがってサルトルの読みは、ファノンの言葉をこのような文字通り対立的な世界に囲い込み、限定するものだといえるかもしれない。

　だが、こうしたサルトルによるファノンの囲い込みを批判することは、ファノンに普遍的な知を想定することを意味しない。サルトルはファノンを理論化するのではなく、それが彼らの言葉でしかないことを前提にしたうえで、植民者に「この本を開きたまえ」と呼びかけているのだ。またさらに重要なのは、サルトルの読み方は、一面ではファノンの言葉をしっかりと受け止めているということだ。すなわちサルトルが描き出す暴力的な対抗を、ファノンの言葉が担っていないわけではない。とりわけそれは、「植民地化された世界は、二つに断ち切られた世界だ。その分割線、国境は、兵営と駐在所によって示される」[27]という冒頭で始まる『地に呪われたる者』においては際立っているといえるだろう。

そして重要なことは、サルトルが反復した対抗は、単に二項対立だとか男性中心主義といった構図的な解説だけでは片付かない問題なのだということだ。サルトルがファノンから読み取った暴力的な関係は、圧倒的な暴力的状況の中での対抗であり、並列された二項の関係ではない。またそこにこそ、関係ないといいながら、「この本を開きたまえ」と訴えて読むことを主張したサルトルを、どう考えるのかということにかかわる最大の論点がある。先取りしていえば、サルトルによるファノンの読み方は、ファノンを「グローバルな理論家」とみなそうとするような普遍的知への陥没をまぬがれるための、重要な論点を提示している。

先にも述べたようにファノンにおいて現実とは、「ほら、ニグロ！」という問答無用の命名により言葉が停止していく暴力的状況である。しかしそれでもファノンは言葉を手放さない。くりかえすが言葉は具体に密着すると同時に、未決の未来に開かれているのであり、『黒い皮膚・白い仮面』であろうと『地に呪われたる者』であろうと、この停止と始まりの重なり合う停留に、ファノンの言葉はやはりある。暴力的状況の中で対抗することと、別の未来に向けて遡行することが同時に存在するのである。

バトラーはサルトルの兄弟愛的な同志の秩序を指摘した後に、次のような表現でサルトルへの批判をおこなう。

私が、私を抑圧したり、その抑圧を代表したり、またそこに共謀したりする他者に対して暴力をふるう瞬間、私は自分自身の新たな創出だけでなく、人種や植民地的な抑圧や暴力に基づかない人間という新しい考えを生み出す部屋（room）を作り出しているのだ。[28]

バトラーにとってサルトルによるファノンの読みは、確かに抑圧者への対抗を強調するものである。しかしバトラーはその一面だけを切り離して、サルトルを批判しているのでは断じてない。彼らと君たちを明確に区分したうえで「この本を開きたまえ」と呼びかけるサルトルに対してバトラーが介入的に指摘しようとしているのは、暴力的状況の中での対抗は同時に、「自分自身の新たな創出」であり、またさらに、「人間という新しい考えを生み出す部屋」を作り上げることなのだ。そしてこの部屋を他者に開くことはできないか。バトラーが暴力的状況に設定しようとしているのはこの問いであり、この問いが確保される場に他ならない。すなわちサルトルが描く彼らと君たちの「二つに断ち切られた世界」は、「断固として他人に対して存在」しようとする動きの始まりを抱え込んでいるのである。ファノンは、この始まりの地点において、言葉を手放そうとしないのだ。

あえていえばバトラーは、サルトルの呼びかけに共感しながらも、それだけではこの未来への可能性を取り逃がしてしまうとして、批判しているのである。くりかえすがそれは、たんに暴力を非難しているわけでもなければ、サルトルのいうような植民者と被植民者の対立的な記述をファノンがおこなっていないということも意味しない。サルトルが強調した対抗の内部においてこそ、未来に開かれた未決の可能性が確保されなければならないと、バトラーは極めて介入的に述べているのである。対抗の内部において、未来への遡行が確保されなければならないのである[29]。

尋問空間は、法制度的に区分された空間ではない。それは法の手前にいつも待機している暴力にかかわるのであり、かかる意味で尋問空間は、そこかしこに存在しうる潜在的可能性としてもある。そして、言葉が停止し問答無用の暴力が秩序を支配していく状況の中で、顕在化する暴力を追認しながら回避することではなく、また絶望的な対峙をただ主張するのでもなく、対抗の中から「人間という新しい考え」にむけて言葉の場を確保するために、ファノンを読むのだ。尋問空間が広がるこのどうしようもない世界の中で、絶望的な暴力的対峙しか残されていない状況の中で、他者と出会い、連累するために、読むのだ。そこからは、個別の場を根拠にした言葉でもなければ、汎用性のある理論や普遍的正しさでもない言葉が、始まるだろう。始まりの知として。

5　沖縄を考えるということ

ところで本書には、沖縄を考えるということはどういうことなのだろうかという問いが、通奏低音としてある。私は沖縄の近現代史を考えてきた。そして沖縄を考えることとファノンの著作を読むことは、私にとって分かちがたく結びついているのである。このファノンと沖縄の重なりは、尋問空間という問題と深くかかわっている。話しているのに話しているとはみなされない。沖縄を考えるために遺された言葉を読むとき、その言葉たちにはこのような感触がまとわりついている。そしてそれは、暴力に晒されているという感触でもある。

たとえば、琉球史を定立しようとした伊波普猷の言葉をどう読むのかということがある。次章でも再度ふれるが、伊波は、「個性」という言葉に自分たちの歴史の軸をおこうとした。だがこの「個性」は、単なる伝統文化ということではない。そこには、自らの歴史を「個性」において主張しようという思いと同時に、台湾という傍らで展開中の問答無用の暴力への怯えがある。すなわち乱暴にいえば、暴力に晒されながら自らを名乗ろうとしているのである。したがって「個性」を主張した伊波の代表作である『古琉球』（一九一一年）から一三年後に、伊波が「個性を表現すべき自分自身の言語を有つてゐない」と記すとき[30]、そこには名乗りの停止と同時に、問答無用の暴力をありありと感知している伊波の身体感覚が、浮かび上がることになる。

私はその暴力を感知する伊波の身体を、その身体に出会ってしまった自分の知覚とともに言葉にしようとした。以前の本の題名でもあり、次章においても再度考える「予感」という言葉は、伊波が遺した言葉を読み、それを語るために維持しなければならない自分の知覚を保ち続ける必要性から生まれたものである。そこでのポイントは、たんに伊波が書いた言葉の意味内容の解読にあるのではなく、遺された言葉が、話しているのに話しているとはみなされない尋問空間に抗い続ける言葉だということにある。すなわち問われるべきは、何を語るかではなく、語る主体としては認められることなく棄却されようとしているということであり、またそれは、単に沈黙ということではなく、なにが聞き取るべき言葉なのかということをめぐる抗争でもあるだろう。すなわち暴力に晒されながら言葉を発するという臨界状態こそが、問題にされなければならないのだ。

そしてこうした尋問空間の中にある言葉たちから浮かび上がるのは、沖縄近代史という歴史学的テーマというより、暴力を予感し続ける伊波の身体であり、そのような言葉から暴力を感知してしまう私自身の知るという行為だった。いわば言葉の意味内容の手前で問答無用の暴力が作動しているということが、わかってしまうのである。そしてその感知力は、自分をとりまく状況にもむけられていく。

本書では、こうした私自身の知るという行為を、言葉として示そうとするものでもある。またその先に、どうしようもない今の世界から始めるべき知というものを展望したいと思う。そこではファノンは、沖縄研究において参照されるのではない。ファノンの遺した言葉は、沖縄を考えるという行為自体にかかわるものであり、研究なる行為を形作る言葉の姿にかかわるものである。また逆にいえば、この知にかかわる言葉の姿に対する問いが設定されないところで、沖縄を考えるという行為は成り立たないのだ。沖縄が研究対象としてあらかじめ準備されているという前提それ自体が、ファノンを裏切っているのだ。私にとってファノンを読むということは、ポストコロニアル理論の古典を読むことでもなければアルジェリアの民族解放闘争の歴史を学ぶことでもない。それはみずからの場所を形作ってきた言葉を問うことであり、いわばそれはみずからの認知を組み替えていくことであった。そして組み替えることにおいて沖縄にかかわる言葉も読みなおすことができ、なにをどう語るべきなのかということも思考することができたのである。

まず問わなければならないのは、いかなる歴史かということではなく、歴史を語る言葉とはなにかという問いであり、またこの問いを飛び越したところで語られる多くの沖縄にかかわる議論への強烈な違和感が、私にはずっとある。それは良心的な沖縄論全体に対する違和感でもあり、沖縄のために語っているという思い込みの分だけ、自分の発する言葉自体への批判が欠如しているともいえる。またこの違和感は、すぐさま語る者としての責任といったたぐいの問題に還元することもできない。みずからの言葉自体への問いを抜きにして語られる責任という言葉に、私はある種のごまかしを感じている。

くりかえすが問題は、とりもなおさず尋問空間にかかわることであり、待機中の暴力に不断に晒されているということである。沖縄の歴史がこの尋問空間の中にあるということが何を意味しているのかについては、第三章以降において戒厳状態という言葉とともに考えるが、それは沖縄が近代的主権においていつも例外化され続けてきたということと密接に関係する。ニコス・プーランツァスはそれを「国家の非合法性」という言葉であらわしたのであり、それはカール・シュミットの「例外状態」、あるいはアントニオ・ネグリやマイケル・ハートが新しい帝国について論じる際に持ち出した、法的秩序を越えた帝国の統治形態の問題でもある。

しかしいずれにしても重要なことは、このような例外化という統治は、例外として限定された部分の問題ではなく、統治それ自体の存立要件にかかわることでもあるということだ。したがって本書は、沖縄を例外扱いし、主権による統治それ自体の存立要件を問うことなく繰り広げられる「沖縄問題」論への圧倒的な拒否を通奏低音として、書かれることになる。その論がどんなに良心的な思いにおいて記されていたとしても、それはまちがいなく暴力の追認に結果するだろう。

沖縄を考えることとファノンの著作を読むことは、私にとって分かちがたく結びついていたのであり、その結びつきが意味しているのは、沖縄を言葉にすることは尋問空間の中で停留する言葉たちから始めなければならないということに他ならない。またただからこそ私にとってファノンを読むということは、研究テーマということではなく、知そのものへの問いとしてあるのだ。本書では、ファノンと沖縄が相互に関係しあいながら議論されていくことになるだろう。また知そのものへの問いを、私自身が多くの時間を費やしてきた大学という場に引き付けて、最後に検討したいと思っている。

第I部

始まり

第一章　予感する

しばしば私は、アラブ人と間違えられ、白昼、警官に尋問された。私の生まれを知ると、彼らは急いで弁解をするのだった。「マルチニック人とアラブ人が違うってことは、われわれもよく知っていますよ」と。(1)

——ファノン

いまだ存在しないものを「予感」するという考えに肯定的な意味を与えようとすれば、いまだ存在しないものが、存在しているのとは異なった形態のもとで、どのように作用するのかを示さなければならない。(2)

——ドゥルーズ&ガタリ

1　間違われるということ

フランス領のマルチニック島で生まれ、リヨンで精神医学を学び、フランスの植民地であったアルジェリアに精神科医として赴任したファノンにとって、植民地経験とはまずは被植民者である現地住民に間違われるということであった。エピグラフにあるように、「しばしば私は、アラブ人と間違えられ、白昼、警官に尋問された」のである。

この間違われるとは、まさしく序章でふれた尋問空間にかかわる出来事である。すなわちそれは、なにを抗弁しても〇〇に見えるという事態なのだ。そこには待機中の問答無用の暴力が、すぐそこまで顔を出しているといえるだろう。本章では、序章で述べた尋問空間が、この間違われるという経験においてまず登場している点に注目し、そこから議論を始めたい。

その際注意したいのは、間違われるという言い方において、間違われた者と、真にターゲットにされた者という区分が想定されているという点である。この区分を成り立たせている境界から、尋問空間を考えようと思う。それはまた、『黒い皮膚・白い仮面』に登場するこの間違われるという経験に対して、尋問した警官が、間違いだったとすぐさま認めているということを、どのように考えるのかという点にかかわる。すなわち、「マルチニック人とアラブ人が違うってことは、われわれもよく知っていますよ」というわけだ。

この警官の、「よく知っている」という両者の境界にかかわる認知については、さしあたり次の点が重要である。まずそれが、尋問の後の弁明であるという点である。すなわち、「私の生まれを知ると、彼らは急いで弁解をする」のであるが、すでに尋問は作動しているのだ。第二に、ファノンの記述においては直接言及されてはいないが、ファノンのいう「私の生まれ」とはマルチニック島のことであり、同地域はフランス領になって以降、エメ・セゼールなどの自治要求の系譜はあるが、紆余曲折を経ながらも選挙権や議会制度、そして徴兵制といった近代的主権にかかわる制度的な同一化がすすみ、今も海外県としてフランス共和国の内部に位置づけられている。この警官の「よく知っている」という認知は、ある意味では近代的主権の制度内におかれる部分とその範囲外の植民地アルジェリアという主権にかかわる境界の事実確認的な知にもとづいているのであり、たんなる偏見ということではない。またその事実確認的な知は、植民地主義に反対する立場においても、前提として広く共有されているだろう。そして第三に、こうした近代的主権にかかわる制度を知っているにもかかわらず、この間違えたことから別の展開が始まるのである。すなわちファノンは、警官の弁明に納得しなかったのである。

私は激しく抗議をしたものだ。だが、彼らはこう言うのだった。「アラブ人を知らないんだね[3]」。

ここには別の認知が顔を出しているのではないだろうか。警官は、近代的主権にかかわる内と外という境界を根拠に、間違いを訂正した。しかし、にもかかわらずファノンの激しい抗議の末に、あたかも間違いが避けることのできない事態であるかのように、「アラブ人を知らないんだね」と述べるのだ。

間違われる経験の中で、ファノンはなにを感知したのだろうか。あるいは間違いをすぐさま認めた警官に対し、なぜさらに激しく抗議したのか。それは尋問空間とそこに待機する暴力が、元来間違うものだということを感知したからではないだろうか。尋問が、警官の最初の訂正と弁明である近代的主権にかかわる境界を最初から間違うものとしてあるということを、ファノンは見抜いていたからではないだろうか。

ファノンは、間違いなくこの尋問が境界において回避できるものではないことを知っていたはずだ。序章で述べたように、「ほら、ニグロ！」という問答無用の命名に対しては、「なにをしても無駄」なのだ。無駄と知りつつ、ファノンは激しく警官に抗議したのである。ではこの境界を越える尋問とはなにか。

ファノンはこの「アラブ人を知らないんだね」という警官の対応から、尋問すべきターゲットを定義する学知について議論を開始する。そこで取り上げられるのは、植民地住民の内部に集合的無意識としての「劣等コンプレックス」を定義する精神分析学者オクターヴ・マノニの研究である。かかる学知においては、被植民者は、庇護され、教導されるべき存在であり[4]、監視し、無理にでも治療しなければならない疾患を持った患者でもある。かかる学知による命名が、制度の境界を超えるのだ。あえていえば警官の間違った尋問は、こうした学知において遂行されているのだ。ファノンの激しい抗議の中で登場した警官の「アラブ人を知らないんだね」といういい分に込められている尋問の根拠は、間違いを認めた最初の弁明に還元されるものではない。そこには、境界においては回避できない暴力が待機しているのである。

ところで『黒い皮膚・白い仮面』でのファノンの尋問から始まる議論では、主としてこうした学知の問題としてマノニへの批判が展開されていくが、同時に「フランスは人種差別的な国である」という記述も登場する。そこからは、国家という問題が浮かび上がるだろう。すなわちあえていえば、問違ってもいい尋問は、国家において行使されているのだ。ここでいう国家は、学知と同様に、主権的枠組みや法的制度に還元されるものではない。マルチニック島が植民地ではなく、フランス共和国内に位置していることを「よく知っている」にもかかわらず、「人種差別的な国」はファノンを尋問するのである。国家は常態として間違うのだ。

またそれは、法制度に還元できない学知と国家の癒着領域があることを、示唆している。この癒着領域については、精神鑑定あるいは保安処分にかかわる問題として、第五章において再度検討したい。先取りしていえば、学的真理と国家の癒着において、M・フーコーがいう「司法的真理の生産における超合法的(5)」な暴力が登場するのだ。

いずれにしてもファノンが激しく抗議したのは、「〇〇に間違われないように」というフレーズにおいては回避できない問答無用の暴力が待機する、尋問空間なのである。また重要なのは、繰り出される警官の説明は、尋問の事後において登場しているのであり、尋問はすでにファノンに対して作動しているという点に他ならない。

ここで次のようなフレーズをたててみよう。もし〇〇ならしかたがないが、私は〇〇ではない。それは、ファノンを尋問した警官の弁明でもある。もし〇〇ならしかたないが、あなたは〇〇ではない。だがこの〇〇には、警官の弁明に登場したようなアラブ人という名前のみが入るのではない。そこには別の○○人や犯罪者、テロリスト、異常者、共産主義者、過激派といった領域が、遡及的に広がっている。マルチニック人はアラブ人ではない。アラブ人は犯罪者ではない、犯罪者はアカではない……。その連鎖的な広がりには、決して明確な枠組みが最初からあるのではない。尋問とその回避行動において、○○は遡及的に広がっていくのである。

あるいは尋問の経験から先取り的に、「○○に間違われないように」という尋問をまえもって回避するフレーズが、構成されていくだろう。アラブ人に間違われないように、テロリストに間違われないように、異常者に間違われないように……。こうした回避の言葉の連鎖のなかで尋問が先取りされ、日常が構成されていくのである。そこでは、この連鎖において登場する複数の○○を予め排除することにより成り立つ共同性が、不断に確認され追認されているだろう。尋問において成し遂げられているのはこの連鎖していく排除であり、かかる排除において成り立つ共同性である。そしてこの共同性には、問答無用の暴力がいつも待機しているのだ。またこの間違われないようにするという回避と排除が前提としてある限り、言語的秩序は尋問空間に常態として連なっている。

したがって間違われるということは、問答無用の暴力を回避してきた言語的秩序が混乱する契機でもある。そしてこの時にこそ、回避されていた待機中の暴力が知覚されているのだ。重要なのはこの知覚であり、間違いを間違いとして非難し、それを正すことではない。いいかえれば間違われるということは、極めて重要な出発点なのである。この出発点から始まるべきは、自らが暴力に晒されているることを回避するために晒されてもいいとされてきた○○を遡及的にみいだし、○○を予め排除することによって成り立つ言語秩序による共同性ではなく、本来的に暴力に晒されているというところから生まれる新たな共同性ではないか。間違われることにおいて問われているのは、排除の線引きを再確認し、すでに遂行された尋問を追認しながら、これからは間違われないように尋問をまえもって回避するのではなく、かかる新たな共同性に向かうことではないか。

2　「ことばが少しちがうぞ」

一九二三年の関東大震災の際、沖縄から東京にやってきた比嘉春潮とその友人は、自警団の尋問にあっている。比嘉はのちに『沖縄の歳月』のなかで当時を振り返り、その尋問の光景を記している。以下は、そこでのやり取りをピックアップして、構成したものである。


「朝鮮人だろう」（自警団）。

「ちがう」（比嘉春潮）。

「ことばが少しちがうぞ」（自警団）

「それはあたりまえだ。僕は沖縄のものだから君たちの東京弁とは違うはずじゃないか」（比嘉春潮）。

「なにをいっているんだ。日清日露のたたかいに手柄を立てた沖縄人と朝鮮人を一緒にするとは

なにごとだ」（友人）[6]

比嘉やその友人は、間違われている。「朝鮮人だろう」というわけだ。そしてこの尋問では問答無用の暴力が待機している。この間違いに対して比嘉は、「ちがう」と説明する。しかし、その説明の言葉は受け入れられない。比嘉たちを尋問した自警団は、ファノンを尋問した警察とは違うのだ。いい方を変えれば、そこにはファノンが予感した、問答無用で遂行される警察の尋問があるといえるだろう。

そして比嘉たちの説明が受け入れられないのは、「ちがう」ということが確認できないからでもなければ承認できないというわけでもない。受け入れないのはその意味内容の是非ではなく、自警団が「ちがう」という比嘉の発話を、言葉とみなしていないからだ。そこでは比嘉の発話は、言葉ではなく発音という動作として受け止められている。それはいわば身体動作を検査する身体検査なのであり、この言葉が動作になる中で、問答無用の暴力が顔を出そうとしているのである。いや正確に言えば、すでに身体検査の中で身体は暴力に晒されているのである。

では、そのあと続く比嘉春潮とその友人の応答はなにか。比嘉は、言葉を言葉として受け止めることなく動作の問題にする尋問に対して、沖縄は日本の中の沖縄県であるという地方自治制度を主張し、また友人は徴兵制という制度的同一性において沖縄と植民地支配を受ける朝鮮との違いを主張しているのである。そして結果的に彼らは虐殺から免れる。

そこには確かに、国家の一部である沖縄県と植民地朝鮮との違いにかかわる認知があるだろう。だが問答無用の暴力が作動するギリギリの手前で生じていることは、沖縄と朝鮮の違いにかかわる事実認識の欠如ではない。境界を間違っているわけではないのだ。暴力は境界を間違えていたことにおいて作動していたのではなく、言葉が言葉として聞き取られないというその臨界において、作動しているのだ。そしてなにより重要なことは、比嘉やその友人の身体は、身体検査を受けている時点ですでに暴力に晒されているということだ。

彼らはギリギリのところで虐殺を免れるが、それは事実確認の間違いが確認されたという問題ではなく、身体動作となった発話を、比嘉たちが必死で言葉の領域に戻そうとした結果である。いいかえれば尋問空間では発話内容の是非ではなく発話そのものが許されるものかどうかが問われているのであり、問答無用の暴力は、誰を話してもいい主体として認めるのかという発話自体の前提にかかわるのである。

確かにこの自警団とのやり取りからは、間違われる者としての沖縄人と、ターゲットにされている朝鮮人という区分が浮かび上がるだろう。そして状況の推移は、その間違いが正されたという展開に思えるかもしれない。なるほど比嘉やその友人は、「朝鮮人ではない」と主張して暴力を回避している。またその際、近代的主権の内部に沖縄があるということにおいて、植民地朝鮮との違いを主張している。だがしかし、彼らが感知した問答無用の暴力は、この違いにおいて回避できるものだったのだろうか。「ちがう」という比嘉の発話内容自体が、殺してもいい存在を示す動作となるところにおいて、すでに暴力が作動しているのであり、「ちがう」という事実を間違えたために暴力が誤って行使されるのではない。そしてこのことを比嘉たちは、暴力に晒された身体感覚として、知覚しているはずだ。

関東大震災の際、「間違われた」沖縄人は多かったと思われる。たとえば目取真俊は、二〇〇〇年の四月九日に陸上自衛隊を前におこなったいわゆる石原慎太郎の「三国人」発言において、石原が「災害の救急だけではなしに、やはり治安の維持も一つ皆さんの大きな目的として遂行していただきたい」(7)と述べたことをうけて、「標準語がうまくしゃべれない沖縄人が、朝鮮人と間違われて殺されそうになった」という祖母の話を思い出している。(8)石原の発言が関東大震災の記憶を引き出したのだ。そこから浮かび上がるのは、沖縄県と植民地朝鮮は違うということではない。問題は主権的制度にかかわる事実問題ではなく、発話における口の動かし方が、問答無用で問われているところにあるのだ。

そしてだからこそ、「大震災の時、標準語がしゃべれなかったばっかりに、多くの朝鮮人が殺された。君たちも間違われて殺されないように」(9)という発言が、戦前期沖縄において沖縄語の矯正をおこなおうとする教師からなされることになる。くりかえすが、ここでいう標準語とは、沖縄県にかかわる正しい知識の問題ではない。それは動作の問題なのだ。言葉が言葉として聞き取られず、発話主体が発話主体として認められなくなっていく事態こそが、尋問空間なのだ。そしてかかる尋問空間は、序章でもふれた「沖縄語ヲ以テ談話シアル者ハ間諜トミナシ処分ス」(10)という沖縄戦における軍命にも、間違いなく地続きで重なっていくだろう。そこでは言葉は殺されるべき敵の動作になり、そして多くの住民が問答無用で殺されたのである。

比嘉たちが感知した暴力は、たんなる間違いではない。いいかえればその暴力は、間違われる者とターゲットにされる者の区分において作動することが予定されているのではない。関東大震災の際には比嘉たちを間違えた暴力は、沖縄戦における住民虐殺に帰結する暴力であり、さらにいえばこの間違われるという問題は、次に議論するように沖縄の近代の最初から存在し続けたのである。そしてだからこそ、重要なのは、間違いを指摘して暴力を回避することではないのだ。傍らで展開している暴力を、すでに他人ごとではない暴力として感知するところから、言葉を再開しなくてはならない。

3　「個性」

ところで序章で述べたように、琉球史を定立しようとした伊波普猷は、初期の代表作『古琉球』（一九一一年）で、歴史主体としての沖縄を描き出そうとした際、「個性」という言葉をその歴史の軸にすえた。しかしその後、「個性を表現すべき自分自身の言語を有つてゐない[11]」とも記している。そしてそこには、間違われるという問題があった。

伊波普猷は、伊波が「琉球史」を正面から論じた『古琉球』にある「琉球史の趨勢」では、日本と沖縄の両者の共通性をのばすこととして自らの歴史をまずは定義している。

私は沖縄人がこの一致してゐる所を大に発揮させるといふことは即沖縄人をして有力なる日本帝国の一成分たらしむる所以のものであろうと存じます。(12)（強調—原文）

さらに伊波は続けて、次のようにいう。

只今申し上げたとほり一致してゐる点を発揮させることはもとより必要な事で御座ゐますが、一致してゐない点を発揮させる事も亦必要かも知れませぬ。(13)

この一致していない点こそ、伊波が「個性」と名づける領域に他ならない。だがその「個性」も、日本と対立するものとしては設定されていない。

天は沖縄人ならざる他の人によつては決して自己を発現せざる所を沖縄人によつて発現するのであります。……沖縄人が日本帝国に占むる位置もこれによつて定まるものと存じます。……日本国には無数の個性があります。また無数の新しい個性が生じつつあるのであります。かくの如き種々の異なつた個性の人民を抱合して余裕のある国民がすなわち大国民であります。(14)（強調—原文）

伊波は沖縄の主体性を「個性」という言葉で表現した。沖縄の近代はこの「個性」が蘇生するプロセスだというわけだ。その「個性」は、日本ではない。しかしそれは日本帝国の一部でもあるというのだ。この伊波の慎重でかつ入り組んだ言い回しを、単一民族国家か多民族帝国かといったたぐいの類型に整理してはならない。要点は、この極めて慎重でまた複雑に入り組んだ、伊波の言い回しにあるのであり、こうした言い回しにおいて主張される「個性」には、伊波の様々な身体感覚が流れ込んでいるのである。

まず「個性」は決して日本の外ではないということがある。すなわち沖縄は、台湾や朝鮮などの帝国日本の植民地ではないということが、動かしがたい前提になっているのである。あえていえば「個性」は、植民地と間違われることを回避しようとする中で、構成されているのだ。

この間違われるということの背景には、日清戦争から台湾領有とその後に引き続く台湾での日本軍による武力鎮圧があるだろう。しかし伊波にとってそれは、地理的に近いところの出来事というだけではない。日清戦争時、沖縄にいる日本軍関係者や警察、さらに日本から沖縄にやってきた商人たちが自警団を作り、沖縄の住民を清国になびくものとして問答無用で殺そうとしたのだ。(15) いわば当該期、沖縄は戒厳状態にあり、当時中学生であった伊波はその渦中にいた。伊波は、尋問空間を経験しているのである。『古琉球』には日清戦争直後の状況が、次のように記されている。

何人も大勢に抗することは出来ぬ。自滅を欲しない人は之に従はねばならぬ。一人日本化し、二

人日本化し、遂に日清戦争がかたづく頃にはかつて明治政府を罵つた人々の口から帝国万歳の声を聞くやうになりました。(16)

この記述には、軍と自警団による問答無用の暴力に晒されている脅えた伊波の身体が隠されているのだ。それは、間違われるという恐怖であるだろう。伊波の設定した「個性」においては、主権内に沖縄を位置づけることにより、植民地と間違われることを、回避しようとしているのである。まさしく先ほど述べた比嘉春潮の友人がいうように、「日清日露のたたかいで手柄を立てた沖縄人と朝鮮人をいっしょにするとはなにごとだ」というわけである。すなわち「個性」は、暴力に晒されていることを回避しながら構成された言葉なのであり、いいかえれば沖縄の歴史は、問答無用の暴力に晒された尋問空間の中から開始されたのである。確かに伊波の沖縄史は日本の近代的主権の内部において定立されている。だがそこから読み取るべきは、日本の内か外かという問題ではなく、この伊波の「個性」が、尋問空間における言葉であるということだ。この点こそが、重要なのだ。

そしてあえていうなら伊波は、ファノンや比嘉と同様に、間違われることに対して「違う」と反論し間違いを正すことでは、晒されている問答無用の暴力を回避することができないということにも、気が付いているのだ。また伊波の慎重な言い回しは、自警団に対する比嘉たちの応答と同様に、言葉を発しても言葉として認められないという臨界状態を言葉の領域に引き戻そうとする必死の試みの軌跡ではないだろうか。ここでは言葉は叫びになる。「帝国万歳」なのだ。

だがやはり、回避できないのだ。くりかえすが、『古琉球』を刊行してから一三年後の一九二四年に、伊波は、「個性を表現すべき自分自身の言語」がないという事態に立ち至る。そこから開始される伊波の言葉は極めて錯綜しているが、[17]重要なことは、伊波は、間違われるということを、回避とは異なる形で再設定しなければならなくなったということだ。それはまた、尋問空間から始まる沖縄の新たな歴史にかかわることだろう。

「個性」が停止し、自らの言葉が言葉として認められず、回避しようとしてきた暴力を自らのこととして感知する中で、新しい動きがおきる。それは伊波においては、「南島人」と「賃金奴隷」という二つの言葉として登場するのだ。すなわち前者の「南島人」は、これまで「個性」において描かれる琉球では周縁におかれていた奄美をめぐる問いにかかわっており、後者の「賃金奴隷」は、沖縄からの移民が多く居住するハワイにおける移民労働者をめぐって登場する。

「南島人」については、これまで柳田國男との関係で説明されてきたが、伊波にとっての「南島人」を考えるとき、奄美との関係の再設定が極めて重要である。[18]伊波はそれまで奄美を琉球の周縁として扱ってきた。だが「南島人」では、沖縄も奄美も近代の中でともに暴力に晒されているという共同性がみいだされている。奄美諸島の島々は、琉球、薩摩、日本の領土にかかわる帰属問題に翻弄されてきた。しかし伊波がみいだしたこれらの島々は、領土として語られる地図上の場所ではない。島々は、尋問空間の内部から新たに始まる歴史の起点である。「個性」が間違われることに対する怖れ、すなわち「間違われないように」ということを軸に設定された歴史であるとするなら、新しく始まる歴史に向かう伊波の模索は、間違われることに巻き込まれながら、それを自らの歴史として引き受けていくことになるのである。

そして巻き込まれ、引き受ける中でみいだされるこの共同性は、もう一つの言葉である「賃金奴隷」という言葉においても検討しなければならない。伊波にとって「奴隷」という言葉は、沖縄の近代を考えるうえで極めて重要な言葉である。すなわち、伊波は琉球処分から始まる近代を、「一種の奴隷解放」として語っており、(19)いいかえればこの「奴隷」からの解放に「個性」の復活を重ね、そこに沖縄の歴史を設定したのである。だが「個性を表現すべき自分自身の言語」がないと呟いたあと伊波は、沖縄を出てハワイに居住する沖縄人について「賃金奴隷」という言葉を使う。いわば伊波は、新たな「奴隷」を発見したのだ。そしてその奴隷とは、資本主義の中の「賃金奴隷」なのである。

この伊波の「賃金奴隷」は、伊波が「個性を表現すべき自分自身の言語」がないと呟いた一九二〇年代以降の沖縄の状況と重ね合わせながら、考える必要があるだろう。一九二〇年代になって、沖縄に経済危機が訪れる。それは沖縄の近代化を支えた糖業の崩壊であり、資本を軸にした帝国の再編にもかかわる問題である。この危機の中で人々は、沖縄から出ることに生き延びる道を探さざるを得なくなる。そして沖縄を出た人々を待ち受けていたのは、差別であり、沖縄からの労働力を低賃金労働力として包摂しようとする資本のありようだった。

すなわち、とりあえず指摘できるのは、沖縄はこの時期に労働力として資本に包摂されていったということであり、伊波はそれを新たに再設定した「賃金奴隷」という言葉で示したのだ。あえていえば暴力に晒されているということと、身体が資本に包摂され流民として生き延びるということが重なり合ったところに、この「賃金奴隷」がある。ただ伊波は、この「賃金奴隷」と「南島人」を重ねて論じることはしていない。いいかえれば尋問空間の中で伊波を読むということは、この両者のつながりをどのようにみいだすのかということでもある。

4　予めの排除

序章でも述べたように、尋問空間は法を越えた国家の統治の問題であり、カール・シュミットのいう「例外状態」をはじめ、参照すべき主権や国家にかかわる議論が存在する。だが、本書では統治形態において論じるのではなく、尋問空間の内部からいかなる言葉が開始されるのかということに軸を据えている。なぜなら統治形態の問題にしてしまった瞬間に、論じる言葉が尋問空間の外に躍り出ることになるからだ。その言葉はファノンにおける知ではない。また伊波の言葉とも異なるものである。この違いは終章で集中的に検討するが、本書ではあくまで、尋問空間において言葉が停止し、そして始まる停留の位置から、議論を立てようと思う。

尋問空間から再開すべき言葉の在処をよりはっきりと明示するためにここでは、ジュディス・バトラーが検閲をめぐって展開した「予めの排除」を、検討しておきたい。ジュディス・バトラーは同性愛をめぐる軍隊内での検閲という問題をとりあげながら、その検閲が、「発話ではなくふるまい」にかかわっていることに注目し、検閲という領域に二つの文脈を見ようとしている。一つは、発話の是非を判定する検閲制度であり、今一つは発話主体として認めるかどうかの検閲である。すなわち言葉が言葉として登場するには、法制度において発話主体が承認されていなければならず、いいかえれば法にもとづいた審判で是非が問われる検閲と、発話主体の存在可能性自体を問題にする検閲が存在するというのだ。そして、後者は前者の前提としてあり、この前提としての検閲により発話可能性が奪われる事態をバトラーは、精神分析学におけるジャン・ラプランシュとJ・B・ポンタリスのいう「予めの排除（foreclosure）」を念頭に置きながら検討しているのだ。[20]

それは、発話主体の前提であると同時に、かかる排除においては、発話は、話しているのに発話とは認められず、ただの身体動作となる。その排除は法にもとづく審判によるものではなく、審判の存在しない排除であり、したがって問答無用の放逐としてある。そしてかかる排除が顔を出す中で、「発話可能性が予め排除されているときに主体が感じる、危険にさらされている（at risk）という感覚[21]」が身体に帯電しはじめるのだ。話しているのに話していないとみなされるとは、「危険にさらされる」ことなのだ。これが尋問空間なのである。

ここで尋問空間の意味をより明確にするために、この「予めの排除」についていくつか注釈を加えておく。まず重要なのはこの排除が、法制度の内か外かという区分の問題ではなく、この排除するという動的過程が法自体を作り上げる「生産的[22]」プロセスだということである。つまり検閲とは権力が個人の自由をはく奪するというよりも、いわば「検閲は、権力の生産形態」なのであり、法による支配というよりも、法自体を作り上げる生産なのだ。バトラーはそれを「形成的な権力（formative power）」[23]と述べているが、この権力は市民にかかわる法制度ではなく、「ある種の市民を生存可能にし、他の市民を生存不可能にするために機能[24]」することにより、法それ自体を生産しているのである。すなわち「危険にさらされる」ということは、たんに法外に放逐されるということではなく、法それ自体の存立基盤なのであり、法の前提を作り上げ、法それ自体を生産することとして理解しなければならない[25]。

ここに近代的主権の前提を構成する暴力が浮かび上がるだろう。バトラーも、M・フーコーをふまえながら、「現代の権力が、その性質においてはもはや主権的ではない」と述べている[26]。それは確かに序章でふれた「国家の非合法性」あるいは「例外状態」という問題でもあるが、前述したように今ここで重要なことは、統治形態を論じることではない。それはバトラーが「主権的ではない」と述べたのち、権力の論点を、言葉をめぐる行為遂行性に再設定していることとも重なるだろう。

まず凝視しなければならないのは、ファノンや比嘉、そして伊波が感知した暴力であり、それが間違いを認めた警官の最初の弁明にあるような制度的区分にそって作動しているのではない、という点にこそ焦点を絞らなければならない。いいかえれば、この暴力においては間違って暴力に晒される者と真のターゲットという法制度的区分は、常態として無効にされているのであり、だからこそ法に対して生産的なのだ。

そして、この境界を越えるギリギリのところで作動する暴力に対する知覚こそが、まずもって重要なのだ。すなわちファノンの執拗な抗議や比嘉や伊波の制度への必死の回帰が意味しているのは、法的了解をこえて「危険にさらされる」と感知したからであり、その知覚は間違いなどではなく、尋問空間に待機するこの主権をこえた暴力の作動にかかわる知るという行為の問題に他ならない。

ところでバトラーのいう「権力の生産形態」を尋問空間として設定するということは、言葉が言葉として登場し得なくなるということと、それでも言葉の領域を確保しようとすることが、交錯している状態に権力を設定しなおすことでもある。それは文字通り言葉の再開にかかわることであり、また終章で展開する知の問題でもあるだろう。

先ほど述べた、ラプランシュとポンタスから引用された精神分析学的概念としての「予めの排除」で強調されているのは、いわば言語的秩序にかかわる象徴界の外部への排除ということであり、そこではフロイトよりもラカンの議論が強調されている。(27) すなわち、バトラーが批判的に指摘するようにラプランシュとポンタスにおいては、「予めの排除」は、「思い出すこともされず、憶えておかれもせず、意識の中にも導き入れられない」まま、(28) 象徴界の外部に排除されていなければならないのだ。だがバトラーはこの「予めの排除」が生み出す初源的な「切断線 (bar)」を、動かしがたい構造としてではなく、動的に理解しようとする。すなわち、それは「継続的な力学 (continuing dynamic)」としてであり、「主体が生きている間中、主体を構造化しつづける」のであり、「しかもこの構造化は、けっして完全なものではない」のだ。(29) ここに言葉の在処が確保されるべき場所がある。と同時に、その確保されるべき言葉は、既存の言語的秩序への回帰という問題も抱え込むことになるだろう。

ここにいたって「権力の生産形態」は、再開すべき言葉の在処にもかかわる問いであることが明らかになるだろう。先取りしていえば、尋問空間とは主体を構造化する場であると同時に、その構造化に亀裂を持ち込み、権力を新たに作りなおし続ける場でもあるのだ。バトラーにそくしていえば、「予めの排除」が生み出す初源的な「切断線」が、動かしがたい構造としてあるのではなく、「継続的な力学」として登場する場こそ、尋問空間に他ならないのである。そこでは予め排除された者たちは、ラプランシュとポンタスがいう「意識の中にも導き入れられない」存在なのではなく、様々な顔をもって、あるいは声として尋問空間に登場する。だからこそ尋問空間は、まさしく「権力の生産形態」であると同時に、既存の主体のありようは、この様々な顔を持った者たちや多声的な声をめぐって不断に問われることになるのである。求められている知の姿とは、この両義性と渡り合うものでなければならないのだ。だがこの構造化に亀裂を持ち込むことは、とりあえず鎮圧対象となるだろう。

もしも主体が不可能なかたちで語る、つまり発話とか主体の発話とみなしえないかたちで語るなら、そういった発話は割り引かれ（discounted）、主体の生存可能性は疑問視される。こういった発話不可能なものの侵入が及ぼす結果は、自分がばらばらになる（falling apart）という感覚から、刑事上もしくは精神医学上の監禁を保証する国家の介入にまで及ぶと言えるだろう。(30)

「ばらばらになる」という身体感覚と国家の介入が、言葉の再開に纏わりつくのだ。そしてこのときの国家は、近代的主権を基盤とした法制度のことではない。それは法を生産すると同時に、問答無用の暴力と監禁を行使する国家なのだ。この国家は、バトラーが指摘しているように、「刑事上もしくは精神医学上の監禁」、すなわちいわゆる保安処分とよばれる統治に体現されると同時に、戒厳状態の問題でもあるだろう。それはまたM・フーコーが「超合法的」と述べた、法的審判の手前でなされる精神鑑定の問題でもある(31)。この問題は第四章と第五章で再度検討するが、尋問空間から始まる言葉は、「ばらばらになる」という感覚とともに、問答無用の暴力を待機させた国家の介入に対峙しながら、再開されることになるだろう。またいまこそ、間違われるということを、別の言い方で再設定しなければならない。

5　予感する

先ほど述べたように、尋問空間で生じる間違われるということの要点は、間違いにあるのではなく、排除されていた者たちが顔をもって登場するところにある。すなわち、「予めの排除」が決定済みの構造ではなく「継続的な力学」として浮かび上がり、問答無用の暴力が顔を出す尋問空間において、既存の主体が不安定になり作りなおされる場面にもなるのだ。またそこでは、ばらばらになるという身体感覚とともに、国家の暴力的鎮圧が顕在化するのである。

そして前述したファノンも、そして比嘉春潮や伊波普猷も、間違われるということが決してたんなる間違いではないことを感知している。問題は間違うことのない正しい知識の普及にあるのではない。重要なのは、言葉が言葉として受け取られないことを、危険に晒されながら感知している点にあるのだ。この感知こそ、既存の主体と権力への問いが始まる起点となる知覚であり、いいかえれば求められている知の姿の出発点である。またその出発点は、暴力に晒され言葉が停止していく中で「自己をものとなした」という、圧倒的な受動性が能動性へと変態する起点でもある。

これまで議論してきたように、間違われるという認識は、私は〇〇ではないという正しい知識に訴えれば回避が受け入れられるはずだという思い込みに、もとづくものである。本来は暴力を被るはずはない、被るとするならそれは間違いだ、というわけだ。だが問答無用の暴力は、いまだ登場していなくても、すでに待機中なのだ。そしてくりかえすが、間違われるということにおいて重要なのは、間違いというところにあるのではなく、あらかじめ排除されていた者たちが、「意識の中にも導き入れられない」場所から浮上し、顔をもって登場するところにある。それは「予めの排除」が、問答無用の暴力とともに顕在化する端緒であるだろう。だからこそ、その暴力は、〇〇ではないということでは、元来回避できないのだ。

いま求められているのは、この危険に晒されるという事態を、間違いとして回避するのではなく、破たんしていく状況の中で始まるべき未来への端緒として、引き受けていくことではないだろうか。そしてこの引き受けるとは、いまだ登場していないが自らが晒されていると感知された待機中の暴力に対して、先取り的に身構えることではないのだろうか。この身構えることにより、暴力に晒されてもいいとされる〇〇を遡及的にみいだすことによって成り立つ共同性とは異なる未来にむけて、動き出すことができるのではないだろうか。そして「自己をものとな」すとは、この身構えるということの始まりではないだろうか。

この身構えることにおいては、いまだ眼前に登場していないが、待機中である暴力を感知することが必要になる。そしてかかる感知は、ファノンや比嘉や伊波からもわかるように、尋問空間において間違われるという事態において、すでに始まっているのではないだろうか。待機中の暴力を先取りして感知し、身構えるとき、問答無用の暴力に晒されているという受動性は、能動性へ変態し始めるのであり、かかる意味で、この先取りし、身構えるという行為を成り立たせる暴力への感知は、極めて重要なのだ。間違われるということは、こうした変態の始まりとしてある知覚として、とらえなおされなければならない。

「いまだ存在しないものを「予感」する」。エピグラフに掲げた文章は、ドゥルーズとガタリが戦争機械を論じる際、予感する（pressentir）という動詞を、ピエール・クラストルの「国家に抗する社会(32)」に関連づけて検討している部分である。すなわち予感するとは、暴力を先取りし（anticiper）、払いのける（conjurer）という営みにかかわる知覚である。いま待機中の暴力を先取り的に知覚することを、この予感するという動詞として考えておきたいと思う。すなわち間違われるという受動性は、予感するという能動性として、とらえなおされなければならないのだ。

ところで、先取り払いのけることとは、支配とそれへの抵抗という構図とは異なる。支配と抵抗という言葉を、作用に対する反作用的な力学的関係だとするなら、いまだ登場していない暴力を先取りし、それを払いのけようとする営みは、作用と反作用がいまだ生じていないがゆえに、力学的関係に還元されるものではない。いいかえれば圧倒的な問答無用の暴力を前にして、作用／反作用としては抵抗不可能であっても、暴力を先取り的に予感することには、別の可能性が抱え込まれているのである。

ファノンは『地に呪われたる者』では武装闘争の始まりを、「あらゆる攻撃に反駁すべく身構えていた農民大衆が、突然死の危険にさらされていると感じて、植民地主義の軍隊に猛然と抵抗する決意を固める」と描いている。そして、「投槍で、いやそれ以上にしばしば石や棒で武装して、人民は民族解放を目指して一斉に叛乱へと突入する」のである。(33) このファノンがいう「身構えている」(sur la defensive)身体は、抵抗の手前にありながら、あらゆる攻撃を先取りしている。それはたんなる抵抗の準備段階ということではなく、待機中の暴力を感知し先取りするという知覚にかかわる行為なのだ。そこにはやはり、支配と抵抗に還元されない領域があるだろう。またかかる点が、同じく『地に呪われたる者』におけるファノンの暴力論と、密接にかかわることはいうまでもない。すなわちファノンにとって暴力の領域は、抵抗とともにこの身構えている身体を含み込んでいるのである。

もし抵抗という言葉を軸にこの暴力の領域を理解するならば、それは支配と抵抗といった力関係に帰着する問題として受け止められるかもしれない。そして『地に呪われたる者』が、往々にして圧倒的な暴力的支配の中で抵抗の暴力を強く主張する書として読まれたことも事実である。だがここでは、この暴力の領域に、尋問空間の内部においてものと化した身体から始まる身構えるというプロセスを接続させたい。そこでは、予感するという動詞が知覚を担うのだ。かかる知覚において先取りされた暴力は、勝ち目のない圧倒的な支配形態ではなく、また身構えることもたんに武器をとる準備段階ということでもない。エピグラフで引用したドゥルーズとガタリの文章が指摘するように、「いまだ存在しないものを「予感」する」ことにより、「存在しているのとは異なった形態」が先取りされるのであり、身構えることからは、支配の反作用としての抵抗ではなく、状況を先取り的に構成してく能動的な展開が始まるのである。このとき暴力は武器の問題ではなく、状況を構成していくための知覚の問題となる。またたからこそこの身構えるということを、戦闘準備と勘違いするならば、次のファノンの言葉を聞き逃すことになるだろう。ファノンは「暴力とはそもそも何か」という問いに対して、次のように記している。

暴力とはそもそも何か。……自分たちの解放は力によってなしとげねばならず、またそれ以外にあり得ないと見なすところの直感である。(34)

ここでは暴力は力学的関係の問題ではなく、別の未来を切り開く力への知覚のことである。そしてこの力に対する知覚は、身構えるという身体感覚とともにあるだろう。

だが同時に、身構えることと抵抗が無関係であるということでもない。両者は分かちがたく重なっているのであり、あえていえば身構えることからみいだされる抵抗は、支配に先立って存在するのだ。抵抗は支配において定義されるのではない。また、身構える農民大衆の抵抗といった時には、身構える身体的連累における集合性と抵抗を担う農民という集団的アクターの、どちらかに還元することのできない重層性こそが重要になるのだ。そして尋問の領域から言葉を開始するには、この重層性が確保されていなければならない。またこの問題が序章で述べた対抗と遡行という問題に重なっていくことは、容易に了解できるだろう。

身構えることは知覚なのであり、現実を自らの力で変えうると知ることなのだ。その知覚は、やはり言葉を生み出すだろう。そしてその言葉は、尋問空間において他者との出会いを生み出すものとなるだろう。すなわち、〇〇ではないと間違えられないように回避してきた他者に、再会するのだ。

待機中の暴力を予感し、先取りし、身構え、尋問空間を自らの力で変えうると知覚するとき、予め排除された言葉のない領域に、言葉が始まるに違いない。このとき〇〇を遡及的に排除することによって成り立つ共同性とは異なる未来が、始まるだろう。その未来は、〇〇とされていた領域から浮かび上がる新たな他者とともにある。

6　始まり――人間である

この始まりの中でみいだされる他者との関係は、ファノンがいう「人間」ということでもある。尋問空間の中で自らをものとなした地点からファノンが開始するのは、「人間であること」なのだ。「私は人間であることを、人間であることだけを欲していたのだ」[35]。それは、普遍的なヒューマニズムや法的な権利ということではない。「人間であること」とは、ものから人間になるという宣言であり、ここに言葉は再開される。重要なのは、「断固として他人に対して存在すること」を担う言葉なのだ。それは、尋問空間において何を言葉とみなすのかということをめぐる抗争を、開始することでもある。尋問へのたんなる反論ではなく、既存の言葉と言葉の領域が予め排除していた領域との、抗争なのだ。その開始は、言葉の外に予め排除された領域が言葉を主張するがゆえに、まずは叫びや身ぶり、あるいは暴力として受け止められるが、それはやはり言葉なのだ。

またこの「人間である」という宣言をファノンは、個人の自立ではなく、「奴隷にされ、リンチの犠牲になった」者たちの繋がりを「わが身に引き受ける」こととして描き出している[36]。すなわち尋問をうけ問答無用の暴力に晒されたファノンは、マルチニック人であることにおいて尋問を回避するという不可能な希望を抱くのではなく、尋問にさらされている複数の身体との繋がりを、引き受けるのだ。

この予感という知覚において生まれる繋がりは、個でもなければ個の集合である集団でもない集合性である。それはものとなした身体が、自らの身体を問いながら言葉との関係性を再獲得していくプロセスであり、このプロセスは同時に、排除されていた他者を引き受けることでもある。身体が言葉を再獲得し、その言葉により連累していくことこそが、「人間であること」なのだ。「おお、私の身体よ、いつまでも私を、問い続ける人間たらしめよ[37]」。これが『黒い皮膚・白い仮面』の最後の文章である。予感という知覚から生まれる身体の連累については、次章で再度議論するが、この『黒い皮膚・白い仮面』の最後の部分は、『地に呪われたる者』の第一章の暴力を論じた部分の冒頭に出てくる、次の文章に繋がっていくだろう。

> それ（非植民地化―引用者）は存在に、新たな人間のもたらす固有のリズムを、新たな言語を、新たな人間性を導きいれる。非植民地化とは文字通り新たな人間の創造だ[38]。

武装闘争を主張するこの章が、新たな言葉、新たな人間性を存在（もの）に導きいれることから始まっているということを、看過してはならない。武装闘争は「新たな人間の創造」なのであり、闘争の内部には序章で述べたバトラーのいう「人間という新しい考えを生み出す部屋（room）[39]」が確保されなければならないのだ。暴力的抵抗の内部で、ものという存在が言葉との関係を（再）獲得し、身構えている身体が連累していくのである。この連累において担われる集合性が、「人間であること」

に他ならない。

この予感という知覚から始まる集合性については、次章以降も検討するが、この集合性は――あるいはそれは新たな社会性といってもいいのかもしれないが――、遡及的に〇〇を排除していく社会が前提としてきた時空間自体を横断するものとなるであろう。予感とは、自分の場所ではない傍らで起きていることだがすでに他人ごとではないという知覚にかかわるものであり、それは自分の場所とその傍らの場所という空間的境界と、境界を前提に構成されてきたこれまでの時間とこれからの時間の連なりが、同時に別物になる事態である。未来への予兆として暴力を予感することは、すでに暴力に晒されていたという過去が現前に現れることでもあるのだ。

この時空間の横断性こそ、ファノンのいう「奴隷にされ、リンチの犠牲になった」者たちを引き受けるということであり、既存の境界において出会うことのないとされる者たちが、繋がることなのだ。そしてそれは、新たな空間と時間を作り上げることであり、新たな場が生まれることなのだ。尋問空間から予感という知覚とともに始まるのは、かかる場の作成にかかわる営みなのである。

第二章　流着する——巻き込まれる／引き受ける

私は事物性（choséité）の中に閉じ込められて、ここに—今（ici-maintenant）いるだけなのではない。私は余所《よそ》のために、また他の物のために存在しているのだ。(1)

——フランツ・ファノン

政治的活動とは、身体をかつて割り当てられてきた場所からずらし、そうしてその場所の運命を変えるような活動である。政治的活動は、今まで見られる場を持たなかったものを見えるようにし、音だけがあったところに言説が聞こえるようにし、音としてしか聞かれなかったものを言説として聞こえるようにする。(2)

——ランシエール

1　身構えることの困難

学生時代、毎年のように上映会をおこなったドキュメンタリー映画に、小川紳介らの小川プロダクションが作成した三里塚闘争のドキュメンタリー・シリーズがある。近年それらがＤＶＤ化され、手軽に見ることができるようになった。(3) そのうちの一つ『三里塚の夏』（一九六八年）には、農民（青年行動隊）たちが武装闘争に決起すべきかどうかを議論しているシーンがある。

話し合いが破たんし、空港建設のための用地の強制測量が、機動隊の暴力により押し進められる中で、すなわち問答無用の暴力が日々の秩序を構成していく中で、なにをいっても無駄という状況に反対運動は追い詰められていく。いわば言葉の停止が、状況を支配していくのだ。だが農民たちが、カマをもち、竹やりで武装することを議論している場では、極めて豊かな言語空間が生まれていることが、このドキュメンタリーではとらえられている。

なんで石を持ったりね、ゲバ棒もったりするのかということについてよ、話し合ったわけよ。機動隊が入ったり公団が来るからね、頭にくるからやるっていうことだけなのかと。もちろんそれもあるよ。それはあるって当然なんだけどさ、それだけじゃなくてほんとうにおれたちは反対同盟らしい、反対同盟って空港反対闘争をするんだっていうさ、そういう同盟なわけじゃない？

で、その同盟の意思をさ、入って来た公団なり機動隊なりにね、まあ、政府のお先棒かついでいるやつらのさ、そいつらにおれたちの決意を示すと同時にさ、やっぱり条件賛成派なり、周囲でもっておれたちを見ている人間な、そういうものに、おれたちの態度をはっきりと示すっていうことでしょう。[4]（青年行動隊『三里塚の夏』、傍点——引用者）

ここで述べられている「態度」を示すということは、たんに武装した機動隊と武器をもって対峙するということに直結するのではない。農民たちは、言葉が停止し暴力がせりあがってくる状況の中で、石やゲバ棒を持つという態度において、いいかえれば言葉の手前の領域において、自らの意思を示そうとしているのである。すなわち圧倒的な暴力を前に言葉が停止する状況の中で、言葉の手前に自らの態度という領域を確保しようとしているのだ。この者たちは身構えている。

この身構える者たちから語りだされるのは、死をかけて決起する勇気ではない。『三里塚の夏』が顔の表情や手のしぐさ、あるいは目線の方向とともにありありと映し出すのは、殺すかもしれない、殺されるかもしれないという脅えであり、かかる脅えた臆病者たちが、豊富な言葉を語り出す光景だ。さらに言葉とともに、毎日使う農機具が、あるいは毎日歩く農道が、さらにこうした具体物において構成されている日常の生活空間自体が、闘いの中で別の意味を帯び始める。やはり武装とは武器のことではない。当たり前の風景が闘う空間に変わることなのだ。毎日使う農道がバリケードになり、農具が別の意味を持ちだす。『三里塚の夏』がとらえた態度とは、日常が別の意味を帯び始める徴候的な動態の総体なのだ。

それはとりあえずブリコラージュといっていいような展開であるが、いずれにしてもその場で生きる人々も含め、毎日の日常的な風景が変わるのだ。またこの変態においては、一つ一つの行為や個々のモノを意味づける言葉の役割は、極めて重要である。あえていえば農道は、機動隊の侵入を予感しながらそれを阻止するという動詞において別の意味を帯びだすのであり、そこでは農道という名詞より、阻止するという動詞が重要になっていく。このとき農道は、投げるべき石が置かれ、針金が張られた場所として浮かび上がる。この小川プロによるドキュメンタリーは、こうした言葉たちが行きかう様子を、見事にとらえているのである。そこには言葉の停止ではなく、始まりがまちがいなくあるだろう。

農道である、農具である、といった当たり前の名詞から、阻止するという動詞を軸にした世界への展開において重要なことは、動詞そのものが重要ということではなく、動詞にともなって状況が遂行的に変態し、その変態を言葉が何とかつかもうともがいているということだ。それはいわば、動詞に纏わりつく副詞的な領域といってもいいかもしれない。すなわち動詞が示す動きは、動きそのものというより動きを形容する副詞的状況として登場するのだ。あるいはそれは名詞において定義されていた日常において、動き以前の動きがそこかしこに生じ始めることかもしれない[5]。態度を示すとは、個人の立場の問題などではなく、まだはっきりとは登場していない動きを予感しながら、その動きを言葉としてつかもうともがく中で浮かび上がる、新たな場にかかわることなのだ。

かかる動詞への展開とともに生まれる、動詞に纏わりつく副詞的な領域については、本書の後段で議論する予定の場や確保するといった言葉にもかかわるが、いずれにしても暴力がせりあがり言葉が停止していく状況の中から始まる言葉は、主語と述語において準備されているというより、複数の重なり合う動き以前の動きを何とか言葉に留めようとする展開なのである。

　ところで自分たちではない他者が語られるのも、この始まりにおいてだ。『三里塚の夏』ではその他者は、とりあえず全学連、学生、ベトナム、日本農民といった名称でよばれるが、重要なのは問答無用の暴力が支配する中で身構え始めた人々が、こうした他者をみいだし、繋がりを発見したところにあるだろう。前章でも述べたように、身構えることはやはり知覚なのであり、これまでの時空間を横断的に変態させていく営みの始まりなのだ。

　だが一九七〇年代後半に三里塚闘争に出会った私にとって、三里塚での武装は、『三里塚の夏』における臆病者たちの豊かな言葉ではなかったように思う。またその後の『第二砦の人々』（一九七一年）にむかう小川プロが映し出す武装も、次第に言葉を失っていくように思える。(6) そこでは武装はやはり武器の問題であり、武器をとる勇気が称揚されるのだ。またこうした武装の傍らにあったのは、闘うための正統性をより普遍的に定義しようとする言葉たちである。確かに様々な言葉があったが、多くの場合どちらが政治的に正しいかという争いに直結していった。

　『三里塚の夏』がとらえた名詞から動詞への展開、そして動き以前の動きという副詞的領域の登場は、前章で述べた身構えるということと、ともにある。身構えるとは、個人の身体にかかわることではなく、状況生成的な動きなのだ。だが武器をとる勇気と正しい政治の解説者の中にあって、身構え続けることには困難がともなうだろう。いいかえればその困難さは、尋問空間の中で暴力を予感しながら始まる他者との出会いと、そこから生まれる豊かな言葉の在処を、いかに確保すればいいのだろうかという問題でもあるだろう。

とりあえずこの確保すべき言葉の在処は、武器と解説の二つの展開に挟まれているといえる。そして後者の解説は、〇〇を根拠にふりかかる問答無用の暴力に対して、より普遍的に〇〇ではないということを定義し説明する知でもあるだろう。すなわち〇〇ではなく、普遍的正当性を獲得した闘う者たちとして、抵抗の正当性を説明するのだ。だが、問答無用の暴力は、正当性を争う法定の中に待機しているのではない。またこの普遍的正当性において定義された闘う者たちは、やはり名詞的である。そこには、『三里塚の夏』がとらえたような、動詞において生まれるブリコラージュ的あるいは副詞的な変態は、ない。

普遍的解説が問答無用の暴力への抵抗に見えるのは、正しい解説が社会を構成するという手続きを前提にしているからであり、かかる手続きは、ほとんどの場合言及されることなく、普遍的説明の前提として自然化されている。だが、今想定しているのは尋問空間なのである。くりかえすがそれは例外的状況ではなく、すでにある。そのことを無視するならば、普遍的で正しい解説は、暴力に晒された領域に対する再度の回避になるだろう。再度の回避ではなく、他者との繋がりと自らの変態を確保しつづける言葉の在処が重要なのだ。

もう一つの前者の武器の問題は、暴力が武器の問題となる事態である。だがすでに述べたように身構えることとは、武装の準備ではない。そしてかかる武器の問題への陥没は、正しい説明が社会をつくることを前提にすることと共犯関係にある。正しい説明とその機能不全において無言の暴力の領域が生まれるのだ。すなわちそれは問答無用の暴力が状況を支配することが、言葉の無効に直結する事態だ。この直結においては、言葉と言葉ではない領域の区分は明確に維持され、追認される。また尋問空間を例外化し無視することにより言葉は正しさを維持し、同時に問答無用の暴力においては無言の武装で対峙すること以外にありえなくなる。この問答無用の暴力を例外化し無視する正しい説明が社会を担うのではなく、また暴力を武器の問題にすることでもない領域こそ、尋問空間における言葉の在処ではないのだろうか。予感という言葉で示したかったのは、かかる言葉の領域だ。この在処を確保すること、そしてそこから始まる未来について、本章では考えたいと思う。

無言のままモノとなった当事者を代弁する知識人でもなければ、無言の決起でもない言葉の領域を確保するには、『三里塚の夏』が映し出したような臆病者たちの担う言葉の在処を考えなければならない。未来は、武装でもなければ正しい解説者に託すわけにもいかないのだ。だがしかし、正しい説明と無言の暴力に、臆病者たちの言葉は挟まれている。いや区分けされることなく重なり合って存在しているといった方がいいかもしれない。したがって重要なのは、それぞれの文脈に区分けすることの理論的正しさを主張することでも、また正しい説明や無言の暴力を非難するのでもなく、尋問空間の内部において、身構えている臆病者たちの言葉の在処を確保する、ということなのだ。

それはたんに身構えることを維持するということではなく、身構えるという動詞に纏わりつくように生まれる動き以前の動き、すなわち副詞的領域を確保するということであり、すぐさま主語と述語に整理できないような展開を言葉においてつかもうとすることだ。在処という場所的な表現には、こうした複数の展開がこめられている。また前章で述べたように、身構えることと抵抗が無関係なのではない。両者は分かちがたく重なっているのであり、身構えることにおいて生じる領域は、間違いなく抵抗とともにある。

そしてかかる身構えることからみいだされる抵抗は、支配に先立って存在するのである。抵抗は、支配において定義されるものではないのだ。かかる抵抗においては、身構えることが生み出す複数の動き以前の動きの束、いいかえれば身体的連累における集合性と抵抗する農民として登場する集団的アクターの、どちらかに還元することのできない重層性こそが、重要になる。そしてこの重層性は、やはり、抵抗の内部に身構える者たちの言葉の在処を確保することにおいて、実現されるのではないだろうか。

以下、前章で検討した予感するという動詞に纏わりつく副詞的領域を、いかに言葉においてつかむのかということを、本章では考えたい。そしてその延長線上に再度、確保するということを展望したいと思う。

2　巻き込まれる――すでに他人ごとではない

先ほども述べたように身構えることは、常識的に思いつくような、個人的動作のことではない。それは個の変態であると同時に、新たな関係性を生み出すことでもある。この関係性は、たとえば先ほど述べたような、複数の動き以前の動きにおいて構成される。すなわち日常を構成するモノや風景の変態として登場するのだ。そしてこれまでの議論をふまえれば、それは、尋問空間の中で間違えられないように回避してきた他者に再会することでもある。このモノや風景の変態とともに始まる再会は、間違われないように○○を遡及的に連ねていく世界とは異なる未来にかかわることであり、あえていえば、臆病者たちの言葉の在処を確保するということは、かかる未来をつかもうとすることなのだ。

先ほど述べた『三里塚の夏』における武装をめぐる議論でも、機動隊と対峙する全学連と自分たちとの関係が、たびたび登場する。あえていえば、機動隊にリンチを受け傷ついている者たちの傍らで農民たちは、その暴力は他人ごとではないとして、次第に身構え始めているのだ。そこにはやはり新たな関係が、生まれつつあるといえるだろう。前章で述べたように、待機中の暴力を予感し身構えることは、あらかじめ排除されていた領域から浮かび上がる他者との関係を、引き受けることでもあるのだ。すなわちくりかえすが、暴力を予感し身構えることは、「奴隷にされ、リンチの犠牲になった」者たちを引き受けることであり、既存の時空間の区分においては関係ないとされる者たちが、つながり、新たな空間と時間を作り上げることなのである。

いまこの時空間の変態をともなった関係生成を、次のようにパラフレーズしてみよう。「傍らで起きていることだが、すでに他人ごとではない」。傍らで起きていることであり、それが自分に降りかかることは間違いなのかもしれない。だが、もはや〇〇ではないという言い方では逃れようがなく、したがって他人ごとではない。すなわち傍らで起きていることが、「傍ら」を定義する境界を越えて自らの場所に侵入してくる事態として次第に明確になるなかで、もはやそれを回避することができなくなり、すでに他人ごとではないこととして知覚されるのだ。それは前章で述べた、伊波が「個性」を停止させていく事態であり、またファノンが、「マルチニック人とアラブ人が違う」という警官の弁明を聞きながら、「ほら、ニグロ」という着色に、「なにをしても無駄」と感じ始める事態でもある。

最初に考えたいのは、このフレーズが含意する時間や空間のありようについてである。自分のことではないのに、自分のことのように感じるということ。これはある意味で、個とよばれる領域の危機だ。さらに、すでに他人ごとではないのだから、以前からずっと自分に張り付いていたということが次第に明らかになっていくという過去遡及的な時間を、この危機は生みだす。またこうした過去遡及性は同時に、これまでの過去の延長線上に未来を想定することをゆるがし、まったく別の未来の到来を予感させるだろう。過去や未来は時系列的な秩序を失い、自分の住まう世界が、自分も含めて変態していく中で、新たに現在が浮かび上がるのだ。それは、崩壊感と新たな未来への希望とが入り混じった事態ともいえるのかもしれない。そして知るという行為は、こうした事態の中で再設定されなければならないのである。

私はこれまで、このような「傍らで起きていることだが、すでに他人ごとではない」という崩壊感のなかで沖縄を思考することの可能性を、考えようとしてきた。たとえば「戦場の記憶」は、過去の沖縄という限定された地理的場所にかかわることではない。私は『戦場の記憶』（日本経済評論社、一九九五年、増補版二〇〇六年）で、沖縄戦にかかわる記憶としてまとめられている言葉たちが、過去という時間や特定化された場所を成り立たせている秩序を食い破りながら、私のすぐ傍らまでに迫ってくるということを思考しようとした。戦場は継続するのであり、多様な様態をとりながら平時の日常に拡張するのである。記憶とは、こうした継続や拡張を思考する回路なのである。

あるいはまた、伊波普猷の文章を読んだとき、既存の時空間に対する崩壊あるいは危機にかかわる感知力が、伊波の中で作動していることに気がついた。たとえばすでに述べたように、彼が沖縄は朝鮮や台湾ではないと語るとき、そこには傍らで起きている植民地支配の出来事を自分のことのように感じている伊波がいる。沖縄は朝鮮や台湾ではないという伊波の主張は、排外主義的ナショナリズムや帝国の中の階層化された差別構造の反映というより、ここは植民地でありお前は被植民者なのだという問答無用の隠された提言命令を浮かび上がらせると同時に、その中で怯えながら、その暴力を何とか回避しようとする臆病者の身振りなのだ。

そしてこの伊波の言葉もまた、彼の生きた時代や沖縄という地理的場所をかいくぐりながら、私のすぐ傍らにまで届く。彼が感知した暴力は、今も継続しているのであり、区切られた時期や地理的範域に閉じ込めることはできないのである。沖縄を思考することとは、やはりこの継続と拡張を思考することなのだ。

この、「傍らで起きていることだが、すでに他人ごとではない」というフレーズはまた、沖縄が研究対象として設定される中で、ずっと感じてきた疑念にも関係している。それは伊波に見られるように自己言及的な沖縄学というよりも、対象として語られる沖縄にかかわって生じる疑念だ。そこでは語られれば語られるほど、そこで起きている事態に巻き込まれたくないという身振りが見えてしまうのである。この、巻き込まれることを回避しようとする知るという行為が、知るべき対象を対象として固定化し外在化させていく。かかる知は、学的真実により正当化された問答無用の眼差しで、身振りや態度を着色する。それは序章で述べた、尋問空間の近傍にあるだろう。また着色しながら対象を語る者は、対象に巻き込まれることのない分析者として登場するのである。

知るという行為が分析者の住む世界と知るべき対象の世界を区分していき、自分が巻き込まれることのない対象を構成していくという問題は、たとえば人類学をめぐってこれまで議論されてきたことだろう。(7) すなわち我々とは異なる他者を知るという、人類学の前提にかかわる問題だ。そこでは多くの場合、この区分は、植民地主義あるいは権力的な支配と被支配の関係として登場するだろう。(8) また同じ問題は、「沖縄問題」を語る行為や連帯をめざす運動のなかにもある。沖縄の被害をいかに良心的に語ろうと、沖縄のようになりたくないという隠されたメッセージが、そこから聞こえてくるのだ。

だからこそ、別の知覚、そして別の知るという行為を生み出さなければならないと考えた。そしてその出発点が、「傍らで起きているのだが、すでに他人ごとではない」ということなのである。知るという行為を、このフレーズがもつ時空間の秩序の崩壊とともに、再設定しようと思う。またこのフレーズが抱え込んでいるのは、あえていえば、対象を知るという行為が、その対象に巻き込まれていくことでもあるという身体感覚だ。『戦場の記憶』や『暴力の予感』（岩波書店、二〇〇二年）、そして『流着の思想』（インパクト出版会、二〇一三年）では、この感覚が帯電した思考を、新たな連累の可能性として考えてみようとしたのである。また本章の表題にある流着するとは、巻き込まれ、そしてそれを回避するのではなく、引き受けていくプロセスを意味している。かかるプロセスにあって、別の知覚と別の知るという行為を探そうとしたとき、その端緒は私にとって、一貫してフランツ・ファノンの中にあった。

3　引き受けることの困難――事後性ということ

ところで「傍らで起きているのだが、すでに他人ごとではない」というフレーズにある、巻き込まれ、引き受けるという受動と能動がいりまじった関係生成の中に、知るという行為を考えるとき、この「傍らで起きている」ことをどのようにとらえるのかということが、問題になる。すなわち、前章では暴力を先取りし払いのけるところに予感するという知覚を考えたが、暴力はすでに傍らで行使されているのであり、そこには傷や痛みにかかわる言説空間がまずは前提として存在する。すなわち知るという行為は、どこまでも暴力の後という事後性を帯びるのだ。暴力を先取りする予感という知覚は、暴力の痕跡を遅れて知ることでもあるのだ。

『革命の社会学』に所収された「医学と植民地主義」においてファノンは、アルジェリアでの拷問に関与したある医師の、次のような経験を引いている。「どんな尋問も、まず拷問者と被拷問者の関係の再版として、体験されるのである」[9]。尋問は話していても話しているとはみなされず、言葉が動作になる事態というだけでは、ない。ここでファノンが指摘している尋問は、かつての暴力の痕跡を蘇らせ、再度行使することでもあるのだ。暴力の後においては、言葉がその暴力の「再版として」体験されるのである。

また逆にいえば、こうした暴力の再版を回避するように日常的な言葉は秩序づけられるだろう。この回避は、〇〇ではないということを根拠にした回避と無関係ではないが、同じではない。それはすでに身体に刻まれた傷にかかわることであり、まずはいわゆるトラウマ的体験における「回避」として理解できるかもしれない[10]。すなわちそれは拷問という耐えがたい体験の反復にかかわる言葉を、慎重に避けながら構成される言語秩序であり、暴力の痕跡の否認である。

したがって尋問は、暴力が刻んだ痕跡を想起させ、言葉を混乱に陥れる事態でもある。それは何気なく名前を聞くことかもしれないし、「どこに住んでいるのか」という質問であるかもしれない。またそれが、警察によって担われているとも限らない。にもかかわらず、「自分の名前も、住んでいた町の名も言うことをためらう」[11]者にとって、「拷問者と被拷問者の関係の再版として、体験されるのである」。すなわち尋問は、問答無用の暴力を予感させるだけではなく、暴力の痕跡を回避することにおいて成り立っていた言葉の秩序を混乱させ、自らの身体がすでに痛みを抱え込んだ身体であることを再確認させるのである。たとえば伊波にとって尋問空間は被植民者に間違われるということだけではなく、日清戦争時に住民襲撃を企てた自警団の暴力にであった伊波の傷にもかかわる、といえるかもしれない。

あえていえば尋問空間は、いま待機中の暴力にかかわるだけではなく、すでに行使された暴力の痕跡においても構成されるのだ。そしてこの両者をつなぐ関係性こそ、「傍らで起きているのだが、すでに他人ごとではない」というフレーズに他ならない。だが先ほども述べたように、「傍らで起きている」ことを知るという行為は、どこまでも暴力の後という事後性を帯びる。そしてこの傷にかかわる回避が、しばしばトラウマとの関係において議論されているように、傷にかかわる言葉の混乱はとりあえず個人の症状として理解されるだろう。ファノンが精神医学の臨床で出会うのは、かかる病の領域なのである。

ここで、問答無用の暴力がせりあがる中で言葉が停止していくことと、暴力の痕跡が混乱した言葉とともに顔を出すという双方を前提にして、尋問空間の中から言葉を再開することを、再度考えてみたい。すなわち尋問空間の暴力と言葉の拮抗する地点には、身構える身体と同時に、トラウマ的体験として個人化され、症状として診断された身体が存在するのである。それは暴力を事前に払いのけようとする身体と、すでに行使された後の傷ついた身体といってもよい。そして後者は、ファノンにおいては精神医学の臨床における患者として、まずは個人化されている。ファノンが「わが身に引き受ける」こととして描き出した「奴隷にされ、リンチの犠牲になった」者たちは、ファノンが臨床の場で出会う個人化された患者でもあったのだ。

この患者とされた者の背後には、多くの傷ついた者たちや殺された者たちが広がっている。だがファノンは、こうした広がりを、奴隷制やリンチの「犠牲者」という一般的な名称で片づけようとはしない。なぜなら、いかに良心的な思いがそこにあったとしても、たえがたい痕跡をただいい当てることは暴力の「再版」であり、またすでに行使された暴力の痕跡を限られた集団に囲い込み、例外化することによって、尋問空間に支えられた共同性は成り立っているからだ。ファノンがなそうとするのは、暴力の痕跡に対して命名することではなく、傷ついた身体をどこまでも傍らにいる者として、「わが身に引き受ける」ことであり、だからこそファノンは、臨床の場に立ち続けようとするのだ。そしてこの臨床の場においては、患者という存在は、尋問空間から言葉を再開する起点として設定されているのである。したがってファノンが、「奴隷にされ、リンチの犠牲になった」者たちを引き受けるといったとき、それは、すぐさま犠牲者を根拠にした抗議や告発にむかうのではなく、「拷問者と被拷問者の関係の再版」を体験する中で言葉が混乱し、病に陥る者たちを、「わが身に引き受ける」ことに他ならない。いいかえればそれは、傍らにある個人化された痛みを、すでに他人ごとではない事態として身構えながら事後的に知ることなのである。

二〇一一年一一月一八日、一九日の両日、沖縄の宜野湾市で日本病院・地域精神医療学会が開かれた。そこでは、沖縄戦と精神医療の関係が中心題目として取り上げられ、沖縄戦トラウマという言葉も、精神医学の言葉として語られた。沖縄戦と精神医療あるいはPTSDとの関係は、かねてより指摘されてきたが、近年医学的にも正面から検討されるようになったのである。この学会でも報告し、沖縄戦におけるトラウマの治療と研究を続けている蟻塚亮二によれば、PTSDの症状においては、トラウマを抱えている体験者は語れないというより、「決まった線路を走る列車のように」[12]、明確に語るという。すなわち語ることが、語れないことを丁寧に縁どっているのであり、明確な語りは同時に語れないことを比喩的に示す症状なのである。

こうした縁どりは、先に述べたトラウマならびにPTSD研究における医学用語としての「回避」とよばれるものである[13]。また目取真俊の小説『水滴』（文藝春秋社、一九九七年）にも、証言を語る講演会において明確に話すことのできる沖縄の戦争体験の語りと、誰にも語ることのできない抱え込まれた戦争体験が、一人の人間に同時に存在する徳正という人物が登場するが、この徳正による講演会の語りも「回避」とよべるかもしれない。そしてそれは公の場で語られる沖縄戦の証言となり、歴史研究における事実確認の資料にもなるのだ。

蟻塚があげる症例を読んで驚いたのは、彼がトラウマの症例とした語りは、私が沖縄戦研究の際に用いた証言と極めて似ているということである。歴史研究においては明確に語られた言葉を史料として使い、同じ語りをトラウマ治療においては「回避」の症例として扱うのだ。そして知るという行為が問われるのは、この事実と症例の間である。

ここで、明確に語られた事実のみを知るということは、「回避」を事実として追認することだろう。あるいは、そこに隠されている傷を事実として暴き言語化することを知るということだとするならそれは、ファノンのいう拷問の再版を意味するだろう。そしてこの両者の関係は、結局のところ尋問空間における言葉と暴力の構図にピッタリと収まるのであり、尋問空間の無意識的な追認でもあるだろう。またさらに病状として知るという行為においては、患者あるいは患者たちという他者化が働くだろう。いまここですぐさま他者化を非難したり、治療が不要だということを、いおうとしているのではは断じてない。考えたいのは、個人の治療が尋問空間とは異なる社会を作るという文脈に、結びつかなければならないということだ。

問答無用の暴力において担われる尋問空間は、その暴力の痕跡を事後的に囲い込み、個人もしくは限定された集団の痛みとして区分けすることにおいて、秩序を保っている。これが「傍らで起きている」ことをとりまく言語的秩序であり、暴力の後にかかわる事後性を構成することになる。そして巻き込まれ、引き受けるとは、拷問の再版を引き起こす尋問の暴力性を解説することではなく、また真実のためには少々の暴力性はしかたがないと開き直ることでもなく、またさらに患者として治療するということだけでもない。「傍らで起きている」ことに巻き込まれ、「すでに他人ごとではない」として引き受けるには、尋問でもなく、他人ごとでもないところで、知るという行為を確保しなくてはならないのだ。

先ほども述べたように、尋問空間が抱え込んでいるのは、自らモノと化し身構える身体と、モノとして扱われた痛みを抱え込んだ身体である。そしてこの両者の関係こそが、ファノンのいう「わが身に引き受ける」ということにかかわっていた。また前章で述べた、尋問に際しての警察による弁明の「マルチニック人とアラブ人」という区分は、この二つの身体の繋がりを分断するものだともいえるだろう。この分断は、話しているのに話しているとはみなされない尋問空間での経験を、身構える身体と傷ついた身体の両者に区分したうえで、身構える身体には身構えなくてもいいと説明し、痛みを抱え込んだ身体に対しては、病状として個人や集団に囲い込むのだ。またこの身構える身体と傷ついた身体の分断は、地理的境界や人種的区分的においても維持され自然化されている。それがあの、「マルチニック人とアラブ人が違うってことは、われわれもよく知っていますよ」[14]という警官の弁明でもあるだろう。そして予感という知覚において生まれる繋がりと言葉は、この自然化された区分において再度検討されなければならない。暴力の予感は、この痛みにかかわる自然化された区分を越える知覚として、検討されなければならないのである。

痛い感じた時、それは誰の痛みなのか。傍らにある痛みをすでに他人ごとではないという事態として知ることは、区分において維持されていた回避の停止であり、回避することによって成り立っていた秩序の崩壊でもある。他人ごととして回避してきた痛みへの知覚は、やはり、区分けされていた自らの土台が壊れ、他人ごとだと思っていた事態に巻き込まれていくという受動性を帯びた展開だろう。またそれは、自らの言葉の混乱でもあるだろう。そして、ファノンのいう「わが身に引き受ける」とは、巻き込まれることによる自らの混乱を、他者の痛みとともに、能動的に引き受けることなのだ。

それは、痛みにかかわる言語空間を引き受けることであり、すぐさま痛みを言い当てたり、すでにある言語空間をそのまま自然化することではない。

したがって引き受けるとは、すぐさまどうしていいかわからないこの困難を、抱え込むことでもある。痛みにかかわる巻き込まれ引き受けることを、知るという行為において考えようとしたとき、まずはこの困難を素通りしないことが重要なのだ。問われているのは、回答ではない。問われているのは、巻き込まれ、引き受けるという動詞において生まれる副詞的状況を言葉としてつかむことであり、あえていえば、言葉をつかみ続けるための場の論理が求められているのだ。前述した身構えることの困難、そしてこの暴力の痕跡にかかわる事後性を引き受けることの困難は、理論的回答において解消されるのではなく、場において抱え込まれるのである。重要なのは、そうした場をいかに確保するのかということであり、いまこの確保するという言葉を、場の論理[15]として再定義しておこう。

そしてファノンにとってこの確保という問題は、臨床ということと深くかかわると思われる。臨床に立ち続けたファノンにとって臨床の場とは、尋問空間の中で「傍らで起きている」ことに巻き込まれ続け、そして引き受け続ける場なのである。『黒い皮膚・白い仮面』の冒頭で「この本は臨床研究である[16]」と述べたファノンは、同書の最後の「結論に代えて」において、次のように記している。

私が研究した状況はお気づきのとおり古典的なものではない。科学的客観性は私に禁じられたものであった。というのも、疎外された者、神経症患者は私の兄弟であり、姉妹であり、父であったからだ。[17]

この「兄弟」「姉妹」という家族的なつながりの中で述べられている親密性を、他人ごとではないという文脈において受け取っておきたいと思う。要点は「科学的客観性」の禁じられた場所こそ臨床という場だったという点であり、そこで求められるのは、患者として個人化された他者を、自らをモノと化し身構えている身体とともに別の世界において描きなおす言葉なのだ。それは身構えることの困難、そして引き受けることの困難を、客観的に解決することではなく、困難から生まれる動き以前の動きを言葉においてとらえようとすることであり、臨床という場はこうした言葉たちにおいて担われるのである。こうした言葉こそファノンにとって、精神分析あるいは精神医学の問題であり、すなわち知の問題なのだ。

ファノンの臨床という問題は、確保するということにかかわって終章において再度検討するが、序章でも述べたように、こうした臨床の問題は、『黒い皮膚・白い仮面』にとどまるものではなく、解放闘争の渦中において書かれた『地に呪われたる者』にまで貫かれている。[18]『地に呪われたる者』に所収されている第五章「植民地戦争と精神障害」は、まさしくそうした言葉を再開させようとする模索の記録であり、そこでファノンが描き出す植民地状況とは、尋問や拷問、問答無用の暴力といった、まさしく尋問空間の拡大において特徴づけられている。

ファノンにとって確保するという問題は、臨床ということと深くかかわっていた。くりかえすが予感する、巻き込まれる、引き受けるという動詞から、この確保するという動詞への展開が意味する認識論的な意味は大きい。先に再定義したように確保するとは、対象を解説したり正しい回答を導く際に持ち出される理論なのではなく、場を作り上げる論理なのであり、組織論や運動論の文脈にある言葉なのだ。ファノンにとって臨床とは、知るという行為がこうした場の論理という文脈へと転換していくことを明示する言葉に他ならない。

4　他の場所へ——多焦点的拡張主義

ところで傍らにいる者が、なにもまだ起きていない平穏な日常の中で、「世界は変えられる」と呟くとき、そこからなにを聞き取ることになるのだろうか。ありえない妄想として一蹴すべきなのか。それとも密かに準備された闘いへの自信に満ちた言葉として同意すべきなのか。いずれにしても、まずは冷静な力学的計算が前提になるのであり、その計算結果においてこの呟きは、リアリティをもつことになる。

だがしかし、巻き込まれ、引き受けることとは、妄想を退ける常識的判断でも計画された闘いへの支持表明でもない。まずはそこで、その他者がすでに身構えているということとともに、その「世界は変えられる」という言葉を受け取る必要があるだろう。いいかえれば「世界は変えられる」という言葉は、身体感覚を伴わない限り理解できないのであり、したがってわかるということは、わかろうとする行為者自身にこの身体感覚が帯電することでもあり、すなわち身構え始めることなのだ。このときこの行為者は、巻き込まれている。

知るという行為が、いかに身構えることにつながるのかについて法則的な説明は、できない。それは、理論的必然でもなければ計画的なものでもないだろう。またこの身構えるということは、身構える者たちにおいてみいだされる未来が同じ世界だということを保証するものでもなければ、痛みなり苦しみといった身体感覚を共有する共感の共同体に結びつくわけでもない。重要なことは、別の未来を予感するという知覚の様態なのであり、そのような様態としての知るという行為において、それぞれが知る対象に巻き込まれ、そして引き受けていくということなのだ。そしてこのプロセスは、世界が暫定的な存在であることをみいだす中で生まれる未来への予感において、人々が連累していくということであり、それぞれの予感の中でいかなる未来をみいだすのかということは、別の問題である。未来のモデルの一致ではなく、今の世界を暫定的な存在として浮かび上がらせる知覚において、人々は連累するのである。

そしてこの未来への予感を、連累するというプロセスとして継続していくには、ある種の共同作業、あるいはこの共同作業を進めるための知が必要とされるだろう。そこでの要点は、身構えることとともにある知るという行為を確保し続けることであり、またこの確保するということにおいては、未来像の一致や綱領的一致に共同作業を置き換えないことが、重要になると思われる。何度もくりかえすが、巻きこまれ、引き受けることと単一の共同体が生まれることとは、同じではないのだ。

この点と関連して、先ほど述べた精神疾患という領域の問題は重要である。身構えることは、現状から離脱することであり、今の秩序において構成されている個が離脱とともに融解し始めることである。そして秩序は、こうした融解を禁止し、病として隔離し、発せられる言葉を症状としてのみ意味化し、問答無用で処置するだろう。したがって身構えることとは、予め排除されることであり、隔離されることであり、暴力を被ることである。また巻きこまれ、引き受けることとは、自らの内部に暴力を被る根拠をみいだしてしまうことでもあるだろう。こうして暴力は予感され、変え得る世界にむけて人々は動き出すことになる。

だが、いかにして。あるいは端的にいって、そこにはいかなる組織あるいは運動形態が登場するのか。この問いこそが、先ほど述べた確保という問題であり、場の論理ということであり、またファノンにおける臨床にかかわる問題でもある。

一九六〇年代後半に西ドイツのハイデルベルク大学医学部精神科の助手や患者を中心に生まれた社会主義患者同盟（Sozialistisches Patientenkollektiv: SPK）は、資本制にかかわる疎外を病という言葉で再設定しようとした。[19] 一九七〇年代初頭、ＳＰＫは、西ドイツ赤軍に一方的にエールを送り、西ドイツ赤軍をめぐるすさまじい弾圧状況にすすんで巻き込まれ、「過激派」として圧殺された。「我々も過激派だ」。そしてこのＳＰＫが残した文書には、多焦点的拡張主義（Multifokaler Expansionismus: MFE）という言葉がある。それは、「精神病」が体現する禁止の領域を人々が集まる場所（暖炉）に変えていく運動であり、焦点という言葉には、禁止と暖炉の二つの意味が重ねられている。[20]

この禁止と暖炉が重なる焦点は、抽象的概念ではない。それはＳＰＫ自身が、場というものにこだわったこととも関係する。ＳＰＫを同時代の中で受け止めた奥野路介は、日本の学生運動と対比させながら次のように述べている。

ＳＰＫの「患者」たちがいまいる場所、ＳＰＫ運動の現場とは、彼らの職場であり、生活の場であり、つまり巷間そのものであって、しかもこの巷間は、そこへ散っていくべき亡命地ではなかった。彼らはそこから逃げも隠れもできないし、そこでつくられた要求（理論）は、譲ることができない。(21)

そしてそのような場であるがゆえに、「自分たちの場が奪われようとし、自分たちの要求が攻撃をうけたとき、それには力を用いても対抗せねばならなかった」のである。(22) この「要求」を守ろうとする「対抗」に、本章の冒頭で述べた三里塚農民の「態度」としての武装を重ねることは、間違いではないだろう。そしてこのような焦点＝場には、排除や暴力を被るという受動性と、すすんで暖炉に集まるという能動性が入り混じっている。また同時に、暖炉の場所がその場所の外に行ってはいけない禁止領域を新たに生み出すなら、さらにその禁止を暖炉へと変えていくことになるのだ。

注意すべきは、暖炉と禁止がジグザグと重なりながら展開するこのプロセスが、新たに禁止領域が生まれることを禁止することではない、ということだ。暖炉の一般的モデルは存在しないのであり、あるべきモデルを前提にして、モデルから外れた新たな禁止の登場を禁止するとしたら、それはある種の統制でもある。ＳＰＫのいう多焦点的拡張主義の要点は、理想郷を作るために計画したりあるいは統制したりするのではなく、禁止の領域を人々が集まる暖炉として不断に拡張していくプロセスにある。禁止と暖炉が反復されながら、焦点は複数になり拡張するのである。

そしてこの禁止と暖炉が反復されていく拡張こそ、巻き込まれ、引き受けるということなのではないだろうか。巻き込まれ、引き受けるということは、この多焦点的拡張主義における禁止から暖炉へという受動性と能動性が不可分に重なり合った展開なのであり、そこでは、身構えることから始まる関係性は、場の生成と拡張として登場するのである。すなわち禁止された場所から始まる暖炉に、「世界は変えられる」と呟きながら集まってくる者たちは、やはり身構えているのだ。

「傍らで起きていることだが、すでに他人ごとではない」というフレーズに込められた、巻き込まれ、引き受けることから生まれる関係性は、ここでは場の生成といいかえられている。すなわち身構えることは、場が固定化され全体領域の部分となることから、ずれ続ける展開として登場することになるだろう。身構えることは、エピグラフで引いたランシエールのいう、「身体をかつて割り当てられてきた場所からずらし、そうしてその場所の運命を変えるような活動」として継続するのである。多焦点になること、そして拡張し続けることは、運命を変える活動なのだ。

一九七一年六月二四日、ＳＰＫの居場所であったローアバッハ通り一二番地[23]に自動小銃で武装した警察官が押し入り、メンバーを逮捕した。そして私服警官五〇名と自動小銃で武装した三〇〇名もの警察官によるこの最終的な鎮圧の直前に、この者たちは、多焦点的拡張主義とともに次のような言葉を置いて消え去った(24)。

囲まれた日にゃ　逃げてやる
おれたちゃみんな　生きのびる
どこにいっても　いき場はあるさ
おれたち仲間は義理がたい
おまえたちでも食っている
おかげでおれたちゃ食っていく

おれたち住家は　ゲリラ戦
場所がなければ二階を積んで
二階がダメなら地下を掘る

既存の世界は、呟きを禁止し、身構えている者たちを病人として対処し、あるいは犯罪者として処置する。暖炉は禁止された領域となり、そこから生まれる言葉たちは尋問空間の中で動作となり、症状となるのだ。だが、巻き込まれ引き受けながら身構えた人々は、暖炉に集まりながら語り始め、語ることにより身構え続けている。そしてこの者たちはまた、尋問空間の中で暴力を予感しながら新たに他者を求めるだろう。こうして場は多焦点的に拡張するはずだ。

知という問題が問われるのは、ここである。[25] 知とは知識量でも教育カリキュラムの問題でも、また研究領域における学術的意義の問題でもない。知は個を前提にした所有物ではないのだ。それは、暖炉に集まる人々においてなされる集団的な言葉の問題なのだ。また確保するとは、こうした言葉により人々が身構え続けることであり、身構えにかかわる組織論的で運動論的な問いに他ならない。くりかえすがそれは、ファノンが臨床において抱え続けた問いでもある。

5　変わる可能性のある現在であり続けるために

二〇一一年の三月一一日以降、広く読まれ始めたレベッカ・ソルニットの『災害ユートピア』(原著の表題 *A Paradise Built in Hell* をそのまま訳せば『地獄に組み込まれたパラダイス』となる)では、サンフランシスコ大地震(一九〇六年)、ハリファックスの爆薬大爆発(一九一七年)、メキシコ大地震(一九八五年)、ニューヨーク貿易センタービル爆破(二〇〇一年)、ハリケーン・カトリーナによるニューオリンズ大洪水(二〇〇五年)が具体的に検討されている。さらには関東大震災やリーマン・ショックへの言及もある。

このソルニットの『災害ユートピア』に対して、ここでおこないたいのは、同書を読むということにおいて獲得されるべき知のあり方を、明示することである。すなわち予感する、身構える、巻き込まれる、引き受けるといった動詞たちにおいて浮かび上がる、確保するという組織論、運動論を、同書への注釈として書き加えることである。先取りしていえば、同書が読む者たちに対して前提として求めているのは、知るという行為の行為者における身体性にかかわる内省的問いであり、こうした問いにより、知るという行為の遂行的意味が明らかにされ、知が場の生成の力動源として作動し始めると私は考える。だからこそこの前提を、顕在化しておきたいのだ。

「変わる可能性のある現在（a transformative present）」[26]。ソルニットの『災害ユートピア』に登場する言葉である。同書を読むということは、かかる現在を獲得する端緒を手に入れることだ。修復すべき現在、復興すべき現在、哀悼すべき現在が状況を覆い、3・11以降の「東北」に言及する感傷的枕言葉が、共同体における正会員の資格証明として蔓延し、さらにまさしく「ニッポン」をはじめとする枕言葉の蔓延が引き起こし始める思考停止の中ですべてが忘却されようとしている今、必要なのは、厚顔無恥に開き直る現状への怒りであり、新しい未来への喜びなのではないか。二〇一一年三月一一日から七年たった今、同書が読まれることの意義は、ここにある[27]。

「東北」の救済と復興を皆がいう。それはもう自然化されたなりわいのようだ。災害とよばれる事態においては、この救済と復興というコードが、マジョリティになるのだ。逆にいえば救済と復興を思考停止の中で自然化させることにより、この国のマジョリティがより強固に形成されたといってもいいかもしれない。だがしかし、ソルニットは毅然として次のように述べるのだ。

与える者と求める者は二つの異なるグループとなり、受け取る権利があることをまず証明しろと要求する者から食べ物を与えられることには、喜びも団結も生まれない(28)。

ここでいう喜びや団結は、先ほど述べた「変わる可能性のある現在」にかかわっている。ソルニットは援助が必要ないといっているのでは、断じてない。問われているのは、援助を成り立たせている救済にまつわる規範や制度がなにを外へと追いやっていったのかという問題であり、この外部への臨界においてこそ、新しく変わる可能性が浮かび上がるのだ。救済される対象はなにもできない困窮した人々ではない。そこではなにかが作られ生み出されているのだ。

まずもって確認しておかなければならないのは、既存の世界が理想であるわけではないということだ。しかし、その世界の秩序の中で生き延びなければならない。こうした生が刻んできた歴史において、既存の秩序の崩壊が、悲惨という一言で片づけられることであるはずはないだろう。そこではこれまでの生が、崩壊とともに内省的に問われると同時に、既存秩序の中で刻まれてきた歴史とは異なる未来が、浮かび上がるかもしれないのだ。この端緒を逃さないこと、これがソルニットの議論の最大の根幹をなす。だが同情や救済あるいは憐憫の涙は、この変わりうる可能性を見失わせる。繰り返すが援助が必要ないといっているのではない。可能性の端緒を、悲惨や救済という言葉で遺棄するなということなのだ。

二〇一一年の年末、メディアがこぞって東北の悲惨と復興を報じている中で、高校生たちが避難所での生活を次のように振り返る記事があった。

実は、いま覚えている震災体験って、夜中にみんなで集まって遊んだことしかない。(29)

彼はずっと「楽しかった」という。もちろんそこに悲しみや悲惨としかいいようのない出来事がないということではない。またこうした楽しさが、前述したような回避、すなわちある種の心的な防衛機制と無関係であるわけでもない。しかし震災においてはじめて生まれた関係性が存在すること、そしてそれを彼は楽しいと表現したことは確かなのだ。知が問われるのは、まさしくこの言葉をどう受け取るのかという困難な問いからなのだ。

しかし取材した記者は記事の見出しで次のような解説をつける。「普通の生活の再開を待ち望んでいる」。あえて図式化すれば、普通からの離脱に伴う楽しさが普通への復帰を待ち望んでいる声に置き換えられているのである。しかも善意と同情において。この記者は、自分がなにを消し去ったのかを理解していないだろう。そしてこうした善意に満ちた無意識の置き換えは、社会問題を解説する良心的知識人や研究者のものでもあるだろう。

「傍らで起きていることなのだが、すでに他人ごとではない」。前述したようにこのフレーズにおいては、過去や未来は時系列的な秩序を失い、個とそれを取り巻く秩序の双方を巻き込んだ危機の現勢化という動態の中で、新たな未来への可能性が開くのだ。それは確かに、崩壊感と希望が入り混じった事態といえるのかもしれない。またこうした事態は、日常からの個の融解ではあるのだが、同時にある日突然襲ってくる全面的な崩壊からもそれは開始されるだろう。そしてこの崩壊に巻き込まれるということは、受動的であるだけではなく、能動的な始まりでもあり、崩壊が示す廃墟とは、救済の対象でも復興すべき場所でもなく、身構えた人々が集まり始める場なのではないか。廃墟は復興するのではない。そこから新たに始まるのだ。そしてそれはすでに始まっていたかもしれない。

ソルニットは、非常事態をなにかが生まれる事態としてとらえようとしている。非常事態（emergency）は解決されなければならない対象なのではなく、なにかが現れ出る（emerge）場なのだ。[30]だが同時に多くの場合、圧倒的な崩壊を前にして人々は慌てふためき、一刻も早い秩序の回復を求めることになるだろう。そして回復や復興の名の下に、禁止や隔離そして問答無用の暴力が登場する。たとえば二〇〇〇年四月九日、陸上自衛隊練馬駐屯地においておこなわれた創隊記念行事で、周知のように石原慎太郎東京都知事は以下のように訓示した。すでに第一章において、さらには別のところでも何度も指摘した訓示の内容だが、ここでは再度全体を引用しておこう。

今日の東京をみますと、不法入国した多くの三国人、外国人が非常に凶悪な犯罪を繰り返している。もはや東京の犯罪の形は過去と違ってきた。こういう状況で、すごく大きな災害が起きた時には大きな大きな騒擾事件すらですね想定される、そういう現状であります。こういうことに対処するためには我々警察の力をもってしても限りがある。だからこそ、そういう時に皆さんに出動願って、災害の救急だけではなしに、やはり治安の維持も一つ皆さんの大きな目的として遂行していただきたいということを期待しております[31]。

大きな災害という非常事態は、まず騒擾として語られ、その騒擾は「三国人」「外国人」対「日本人」の対立に置き換えられ、かかる後に「日本人」を守る治安維持軍としての自衛隊の出動を期待するこの石原の発言では、一刻も早く秩序を回復しなければならない事態として非常事態が持ち出されている。秩序が崩壊する非常事態は、問答無用の暴力を行使しても収拾すべき事態として設定され、秩序の回復が目指されるのである。またこうした秩序回復の前提として、非常事態とされる場所は、秩序が崩壊した危険地域として隔離され、立ち入りが禁止されるだろう。こうして非常事態は巻き込まれたくない場所として限定され、囲い込まれていく。だが囲い込まれた領域は、解決しなければならない状態では、ない。そこはあってはならない禁じられた場所でも、また石原がいうような騒擾が起きる場所でもない。

「閾（liminality）」[32]。ソルニットは、既存の秩序が形を失い消尽する不確かな領域を、こうよぶ。この領域においては、なにが起きるかわからない。あるいは、なにがすでに起きていたのかがわからない。そしてだからこそ、なんでも可能なのである。「なにが起きるかわからないという災害の警告は、なんでも可能だという革命の教えから、そんなにかけ離れてはいない」のだ[33]。非常事態とは、囲い込むべき危険地帯でもなければ、問答無用の力でもって一刻も早く秩序を取り戻さなければならない混乱や対立でもないのだ。それは自分自身の融解とともに世界が暫定的な存在として浮かび上がる事態であり、そこで求められている知覚は、闕に留まりなにが起きるかわからないという不安に耐えながら、そこから垣間見ることのできる未来を予感することではないのだろうか。身構えるということにおいて示そうとしたのも、世界が消え入ることと新たに始まることが交差する、この停留だ。

だが石原はこの停留を一気に通過するよう扇動し、個の融解と世界の暫定性を一気に排外主義的な共同体へと回収しようとするのだ。そしてその扇動では、問答無用の暴力が待機し、人々に「自分たちは○○ではない」と言わしめるのだ。それこそまさに、尋問空間による秩序なのである。しかし個の融解はソルニットにとっては、誰でもありうるというサパティスタのスローガンでもあるのだ。「我々はみなマルコスだ[34]」。身構えながら語られるこのスローガンは、巻き込まれ、引き受けるということであり、等質な共同体への還元ではない。その連累は、決して排外主義的共同体において停止することはないだろう。こうして人々は、あの「変わる可能性のある現在」を手に入れるのだ。

人々はすすんで禁止区域に入り込み、身構えながら暖炉の周りに集まり、廃墟の中から別の未来をみいだそうとするだろう。そこは集まるべき暖炉なのだ。くりかえすが、禁止の領域は、身構えた人々が集まる暖炉が生まれる場所でもあるのだ。一九〇六年四月一八日のサンフランシスコ大地震発生直後をソルニットは、あたかもそこに居合わせたように描き出す。

家を失った人々のテントや、ドアやシャッターや屋根材で間に合わせに造った変てこな仮設キッチンが町のあらゆるところに出現すると、陽気な気分が広がった。月に照らされたあの長い夜には、ギターやマンドリンの爪弾きがどのテントからか漂ってきた。[35]

それはやり、見覚えのある焚き火を囲む風景だ。ソルニットはそれを、「たまり場（the gathering place）」ともよぶ。そしてこのソルニットが描く既視感のあるサンフランシスコの風景は、遅れてやってきた治安維持軍により、防災の名の下に焼き払われていく。当時のサンフランシスコ市長は警察と軍隊に、暴徒に対して殺す許可を与えた。その結果、人々は移動するように命令され、禁止に従わないものは暴徒とみなされ、問答無用で射殺されたのである。[36]またそれはまさしく石原が準備していたことであり、その準備態勢は今も継続している。

ここで災害を肯定しようとしているのでもなければ、こうした焚き火の風景がなにかしら平和的で争いのないユートピアであるといおうとしているのでもない。要点は、どこから思考を始めるべきなのかということであり、突然巻き込まれるということを、「変わる可能性のある現在」として、いいかえれば禁止を暖炉として、確保し続けることなのだ。

禁止を語る言葉が機能不全に陥る中で、国家に残された手段は、今限定されつつある。石原の悪夢は、現実になるかもしれない。対立構造が持ち込まれ問答無用の暴力が登場するかもしれない。だが「我々はみなマルコスだ」。あるいはＳＰＫに倣ってこういってもよい。「我々はみな過激派だ」。そこにはファノンがいう、「奴隷にされ、リンチの犠牲になった」者たちのつながりを「わが身に引き受ける」という知が、文字通り臨床において培われた知が、作動しているのではないだろうか。

ソルニットは、廃墟の渦中で「人々はなにをなすべきか知っている」と断言する。[37] だが「たまり場」を多焦点的に拡張していくには、ファノンが留まり続けた言葉と暴力が拮抗する地点において、その断言を再度検討しなければならないだろう。すなわち尋問空間における言葉の再開を、場として確保することが、いま必要なのだ。

焚き火の風景を維持し続けることを、身構える者たちの協働作業として思考し遂行しよう。それは暖炉や「たまり場」を継続的に再現する試みであり、変わる可能性のある現在を自らも巻き込まれながら思考する協働の場を、作り上げることである。確保とはこのことなのだ。暴力がせりあがり、非常事態が常態化する中で求められているのは、この確保するということだ。場の論理へ。

第II部

沖縄から

第三章　戒厳状態としての沖縄

もう　言葉など必要ないのだ
白い闇をふいに割って　露出するものこそ
まことの現実だから　見つめる眼よ
みつめてそのまま　瞬時に承認せよ(1)

——新城兵一

1　沖縄戦と尋問空間

プロイセン憲法を参照した戦前期の大日本帝国憲法には、その第一四条に戒厳を定め、「天皇ハ戒厳ヲ宣告ス」とある。戒厳令はここに構成されるのだが、それだけではない。周知のように関東大震災の際に東京、神奈川、埼玉、千葉に登場した戒厳は、大日本帝国憲法一四条にある「天皇ハ戒厳ヲ宣告ス」に基づくものではなく、第八条「天皇ハ公共ノ安全ヲ保持シ又ハ其ノ災厄ヲ避クル為緊急ノ必要ニ由リ……法律ニ代ルヘキ勅令ヲ発ス」に基づいている。この「緊急ノ必要」による勅令として、戒厳令が適用されたのだ。こうした戒厳令は行政上の法運用の停止とみなされ、行政戒厳とよばれたが、それは憲法に戒厳令規定を持たない現憲法下での自衛隊の治安出動や有事法制における周辺事態法、さらには大規模地震対策特別措置法における「警戒宣言」に近似したものだともいえる。また国益を根拠として登場する特措法なども、法の停止を前提にしたものであり、乱暴にいえば戒厳状態の一種と考えることもできるだろう。戒厳にかかわる法制度は、現在もすでにあるのだ。

ところで戦前期の戒厳令の第二条第二項には、「合囲地境ハ敵ノ合囲若クハ攻撃其他ノ事変ニ際シ警戒ス可キ地方ヲ区画シテ合囲ノ区域ト為ス者ナリ」とある。すなわち戒厳令は敵に囲まれた場合に発令されるのであるが、沖縄戦に際しては、この合囲地境戒厳は最後まで発令されていない。したがって、大江志乃夫が指摘するように、「沖縄において日本軍が戦場における作戦行動の必要上とった超法規的な非常措置は、戒厳宣告がなされなかったがゆえに、すべて軍司令官の越権行為であり、不法行為ということ」になるのだ(2)。しかし同時に北博昭がいうように、戦時立法は、「狙いにおいては戒厳令もどきの法であり、戒厳令の権利制限にかかわる条項を個別に立法化したようなものである」とするなら(3)、戒厳宣告だけで戒厳令を考えることはできないともいえるだろう。

だが、ここで考えたいのは沖縄における戦時行政と軍との関係でもなければ、その法的制度的根拠でもない。重要なことは、沖縄戦が戒厳状態として遂行されたということだ。沖縄戦は、日米両軍が衝突する戦場のことでもなければ、単なる国内の地上戦ということでもない。こうした戦場の認識は、戦場を領土にかかわる軍事行動に切り縮めてしまうことになる。本章では、軍隊同士が衝突する戦場ではなく、戒厳状態として沖縄戦を考えていきたいと思う。また先取りしていえば、戒厳状態は戦闘の開始において始まるわけでもなければ停止において終結するわけでもない。かかる意味で戦争は、継続するのだ。

では戒厳状態を考えるとは、どういうことなのか。戒厳令に通底しているのは、「公共ノ安全」「社会秩序」という規範的な目的である。この戒厳令の基底に存在する、公共や秩序といった規範とは一体なにか。金杭が、カール・シュミットのいう独裁における法の意味をふまえながら指摘するように、「問題はあくまでも、戒厳令の布告によって、それがいかに部分的な適用であれ、通常法規を停止して、規範の支配を維持することが目的とされたことにある。言い換えると、法と規範が限りなくその距離を縮める事態にこそ注目すべきなのだ[4]」。ここで金杭のいう戒厳令における規範とは、法が守ろうとしている規範であり、重要なのはその規範の実現が「法規の停止」、すなわち法外な力において遂行されるという点にある。いいかえれば「公共ノ安全」は、安全という公的規範を規定する法によるのではなく、法を超えた問答無用の暴力において遂行されるのであり、逆にいえば暴力は、規範維持において正当化されることになる。そしてこの暴力こそ国家なのだ。

「国家の活動、役割、そして場所は、法あるいは法的規定をはるかに超えている[5]」。国家が法的正統性ではなく、国家が自らの活動の正統性の根拠を作り上げる事態を国家の常態として考えようとしたニコス・プーランツァスは、その作り上げられた根拠を、国家の「非合法性」とよんだ。戒厳状態とは、法が後景に退き、司法的判断にかわって、問答無用の暴力と「公共ノ安全」にかかわる日常的規範が直結する事態なのだ。したがって法的に戒厳状態を定めること自体、ある種の自己矛盾を孕むことになる。すなわち戒厳状態は、国家が規範であるということよりも、法的判断において行使されていた国家の暴力と規範の重なりであり、混同である。そしてそれは、司法的に限定されているように見えた尋問という領域が、日常世界に広がっていくことでもあるだろう。重要なのは、尋問が司法的判断の根拠となる法廷内の証言や調書にかかわることではなく、問答無用の暴力がせりあがってくる中で、規範と直結した発話として登場するということなのである。尋問空間。ここに国家の「非合法性」としての戒厳令の意味があり、この点こそ戒厳状態の要点なのだ。

先に述べたように、沖縄戦は戒厳状態でもあった。そこでの要点は、国家の「非合法性」であり、問答無用の暴力の蔓延である。周知のように沖縄戦では多くの住民が「スパイ」という名目において日本兵により問答無用で虐殺されたが、本章ではこの沖縄戦での暴力を、戒厳状態の暴力として考えたいのだ。そしてかかる暴力は、決して時期区分と地理的区分においてくくり出された沖縄戦に限定されるものではない。議論を先取りしていえば、拡大する尋問空間の中で、沖縄戦を考えたいのである。

琉球王国という独自の国家形態を歴史的背景に持つ沖縄の近代は、武装警官による併合という形で始まった。この点からすれば、近代日本の植民地支配の開始とともに沖縄の近代があるといえる。しかしその後制度的な同一化がすすみ、日本の中の一地方としての沖縄県になる。沖縄は植民地なのか、それとも国内の一つの地域なのか。沖縄の近代を考える時、いつもこうした植民地と国内の一つの県という位置の間で揺れ動く沖縄という場所がある。間違われるのだ。

さらに一九四五年以降の戦後沖縄を考えた際、一九七二年まで続く米国による沖縄統治がこの問題を複雑にしている。米国による沖縄統治の法的特徴は、主権は日本にあるが統治は米国がおこなうというものだった。これは「潜在主権」とよばれる複雑怪奇な統治であり、米国が沖縄を軍事的拠点として自由に使用するために、戦略的信託統治に代わって持ち出したものである。すなわちミクロネシアにみられる戦略的信託統治は冷戦下で実現不可能になり、沖縄で実質的に自由に基地使用をするために登場したのが「潜在主権」であった。では、一九七二年に日本に復帰して以降は、文字通り日本の一つの県になったといえるのか。一九七二年以降の沖縄を考えると、米軍基地の存続にかかわって日米地位協定、日米の密約、様々な特措法といった特別な統治がなされており、そして今、新たな基地建設にかかわって刑事特別法なる例外措置が登場している。

このような沖縄の近現代をどう考えればいいのか。戦前は帝国日本による植民地支配なのか、戦後の米国統治は日本帝国と無関係なのか、そして現在の日本の中の沖縄は。考えなければならないことは、沖縄は近代的主権の淵あるいは例外の位置にたえずおかれてきたということである。あるいは、恒常的に例外化にさらされているといってもいいかもしれない。戒厳状態とは、こうした主権における例外化という領域にかかわる歴史性でもあるのだ。

近代的主権における例外化は、まずもって植民地主義の問題であるといえるかもしれない。とりわけ帝国日本における沖縄を考えた時、植民地化された台湾や朝鮮、中国東北部のなかで沖縄を考える必要があるだろう。だが同時に、例外化はいわゆる国家それ自体にかかわる問題でもある。前述したようにニコス・プーランツァスはそれを「国家の非合法性」という言葉であらわしたのであり、序章でもふれたようにそれは、カール・シュミットの「例外状態」やアントニオ・ネグリとマイケル・ハートが新しい帝国について論じる際に持ち出した、法的秩序を越えた帝国の統治形態の問題でもあるだろう。

だがこうした主権や国家にかかわる議論自体を精緻化することは、本章の課題ではない。重要なことは、植民地主義という形でみいだされる制度化された無法状態とでもいうべき統治は、国内とされる領域においても戒厳状態として登場しうるのであり、またそうした植民地主義的な占領と戒厳状態が地続きでつながっていくような統治こそ、戦後世界に継続する暴力の問題ではないだろうかという点である。そしてまさしくこうした領域にかかわる歴史をどのように考えるのかということこそが、沖縄の近現代が抱え込んだ戒厳状態という問いではないだろうか。かかる意味で、沖縄戦は、今日にまで続く問いでもある。

こうした戒厳状態を考えるうえで重要なのは、戒厳令を制度的なものとして了解したり、占領や植民地主義あるいは帝国にかかわる支配形態の類型として検討することよりも、それが統治の前提として存在しているという点である。すなわち戒厳状態は、例外として限定された部分の問題ではなく、統治それ自体の存立要件にかかわることでもある。いいかえれば沖縄において顕在化する暴力は、この国の統治それ自体の問題なのである。

第一章において、バトラーの「予めの排除」にかかわる議論を参照しながら尋問空間を検討したように、戒厳状態は法制度に還元されない国家の問題であり、この排除するという動的過程が法自体を作り上げる「生産的」プロセスなのだ。したがって法制度に還元できるものではなく、「ある種の市民を生存可能にし、他の市民を生存不可能にするために機能」[6]することにより、法それ自体を生産しているのである。逆にいえば、もし戒厳状態を制度として理解するなら、この尋問空間における動的過程を見失うであろう。そしてこの尋問空間が、沖縄の近現代を覆っているのである。そこでは問答無用の暴力に晒されながら、不断に生存が問われることになる。

だからこそ沖縄戦は、時期区分された年表的な出来事ではないのだ。かかる戒厳状態すなわち尋問空間が、あからさまに顕在化したのが沖縄戦であり、それは文字通り、沖縄の近代を貫き沖縄戦「後」の今日にまで通底する出来事なのである。[7]したがって、前章まで議論してきたようなファノンに示される新たな未来と知の始まりは、沖縄においてこそ問われることになる。その未来は、問答無用の暴力が蔓延するこの世界の未来にも深くかかわるだろう。そしてこの世界の未来は、説明的に提示された一般性や普遍性、あるいはグローバルな正義により定義されるのでは断じてなく、第二章で議論した「傍らで起きていることだが、すでに他人ごとではない」というフレーズにおいて連累し、多焦点的に拡張していくプロセスに抱え込まれているのである。

2　防諜

一九四四年三月に設立された牛島満を司令官とする第三二軍が、沖縄においておこなった統治の基軸には、防諜がある。玉木真哲が実証的かつ説得的に明らかにしたように(8)、沖縄戦における日本軍と住民の関係は、この防諜を軸に構成されたといってよい。それはまた、戦場における住民のスパイ視や虐殺と結びついている。法が停止し問答無用で暴力が行使される戒厳状態とは、まずもってこのスパイとしての虐殺において、看取することができる。

ところでこうした防諜は、いわば平時の日常的な秩序とも密接に関連していた。たとえば沖縄戦研究においてはよく知られた、第三二軍司令部から出された「沖縄語ヲ以テ談話シアル者ハ間諜トミナシ処分ス」という軍命を考える時、そこには沖縄語をめぐる日常生活の秩序が重なっている。注目すべきは一九三〇年代から一九四〇年代にかけて展開した生活改善という実践である。そこで改善すべき対象として言及されているのは、沖縄語をはじめ、はだし、葬送儀礼、サンシン、服装など、日常生活の諸点にわたっており、これらが払拭すべき沖縄の風俗や文化として主張された。日常的で私的な、ドメスティックな領域における諸実践が、生活改善の対象として集中的に取り上げられたのである。

この生活改善は極めて多様な側面を持つ。まずこの生活改善は、一九三〇年代後半の翼賛体制構築をになった国民精神総動員運動において盛んに取り上げられた運動である。それはまた、同時期に知事であった淵上房太郎が「沖縄文化抹殺論」を掲げ、沖縄語の撲滅を主張したこととも重なる。生活改善は翼賛文化運動と重なり、沖縄語の発話はそれ自体異端視され、撲滅の対象となっていったのである。

だが、翼賛体制の中で沖縄文化が抑圧されたという理解だけでは、圧倒的に不十分である。なぜなら、沖縄の人々が生活改善という実践に重ねた未来は、翼賛体制への動員だけではなかったと思われるからだ。生活改善を考える時、それが沖縄のみならず、多くの沖縄出身者が居住する大阪や当時南洋群島とよばれたミクロネシアの沖縄人コミュニティや組織においても展開したことが、重要である。そしてこの沖縄という地理的範囲を超えた生活改善の横断的な広がりは、この運動が一九二〇年代から始まる沖縄の経済危機と深く関係していることを意味している。すなわち、第一章において伊波普猷の「賃金奴隷」をめぐって述べたように、人々が沖縄を出て生きていかざるを得ない状況がそこにはある。

たとえば淵上知事が「方言撲滅」を掲げていた一九四〇年の一月、民芸運動を担う柳宗悦ら日本民芸協会のメンバーが沖縄を訪れた際に起きた「沖縄方言論争」を考えてみよう。柳らはこの「方言撲滅」に疑義を唱え、文化としての沖縄語の価値を主張する。こうした柳らの主張をきっかけに、沖縄における『琉球新報』『沖縄日報』『沖縄朝日』といった新聞メディアや、民芸協会が刊行する雑誌『月刊民芸』において、論争がおこなわれることになる。この論争の中で浮かび上がってくるのは、柳らの民芸協会がどこまでも文化の問題として沖縄語を扱おうとしたのに対し、沖縄語の払拭を語る者たちが目指しているのは、文化的な意味での日本や日本語の価値ではないという点である。すなわちこの「沖縄方言論争」の中で沖縄語の払拭を主張する者たちが思い描く未来とは、郷土としての沖縄からの離脱である。自分たちの未来は沖縄では描くことができず、大阪や南洋群島などにおいて生きる他ない。その未来において、沖縄語を払拭し日本語を手に入れることが必要だというわけである(9)。

伊波普猷は生きるために沖縄を出ていった人々を「賃金奴隷」とよんだ。そしてこうした流亡の生とでもいうべき中で、沖縄語の払拭が語られたのである。沖縄戦における沖縄語をスパイとみなす防諜は、第三二軍においていきなり始まったわけでもなければ、一般的な同化や皇民化だけでもなく、そこにはこうした流亡の生において沖縄語を「撲滅」しようとしてきた歴史があるのだ。かかる意味で、防諜を根拠におこなわれた問答無用の暴力は、すなわち戒厳状態は、平時の日常世界と無関係ではない。またその日常とは、あえていえば、資本の中で生きざるを得ない「賃金奴隷」の日常でもある。その上で、こうした日常世界の秩序が戒厳状態として顕在化した事態として、沖縄戦を考えたいと思う。先取りしていえば、そこには言語行為が問答無用の暴力にズレ込んでいく尋問空間の展開がある。

一九六〇年代後半より、沖縄戦にかかわる経験の組織的な聞き取り作業がおこなわれた。こうして集められた証言は、たとえば『沖縄県史　第九巻　沖縄戦記録1』（琉球政府、一九七一年）や『沖縄県史　第一〇巻　沖縄戦記録2』（沖縄県、一九七四年）として刊行された。これまでも手記などの形で多くの沖縄戦にかかわる証言が語り出されていたが、この組織的な聞き取り作業の一つの特徴として、日本兵の住民虐殺が登場したことがある。またこうした作業と同時に刊行されたのが、『これが日本軍だ――沖縄戦における残虐行為』(沖縄県教職員組合・戦争犯罪追及委員会、一九七二年)である。同書は、沖縄県教職員会の呼びかけで結成された戦争犯罪追及委員会の編んだ証言集である。もちろんここでの戦争犯罪とは日本兵の戦争犯罪である。当時この作業にかかわった嶋津与志は当時の調査活動を次のように振り返っている。

委員会の調査活動が始まるとその反響は大きかった。毎日のように電話がかかってきて今まで闇に埋もれていた数々の虐殺事件の目撃者が現れてきた。(10)

他にも、次に引用する『日本軍を告発する』(沖縄県労働組合協議会、一九七二年)があった。あえていえば組織的な聞き取り作業の中で、沖縄戦という戒厳状態は想起され、言葉として語られ始めたのである。またこうした証言からは、沖縄語だけではなく、移民経験や些細な様々なふるまいがスパイの根拠となり、問答無用で殺されていることがわかる。またこうした虐殺の光景を見た者たちから語られるのは、日本兵への怨みである。しかしそれは軍隊にとどまらず、「私は日本人を憎みます」というように日本人、あるいは日本なるものへの激しい憤りをともなっている。(11)ここではなにが想起され、また怒りの対象になっているのだろうか。もちろん直接的には理不尽な虐殺である。だがそれだけだろうか。同書に所収されている証言の中で、次のようなものに注目したい。語り出されているのは、沖縄戦の戦場の記憶ではない。いや正確には、戦場ではない記憶が戦場の記憶として語られているのだ。

「大震災の時、標準語がしゃべれなかったばかりに、多くの朝鮮人が殺された。君たちも間違われて殺されないように」(12)。戦前期沖縄において沖縄語の矯正をおこなおうとする教師は、関東大震災に言及しながら教室でこう述べた。これは第一章において尋問空間にかかわって引用した言葉だが、この言葉は、それを聞いた元生徒が『日本軍を告発する』において、沖縄戦における日本軍の残虐行為にかかわる記憶として語っているのだ。またこの元生徒は生きるために沖縄から大阪に流出している。そこには前述した流亡の生と、関東大震災での虐殺、そして沖縄戦における防諜と虐殺が、ひとつながりの記憶として想起されているのである。

このつながりは一体何だろうか。とりあえずそれが、戒厳状態という言葉で考えたいことだ。またこうした広がりを考えるには、虐殺という凄惨な場面に限定された戒厳状態ではなく、平時の状況にまで拡大する尋問空間として、戒厳状態を設定しなくてはならないだろう。

3　尋問の記憶

尋問において戒厳状態を考えるならば、そこには制度的に区分された時空間とは異なる暴力の様態が浮かび上がる。「君たちも間違われて殺されないように」。この教師の言葉を聞き取った者たちは、自らの発話行為において、予め排除しておかなければならない発話の存在を、自らの内部に確認するだろう。そしてその発話がしまい込まれた身体においては、第一章でふれた、バトラーのいう「発話可能性が予め排除されているときに主体が感じる、危険にさらされているという感覚[13]」が、帯電しているに違いない。かかる意味でこの教師の発言は尋問であり、予め発話を押し隠した身体はしたがって、今も継続する戒厳状態を感知する身体でもあるだろう。

暴力は間違いが正された後に定義されるのではない。間違われるかもしれない身体は、すでに尋問を受けているのであり、問答無用で殺されるかもしれないと感じている時点において、暴力は作動中なのだ。そしてあえていえば尋問空間は、関東大震災、沖縄での教室、戦場を通底している。いいかえれば危険にさらされている身体は、とりあえず地理的にも時間的にも区分けされた空間を、地続きの尋問空間として感知しているのだ。そして重要なことは、「間違われないように」といわれたこの元生徒が、沖縄戦を次のような言葉で想起している点である。

終戦の玉音放送を聞いたあの日、日本人の多くは、敗北の虚脱感と同時にホッと安堵の喜びにひたっただろう。しかし私の見たところ一番喜んだのは、虐待され続けてきた朝鮮人、それから沖縄出身者だったように思う。[14]

ここで記されている「沖縄出身者」と「朝鮮人」の「喜び」の重なりは、被抑圧者たちの解放の喜びということだけではなく、「予めの排除」により、危険にさらされ続けた身体の重なりなのではないか。それは、当初間違われないように回避しようとした他者を、自らの延長線上にみいだすことであり、尋問空間が刻み続けた傷が、戦場の記憶を想起する中で、別の主体化に向かうプロセスの端緒になることではないか[15]。だが戦争は継続するのだ。

4　戦争は継続する[16]

始まりと終わりに区切られ、地理的に囲われた戦場に限定された戦争ではなく、常態として軍事的暴力が日常世界に存在する事態を、戦後世界の冷戦と考えてみよう。この日常世界に存在し続ける暴力は、いかなる統治と関係しているのだろうか。この統治こそが、冷戦における軍事的暴力の問題ではないのだろうか。そして先取りしていえば、この問題を考えるためには、統治形態を議論することではなく、まずは暴力への感知力が必要なのだ。

一九四八年、米国は沖縄の要塞化を決定し、翌年から基地建設にかかわる巨大予算が組まれることになる。またこうした沖縄の要塞化は、日本本土からの米軍の撤退の始まりと重なりながらすすめられ、一九五〇年代を通して沖縄は「基地の島」となった。この「基地の島」は朝鮮半島への出撃基地としてすぐさま機能すると同時に、中華人民共和国への出撃基地でもあり、またさらにはベトナムをはじめとする東南アジアに対しても、最前線基地として動き出すことになる。

ティム・オブライエンの小説『本当の戦争の話をしよう』（村上春樹訳、文藝春秋、一九九八年）には、沖縄とは明言されていないが、ベトナムという戦場の延長線上に沖縄の米軍基地が登場する。怪我をすればすぐさま病院に移送されるのだが[17]、沖縄戦のあと建設された沖縄の米軍基地は東アジア最大の軍病院施設でもあったのだ。ベトナム戦争に兵士として従軍したオブライエンは、沖縄の米軍基地を、ベトナムのジャングルの背後にある前線基地として描いているのである。戦場は地図上のベトナムにとどめられているわけでもなければ、沖縄の基地は、日本に潜在的主権があるとされた沖縄の内部に存在しているのでもない。オブライエンにとって沖縄の基地は、戦場と地続きの場所にある。

基地は、国家の国境に囲まれた地図の内部に書き加えられるのではない。その存在は、国家という境界を越えて、あるいは国家主権を超えて、すでにあるのではないか。オブライエンの基地への感知力が浮かび上がらせるのは、基地を地理的に囲われた国家の内部に描くことが、なにを否認しようとしているのかという問題ではないだろうか。

もちろんこうしたオブライエンの想像力は、戦後の冷戦を構成したグローバルなミリタリズムの展開と無関係ではない。だが、グローバルな展開だと短絡的に考えてしまう前に検討しなければならないことは、軍事的暴力の拠点としての基地という存在が、主権を領土的に表現した地図上の国境なる枠の内部に包含されうるのかどうかという問題である。あるいはそれは、政治学で議論されるような主権や主権を単位として構成される国際関係において、軍事的暴力が持つ意味が、はたして理解できるのかどうかという問いでもある。軍事的暴力は、その存在自体が、こうした内と外を構成する境界において描かれる世界を別物に変えていく力なのではないか。基地とは、その力の存在自体の様態としてあるのではないか。

いま一つ、この軍事的暴力をめぐる境界ということで取り上げたいことがある。それは基地を地理的に囲っている、フェンスという境界である。基地の内と外は、まずはこのフェンスにおいて区切られている。ここでいくつかの事態を想像してみよう。路上におかれた戦車と、フェンスの中にある戦車は違うものか。

ナオミ・クラインの『ショック・ドクトリン』をドキュメンタリー化したフィルム(18)を見て気がついたことがある。それは、ドクトリンの事例として取り上げられる、チリ、アルゼンチン、ソ連、東欧の（あるいはそこに、本では議論されているがドキュメンタリーでは取り上げられなかった、インドネシアや中国をいれてもいいが）どの映像も、視覚的に似ているということである。すなわち路上には戦車があるのだ。今その戦車が、どこの国の戦車かということは問題ではない。またこのような路上に軍隊が配備された状態に対しては、戒厳令という言葉があるだろう。

だがこのドキュメンタリーフィルムがとらえた光景を、国籍や制度的な問題に還元する前に、まずはこの戦車の存在に注視してみよう。その戦車とフェンスの中におかれた戦車は別物か。あるいはこういいかえてもよい。元来国家の非合法性を表現する戒厳令は、法令的宣言ではなく、戦車が路上におかれた時から始まるのではないだろうか。あるいはその路上の戦車は、自分を守るものなのか、あるいは鎮圧するものなのか。基地の内部に置かれた戦車から引き出すべきは、こうした問いではないのだろうか。軍事的暴力を東西冷戦下の地図で色分けしたり、国際関係において論じたり、またさらに、すぐさまグローバルなミリタリズムといってしまう前に、今に継続する路上におかれた戦車の光景をまずは凝視しなければならない。

訓練と称して基地の周辺を旋回する軍用ヘリを、想像してみよう。頭上を旋回するヘリは、パレスチナにおいて人々を頭上から問答無用に攻撃するあのヘリと異なるものなのか。もしそのヘリが自分を攻撃するものではないと思えるとしたら、その根拠はなにか。フェンスの内部に駐留しているのが自国や同盟軍の軍隊であるという主権的存在による分類や命名が、戦車が自らの鎮圧する戒厳部隊にはなりえず、軍用ヘリが頭上から攻撃することは絶対にあり得ないという根拠に、本当になりうるのだろうか。

湾岸戦争時、沖縄の嘉手納基地の近くに住む松田真理子さんは、「基地が生き物のように動いている」と話している[19]。松田さんにおいて感知された基地は、フェンスの内部に区分けされ閉じ込められているのではない。また基地内の軍事力の動きは、中東にむかう一直線のベクトルではなく、生き物のようにフェンスをはみ出し、松田さんの日常を侵食していくのである。

沖縄が前線基地になった朝鮮戦争において、嘉手納基地からはF80戦闘機、B26、B29爆撃機が朝鮮半島にむけて数秒おきに発進していったが、その時沖縄の人々は、また戦争が始まったと食料品の備蓄を始めた[20]。この者たちも、松田さん同様に、基地の動きを感知したのだろう。そしてこの者たちの頭上を飛ぶ戦闘機は、自分たちを守るものとして知覚されていたわけではないだろう。そこでは沖縄戦の記憶が想起されるとともに、占領状態を構成する軍事的暴力自体が、「生き物」のように感知されているのではないだろうか。だからこそ当時沖縄を統治していた米国のシーツ長官は、「戦争をしているのではない、警察行動をしているのだ」という弁明を、住民に対してせざるを得なかったのだ(21)。沖縄に住む人々と敵が違うということは知っている、というわけだ。だが人々は、問答無用の暴力が間違うということを、すでに知っている。身構えているのだ。

冷戦の中で、多くの基地が世界地図の上に書き込まれていった。特に沖縄戦から一九七二年まで米国の支配下にあった沖縄には、すさまじい基地の書き込みがなされた。この基地を、主権的領土の内部のフェンスに囲われた土地ではなく、常駐する軍事的暴力の存在の様態として考えた時に、国境とフェンスという二つの境界において維持されていた日常世界は、別の相貌を呈するのではないだろうか。オブライエンや松田さんの感知力は、かかる相貌にかかわることではないのだろうか。それは沖縄についていえば、一九七二年以降の日本の主権の内部にあるとされる沖縄をどう考えるのかということでもある。基地はいまもそこにあるのだ。そして戦争は継続している。

5　冷戦

今述べたこうした国境とフェンスにかかわる問いは、冷戦に限ることでもなければ、戦後世界だけということでもない。しかし、戦後が冷戦の構築において動きだすとしたら、そこには、主権的存在の登場と主権を越えた軍事力という二重の展開がとりあえずあるだろう。アジア太平洋地域に注目していえば、帝国日本が支配していた地域に自治や主権を構築してくプロセスと米国におけるグローバルな軍事的展開が重なり合っている。また他方でそこには、ソ連を軸にしたコンフォルムや軍事同盟のグローバルな展開もあるだろう。乱暴にいえば戦略的信託統治、併合、独立の後の軍事同盟など、自治や主権の獲得にかかわる諸形態を回路にしながら軍事的拡張を遂げていく帝国が、冷戦を作り上げていったのだ。

したがっていいかえれば、冷戦における政治とは、主権的存在において構成される政治空間でもなければ主権を単位として構成される国際関係でもなく、またそれはグローバルなミリタリズムといえばいいという問題でもない。冷戦において重要なのは、とりあえず主権と主権を越えた軍事的暴力の重なるところに生まれる統治の問題であり、目を凝らすべきは、境界を無効にしながら作動する軍事的暴力である。そしてこの統治と軍事的暴力の様態こそ、国境とフェンスにおいて支えられていた日常世界が別の相貌を呈することと関連するのではないのだろうか。この日常の中で基地は、「生き物」のように動き出す。暴力への感知力が問われるのはまさしくこの時だ。

ところで沖縄の場合、米国の統治が開始されることと、沖縄があたかも一つの主権的存在であるかのような自治的組織が構成されることとは、重なり合っている。もちろんそれは不十分な自治であり、したがって完全なる主権への希求を人々の中に生み出すが、主権的な存在と主権を越えた統治は沖縄において極めて明確に融合し重なり合っているといってよい。そして沖縄が「基地の島」となり、朝鮮半島、台湾、東南アジア、ベトナムへの前線基地として冷戦を担う中で、完全なる主権への希求は、日本への復帰を求める祖国復帰運動という形で展開していく。主権を回復し、米国支配を終わらせ、軍隊を撤退させようというわけである。そしてその運動の動因には、基地への感知力が間違いなくあるだろう。またーだからこそ一九七二年五月一五日に沖縄が米国統治から日本に帰属し、主権の中に包含される際に、その感知力がより精鋭的に問われることになったのだ。すなわち、感知され続けた軍事的暴力は、はたして主権の回復により消滅したのか。

一九六九年末の「佐藤―ニクソン会談」と共同声明において、正式に沖縄返還の政治日程が決まった。復帰に軍事的暴力からの解放を重ねていた者たちにとって、この会談と共同声明は、復帰に裏切られていくことが明確になる出来事だった。たとえば川満信一は、「わが沖縄・遺恨二十四年」(『展望』一九七〇年一月)において、復帰が現状の継続であることを明確に示した「佐藤―ニクソン会談」の共同声明を、「沖縄にはこれからも核基地があるだけで、そこに居住する百万人の人間は、後にも先にも、生きたままで死亡者台帳の中の頭数とみなされているに過ぎない」[22]と受け止めた上で、「すでに裏切られた夢の断片からわずかな希望でも見つけられはしないかと、あたかも藁をつかむ溺死者のように、不眠のもがきを続けた」[23]と記している。

とりあえず絶望という言葉を使うなら、この川満信一の絶望は、日本という主権への復帰に軍事的暴力からの脱出を希求した者たちが、復帰のまさしくその瞬間に裏切られていくという絶望である。

もちろんそこで、復帰後も不完全な主権であるという御都合主義的な理解において、米軍基地を主権の侵害とみなす思考は、とりあえず可能なのかもしれない。だが川満の絶望は、主権に脱出を賭けた者たちが、主権の回復のまさしくその時に、主権の正体を思い知らされた事態ともいえるだろう。主権の回復が主権のもとにある法制度に還元できない統治を、顕在化させたのだ。

それはまた、復帰において暴力からの脱出を描いていた復帰運動において、その運動の動因であった基地への感知力が行き場を失い、運動から離れてむき出しのまま広がっていく事態だといってもよい。またかかる事態は、主権の回復として想定されていた戦後という時間が、崩壊していくことでもあっただろう。戦争は終わってはいないが、きっと終わるはずだ。そうした思いが復帰運動を支え、沖縄の戦後という時間を構成してきた。だが戦争は終わらないということが明確になったのだ。終わるはずだという思いとともにあった戦後という時間は、ここに崩壊し始める。そして川満は、この崩壊の中で沖縄戦が継続していることを感知するのだ。

> 刻々と流れてくる佐藤―ニクソン会談の内容は、沖縄のわずかな希望へ手がかりさえ完膚なきまでに剝ぎとり、ふたたびあの忌まわしい〝鉄の暴風〟の予兆を孕む悪運となって闇の重さを累化させるようだった。(24)

ここで川満が記している「鉄の暴風」とは、沖縄戦を指している。過去の戦争は未来への「予兆」

として、いま浮かび上がるのだ。基地へのむき出しの感知力は、沖縄戦から生き延びてきた戦後という時間の崩壊でもあったのだ。戦争は継続する。

くりかえすが問われているのは、基地という存在が示す暴力が主権によるものなのか主権を越えた存在によるグローバルなミリタリズムなのかということではない。主権の内か外かの問題ではなく、両者が重なっているように見えるどちらでもない領域に、暴力は成立している。この暴力こそ、「ある種の市民を生存可能にし、他の市民を生存不可能にするために機能(25)」することにより、法それ自体を生産する問答無用の暴力なのだ。それはまさしく尋問空間にかかわる暴力なのであり、前述した沖縄戦の戦場にかかわる暴力だったのである。川満は、この暴力を感知したのである。

6　「人影」としての生

次に、今日に至るまで「基地の島」であり続ける沖縄にかかわる小説をとりあげ、小説が持つ想像力において基地を検討してみたい。最初にとりあげるのは、一九五四年に『琉大文学』七号（一九五四年一一月）に掲載された池沢聰の「空疎な回想」である。この小説では、基地を護衛するために雇用された地元住民である「ガード」が描かれている。

二〇〇一年九月一一日の直後に沖縄の米軍基地が警戒態勢（コンディション・デルタ）になったときも、その警備を担ったのはこの地元住民である「ガード」たちであった。この者たちは、二四時間、自らの住まう場所にむけて銃を構え続けることになったのである。あえていえば基地という存在は、住民が、自らの日常に銃をむける時にこそ現前化するのではないか。基地と他の場所を区分けしているのは、物理的なフェンスではない。日常的におこなわれるこの「ガード」たちによる警護活動こそが、その境界を維持しているのであり、いいかえれば基地とは、地図に線引きできるフェンスの中ではなく、警護活動という実践において日常世界に浮かび上がるなにかである。そしてその境界は、住民でありかつ「ガード」でもあるという人々の内部に刻まれた境界でもあるだろう。「ガード」は住民に銃をむけ、そしてその住民は「ガード」でもあるのだ。

この小説では、「ガード」が警戒すべき対象となる人々は、「闇」や「影」においてしか描かれていない。しかし「カード」たちも、「闇」ではないが、基地内のサーチライトにおいて照らしだされる存在であった。あえていえば「闇」にいるのではなく、照らしだされた存在になったとき、人は「ガード」になるのだ。「サーチライトは俺を強制するんだ。夢の中にまで侵入する[26]」。そして「影」でしかない人々と照らしだされた「ガード」たちとの接触の場面でなされる行為は、ただカービン銃の銃声と硝煙の匂いにおいてのみ描かれている。そこには一切の言語的やりとりはない。アクターはあくまでもカービン銃なのだ。

このカービン銃に体現される問答無用の暴力を正当化する根拠は何か。小説では、「闇」において徴候的に察知される「人影」が、生きるために物資を盗みに来る人々であることを示唆しているが、明示的には述べられていない。つまり、殺される対象が何者で、なにをおこなっているのかの確認がなされないまま、ただ標的になるのである。敵としてではなく、「闇」に浮かぶ「人影」として。

ここであえていくつかの問いを立ててみよう。もし窃盗事件なら、その処罰は司法においてなされる。そこではその行為の事実確認にかかわる審議が、なされることになるだろう。しかし小説では一切の言語行為が消滅し、「人影」だけが殺されるべき対象を示す徴候としてある。言語行為である審議が「人影」を見るということにずれ込んでいく事態が、そこにはあるだろう。それは法が停止し、問答無用の暴力が状況を支配していくことでもあるのではないか。

「人影」が示すのは、窃盗なら軽犯罪であるとか、冷戦下では共産主義者なら殺されてもいいという量刑の問題ではない。何者かという審議がないまま行使される暴力こそが重要な論点なのであり、したがって「〇〇だから」という根拠はなく、それはまた「〇〇ではない」から回避できることでもなく、ただ「人影」であるというだけで殺されるのである。そこでは「〇〇だから」というのは、事後的な説明でしかない。ただ、「〇〇に見える」のだ。

逆にいえば、何者かという問いは、言語的な問いとしてあるのではなく、それはただふるまいの判別となり、「影」への察知となって暴力が行使されるのだ。そのようにふるまう者、あるいはふるまっているように見える者は、問答無用で殺されるというわけである。この言語からふるまいへの移行は間違いなく、関東大震災から沖縄戦につながる尋問空間でもあるだろう。また発話が「ふるまい」という動作になるということは、それが話を聞く相手ではなく、その動作を眺め判断を下す対象物になることでもあるだろう。

サーチライトで照らしだされた世界は、たんに光の明暗において縁どられているのではない。「闇」から浮かび上がる「人影」に対して、問答無用で行使されるカービン銃が作動し続けることにおいて、その世界は存続しているのである。その明るい世界の住民は、〇〇ではないということにおいてはカービン銃が回避できないことを、すでに気づいているのではないだろうか。そして銃がむけられる「闇」の住民でもある「ガード」たちは、最も素早くこの暴力を感知する者たちなのだ。「闇」から浮かび上がる「人影」に巻き込まれ、引き受けているのだ。

そしてこのような暴力が待機する世界を、本書では尋問空間とよんだのだ。カービン銃が担うのは、なにを聞き取ったかではなく、なにを聞き取るべき言葉とみなすのかということだ。それは戦車が路上に展開する戒厳状態でもあり、また基地という存在が作り上げる状況でもある。

ところで一九六七年に『新沖縄文学』四号に掲載された大城立裕の「カクテル・パーティー」もまた、フェンスの内と外を横断する小説である。カクテル・パーティーとは基地内の米軍家族の住宅で開かれるパーティーのことであり、主人公はそこに参加する。すでに多くの評論が存在する作品だが、ここではフェンスという境界に焦点を当てて考えてみる。

主人公の「私」は、かつてゲートをすりぬけ基地の中に入り込み、迷ってしまった経験を持つ。迷い込んだその時、「私」を予期しない恐怖が襲う。また同時に、居場所を失った寄る辺なさを感じるのだ。「ここもやはり自分の住んでいる市の中だという意識をにぎりしめようとするが、何とも無理だった」[27]。そしてその自らの恐怖と寄る辺なさを、「私」は、基地の中に働くために入った住民が「泥棒と間違われて」憲兵に捕獲されたことと重ね合わせながら、理解するのである。そしてこの予期しない恐怖を経験して以降「私」は、基地周辺に近付くことも恐れるようになる。

端的にいえば、この「私」を襲ったのは間違われるという恐怖であり、いくら抗弁しようと相手にされない、問答無用の暴力への恐怖である。「なにをしても無駄[28]」なのだ。またその恐怖は、軍事的暴力の存在そのものが作り上げる恐怖なのだ。それはあえていえば、「人影」になる恐怖である。「人影」になると、いくら言葉で説明しても無駄なのだ。基地の存在は人々に、「人影」になる恐怖を感知させるのだ。

こうした恐怖を抱えながら、基地内のカクテル・パーティーに参加するため「私」は、基地の中に入る。その「私」が「人影」にならずに生き延びる手段は、招待してくれた米軍人の名前と電話番号と住所であった。「たとえば誰かにつかまったとすれば、ミスター・ミラーの名と電話番号とハウス番号を告げればよいのだ[29]」。恐怖の中で言葉は、その内容ではなく、ただのお守りになる。そして最も重要なお守りの言葉は、電話番号とハウス番号なのだ。だがそこには、このお守りが役に立たない状況が、すでに予感されているともいえるだろう。

この予感された状況においては、「私」は居場所を失い、全身には「危険にさらされているという感覚」が帯電することになるだろう。そしてそれは、住民でもある「ガード」においても同様である。「人影」は、基地が存在する以上、すべての人々の中に潜在的危険性として抱え込まれているのである。そこでは基地は、フェンスにおいて区切られたものではない。

7　不完全な死

基地の存在により浮かび上がったのは、フェンスの内と外を通底する危険にさらされているという感覚である。やはり路上に展開した戦車とフェンス内のそれは、区別されてはいないのだ。基地は、ティム・オブライエンが感知したように国境を越えて広がる軍事力であると同時に、フェンスにおいても閉じ込めることはできない「生き物」なのだ。最初にも引用したように、川満信一は、日本復帰後も基地が存続することに対し、「生きたままで死亡台帳の中の頭数とみなされている」と記している。生きたままですでに死亡しているというのだ。それはいつカービン銃で撃たれるかわからない「人影」として、日常を生きていくということでもあるだろう。このような基地において体現される生を、どのように考えればよいのだろうか。フランツ・ファノンは植民状況における生について次のように述べている。

原住民は――この点では低開発国の人々も、世界のあらゆる地域の恵まれない人々も同じだが――生命なるものをある根源的な豊饒さの開花ないしは発育とは知覚せず、周囲から迫りくる死との絶えざる闘争と知覚する……。(30)

生は「迫りくる死」との闘争において存在するのであり、人々はそのことを知覚するのだ。またさらに、「迫りくる死」の中で生きることに対してファノンは、「不完全な死」という言葉を与え、それを、「死を前にした受動的な姿勢」と述べている。[31] 基地とともにある生は、殺されてはいないがすでに死んでいると考えてもよい「不完全な死」なのではないか。

周知のようにミシェル・フーコーは、近代的主権を生政治（biopolitique）という概念で批判的に考察した。すなわち、「死なせるか生きるままにしておく」という古い統治から、「生きさせるか死の中に廃棄するという権力」が登場したのだ。そこでは権力は生を定義することをめぐって構築され、「今や生に対して、その展開のすべての局面に対して、権力はその掌握を確立する」のだ。[32] この生政治は、殺すことではなく、身体の調教や管理といった生の在り方を権力の問題として浮かび上がらせた。またネグリやハートにおいてこうした権力は、すでに述べた新しい帝国の統治と重ね合わされて考察されている。ただ、ここで注目したいのは、死であり、フーコー自身の言葉を借りれば「死の中に廃棄する」という統治の問題だ。それは、かつての古い権力への回帰ではない。そこでは死は、生死の問題というより、むしろ人間を対象にして構築された生政治の臨界に位置しているのではないだろうか。「死は権力の限界であり、権力の手には捉えられぬ時点である」のである。[33]

またマーク・ドリスコルは、帝国日本の文芸を労働の捕獲という点から検討する中で、人間を人間ではなく労働力というモノとして捕獲する権力として、帝国を考察している。またこの考察において、労働力としての捕獲を死にかかわる統治と重ね合わせ、「ネクロポリティクス（Necropolitics）」という概念を設定している。[34] かかる統治において重要なのは、人をいかに生かすのかではなく、いかに労働力として使いきるのかということであり、ドリスコルは帝国日本の暴力性を、この「ネクロポリティクス」に求めているのだ。[35] すなわちこの統治においては、人をめぐる生死ではなく、「モノになる」ことこそが要点になっている。

だが今こうした統治形態の精緻化よりも、問答無用の暴力に晒されながら身構えている者たちに議論を集中させたいと思う。ドリスコルが注目する「ネクロポリティクス」は、アチレ・ムベンベ（Achille Mbembe）が主張した概念であり、[36] それはまさしくフーコーの生政治の裏面である「死の中に廃棄する」という点に、焦点を合わせたものである。[37] このムベンベにおいて注目すべきは、かかる「ネクロポリティクス」からの脱出あるいは抵抗にかかわる主体化についての議論である。ムベンベはこうした主体化を、言語行為と死の二方向から検討している。またその際、参照されているのは、プランテーションでの奴隷労働にかかわるポール・ギルロイの議論だ。

ギルロイは、奴隷の主体性においては、「言説に抗う（anti-discursive）とともに言語を超越（extra-linguistic）した力の流動（ramification）」が重要であり、「そこではコミュニケーション的理性を媒介するような発話の文法的統一などなかった」という。[38] このギルロイの主体性についての指摘は、前述したバトラーの「予めの排除」と対応するだろう。すなわちそれは、言葉として承認されない発話であり、そこでは発話が、「ふるまい」という動作として意味を帯びると同時に問答無用の暴力が行使される領域にもなるのだ。ムベンベはここに、「ネクロポリティクス」に抗する生の可能性を見ようとしたのだ。

だがしかし、それは「闇」から「人影」が浮かび上がる事態であり、したがってまずはカービン銃の標的になることではないだろうか。したがってムベンベのいう主体化は、まずは死と密接にかかわるのであり、「ネクロポリティクス」とは、問答無用の暴力により主体化を「闇」にとどめようとする政治でもあるだろう。ここにおいて抵抗あるいは離脱は、死の問題に直結する。ギルロイは、奴隷からの解放と自由の獲得が死への転回として現実化すると述べているが[39]、ムベンベも同様に、抵抗と自殺の境が曖昧になってくる自決とでもいうべき事態こそが「ネクロポリティクス」だとみなし、積極的に死を選択することに解放を検討しようとしている。いいかえればそれは、「不完全な死」を完全なる死に変えていく試みであり、ファノンのいう「死を前にした受動的な姿勢」から離脱していく主体化でもあるのかもしれない。この完全なる死に、生が浮かび上がるのかもしれない。

この問いは、重大である。そこでは死を賭けて、あるいは死ぬことがわかっていて決起するという事態を、ロマン化することなく検討することが求められている。「ネクロポリティクス」における抵抗は、このカービン銃で殺されることが予感される決起を、どのように考えるのかという問いとともにあるのだ。そしてこの問いに対して、ムベンベのように一気に自決へとむかうのではなく、身構えるという動詞を、なんとしても設定しなければならない。

8　乗りこえる

一九六九年六月二〇日、B52戦略爆撃機に攻撃を与えようとして、数人の仲間とともに火焔瓶で武装し、嘉手納基地のフェンスを乗りこえ、基地に突入した松島朝義は、その直後獄中で「乗りこえの論理」を書いた。そこには次のようにある。

僕にとって死を提起させてくれた昨年のB52必然的墜落事故の現場で思考したことはこうであった。国家権力＝日米両帝国主義者が力でぼくらの死を奪おうとするのに対し、僕らは自立性確保を目ざす変革側から自分の死は自分で始末する死を覚悟して、弾圧死そのものを奪還しなければならないのではないか。死そのものを解放する闘いがすなわち生をかちとることではないか(40)。

ここで登場するB52墜落事故とは、一九六八年一一月一九日夜明け前、離陸に失敗したB52戦略爆撃機が嘉手納基地内に墜落し、大爆発を起こし、一面火の海になったことを指している。また巨大なB52戦略爆撃機は、当時、沖縄がベトナムの戦場と直結していることを示し、同時に核戦争の最前線にあることを示し続けるイコンとしても存在していた。そしてこの大爆発に対して松島は、「自分の死は自分で始末する」という覚悟を固めるのだ。すなわちこのB52の墜落事故は、松島にとってすでに殺されていることを確認する出来事だったのである。そして松島が、「弾圧死そのものを奪還しなければならない」といい、「死そのものを解放する闘いがすなわち生をかちとる」ことだというとき、ファノンのいう「不完全な死」からいかに離脱するのかという前述した問いが、浮かび上がるだろう。

このフェンスへの突入は、能動的に「人影」になることであった。したがってそれは、問答無用でカービン銃の標的になることでもあった。松島は自覚的に選択した「人影」＝死について、「自分自身の為の死＝自由＝自由死＝政治死」[41]と書き連ねている。松島は、「人影」と死が結びつく手前、すなわち標的になることの手前に、「自由」と「政治」を挟み込もうとしているようにも思える。それはやはり、決死の覚悟ということではなく、「死を前にした受動的な姿勢」（ファノン）から別の生への跳躍ではないだろうか。

重要なのは、死そのものでもなければ、松島が幸いにして生き残ったということでもない。サーチライトに受動的に照らされるのではなく、「闇」を抜け出てあえて「人影」として登場する時、なにが生じていたのかということが重要なのだ。松島だけではなく、それは他の人々に対しても、そして「ガード」にも、立てられるべき問いである。かかる問いとともに「人影」の世界の可能性を思考すること。基地を考えるとは、この営みを担う言葉を探すことなのだろう。それは第五章で述べる、単独決起を、事後的に想起することにもかかわる。

このサーチライトに照らされるという圧倒的受動性が、能動的に選び取られる瞬間に目を凝らしながら、最後に極めて微視的な議論をしておきたい。生き残った直後に獄中で書かれたこの松島の「乗りこえの論理」には、「乗りこえるべきは自己であり、乗りこえられるべきものは金網である」という文章が何度も登場する。すなわち禁止区域を示す存在としてではなく、乗りこえられるべき対象物として、フェンスの金網があるのだ。

そして自己を乗りこえる営み、すなわち松島において「自由」と「政治」として表現される跳躍は、たしかに乗りこえるという行為において遂行されるのだが、それは対象物としての金網を乗りこえる営みとすぐさま直結しないのではないか。あえていえば乗りこえるべき対象物として金網を見据えたときから、自己の変態はすでに始まっているといえるのではないか。乗りこえようとフェンスを凝視する松島の視線において、別の現実が始まっているのではないか[42]。そしてこの始まりつつある別の現実において松島の生は、完全なる死の手前において確保されるのではないか。重要なのは、乗りこえるという動詞において、自分とフェンスが別物になり始める動き以前の動きであり、その領域を確保する作業こそが、言葉がなすべき作業なのではないか。松島は、すでに身構えているのである。始まりはそこにある。

第四章　出会う場

まだ武装闘争による植民地化の否認が行われていない時期には、有害な刺戟の総量が一定の限界を超えると、植民地原住民の防禦陣地は崩壊し、そのときこの人々の多くが、精神病院に入れられることとなる。したがって、植民地化の成功したかかる平穏な時期には、抑圧から直接生み出された精神病が常に厖大に存在する。(1)

——フランツ・ファノン

1　沖縄戦「後」

前章で述べたように、一九六〇年代後半より沖縄戦にかかわる体験の組織的な聞き取り作業がおこなわれた。この組織的な聞き取りにより沖縄戦にかかわる体験は、人々の口を介して、公の言語空間へと押しだされていったのである。またこうした作業の中で、「集団自決」や日本兵による住民虐殺が明るみになっていった。

体験が語りだされていく多くの言葉には、とりあえず病的とよべるかもしれない症状がまとわりついている。前章でも登場した、聞き取り作業にかかわった嶋津与志は、聞き取りの中で「体験者のかたくなな沈黙[2]」に出会う。嶋はそこで、体験者の沈黙の理由を推し量りながら整理しているが、沈黙の理由の一つとして、「あまりに残酷な目にあったために思いだすだに精神の苦痛に耐えられないという場合」をあげている。この多くの聞き取り作業をおこなってきた嶋の指摘には、とりあえず「戦争神経症」という精神医学上の症状が重なるだろう。フロイトを引用しよう。

この戦争は、平時には誰もが義務付けられていたすべての制限――国際法とよばれていたあの制限を踏みにじり、負傷者や医者の特権も、住民の戦闘部分と非戦闘部分の区別も、そしてまた私有財産の要求も、一切認めはしないのである。[3]

戦闘員、非戦闘員を問わず、あらゆる住民を巻き込んでいく総力戦としての第一次大戦をこのように述べたフロイトは、その後、「快感原則の彼岸」（一九二〇年）において、戦争により大量に生み出された「外傷性神経症」を「戦争神経症」として考察することになる。そして幾度かの戦場を経たのち、この「戦争神経症」は周知のように、「外傷後ストレス障害」として、米国精神医学会の診断基準であるＤＳＭ－III（Diagnostic and Statistical Manual of Mental Disorders III）の精神疾患リストに入れられることになった。またこのリスト入りの背景には、ベトナム戦争の帰還兵による承認要求があった。[4]

いわゆるトラウマ理論にかかわるこうした展開を、ここで無批判にくりかえそうとしているのではない。重要なのは、治療にかかわる実践の問題を、記憶や証言とは異なる医療の問題として切り離すことは、症状とされる言葉とそうでない言葉の区分を、そのまま承認することになるということだ。体験にかかわる記憶や証言の中に、歴史家や文学者が扱える語りと精神疾患の二つの領域が、あらかじめ分類されて存在しているわけではない。第二章でもふれたように、この明確な証言と病としての症例の区分を前提にすることは、文字通り尋問空間における「予めの排除」を追認していることになるのだ。

ある混乱した発話を、疾患を示す病状として囲い込むことこそが、問題化されなければならないのである。たとえばしばしば用いられる「狂気」という表現は、たんなる言語表現におけるメタファーでもなければ、ラベリングにおける逸脱規定だけでもない。それはとりあえず医学的な疾患とされ、治療対象にされているのであり、先ほど沖縄戦の聞き取り作業の中で取り上げた、苦痛をともなう沈黙に対しても、歴史的証言としては語れないはずの苦痛を、症状として明確に言語化し、治療という実践の根拠とする領域が、明快な歴史記述の横に存在するのである。この「狂気」については次章でも考えるが、歴史学や文学において語れないということを言語表現にかかわる修辞学的な問題として取り扱うことと、こうした医学的実践について考えることは、すぐさま直結はしないのだ。

では病的な症状としてとりあえず区分されている領域が、体験にかかわる記憶や証言にまとわりついているとしたら、記憶や証言をどのように言葉として聞けばよいのだろうか。聞き取ることのできる言葉だけを聞き取り、そうではない混乱した発話は証言の外へと放り出すのではなく、また混乱の背後に傷を抱えたまま黙り込む主体を設定し、混乱をその主体にかかわる問題として置き換えるのでもなく、またさらにそれを医学的な病状として治療の対象にするのでもなく、この混乱した言葉からなにを始めることができるのだろうか。

前章で述べたように、沖縄戦とは、時期区分された年表的な出来事ではない。戒厳状態すなわち蔓延する尋問空間が、あからさまに顕在化したのが沖縄戦であり、それは文字通り、沖縄の近代を貫き沖縄戦「後」の今日にまで通底する出来事なのである。戦争は継続するのである。したがって、この症状と証言の区分にかかわる問いは、沖縄にかかわる言語表現において、まさしく避けて通ることのできない出発点なのだ。それはとりもなおさず、「予めの排除」を前提にすることなく始まるべき言葉の姿にかかわる問いであるだろう。

第二章において事後性ということで述べたように、問答無用の暴力がせりあがる中で言葉が停止する事態と、暴力の痕跡が混乱した言葉とともに顔を出す事態が、尋問空間においては同時に存在する。すなわち尋問空間における暴力と言葉の拮抗する地点には、身構える身体と同時に、トラウマ的体験として個人化され、症状として診断された身体が存在するのである。この二つを区分された二つとして受け止めるのではなく、「傍らで起きていることだが、すでに他人ごとではない」というフレーズにおいてつながりをみいだし、そこに知るという行為を設定しなければならない。

だが第二章でも述べたように、それは極めて困難なことだ。またこの事後性にかかわる困難は、沖縄戦「後」における後という時間を語ることにかかわる困難でもある。そしてファノンにとってその困難は、まずは臨床という場を確保することとしてあった。くりかえすが、重要なのは正しい回答や理論ではなく、確保するという場の論理なのだ。困難はこの場の論理において引き継がれることになる。このことを念頭に、議論を進めよう。

沖縄戦の体験にかかわる組織的な聞き取り作業が始まろうとしていた一九六六年、厚生省の指導のもとで、沖縄ではじめての大規模な「精神衛生実態調査」がおこなわれた[5]。この調査は、本土並み精神医療の実現のための実態調査であり、この調査の結果を基礎データとして、精神衛生にかかわる沖縄へのサポートが展開していくことになる。

まずもって指摘しておかなければならないのは、こうした実態調査が、「精神病者」の摘発と病院への収容という一連の流れの一環として存在しているということであり、そこには「病者」への差別にもとづく治安管理の問題が重なっている。事実当該期の沖縄における精神医療の本土化とは、こうした病院への大量収容として展開したのである。また、同調査がおこなわれる二年前の一九六四年三月に起きた「ライシャワー事件」は、精神疾患をもつ者を犯罪予備軍としてあらかじめ拘束しようとするいわゆる「保安処分」をめぐる議論を登場させたが、こうした予防拘束の動きは、沖縄でもあったと思われる[6]。精神医療と治安管理については末尾でもう一度言及するが、さらにこうした「保安処分」にかかわる動きは、「復帰」後である一九七五年、当時皇太子だったアキヒトの来沖をめぐって登場することになる。

ところでこの実態調査が注目されたのは、その具体的数値にかかわっている。「精神障害者有病率（人口千対有病率）」の年齢別構成において二〇歳代が一八・一（日本本土七・八）、三〇歳代が四四・三（同一五・七）、四〇歳代が四五・九（同一九・三）という山型の分布が浮かび上がったのである。この全体の割合の高さと特徴のある年齢分布は、日本の他地域全体と著しい違いを見せている。また今述べた数値が一九六六年現在のものであることを考えると、山型が示すのは、一九四五年に幼児から成年の人たちということになる。

沖縄における精神疾患を、沖縄戦とその後の歴史にかかわらせて語ることは、次に検討する大江健三郎も含め、決してめずらしいことではない。たとえば當山冨士子は、自らの保健士としての長年の活動の中から、沖縄戦の体験と精神疾患の関連を極めて具体的に浮かび上がらせている(7)。こうした當山らの地道な活動が、第二章でふれたような、沖縄戦トラウマを精神医学上において承認させ、現在の沖縄戦にかかわるＰＴＳＤ治療へと結びつけたのである。

だがくりかえすが、いま本章でおこなおうとしているのは、この実態調査を症例として扱うことではない。検討しようとしているのは、沖縄戦の証言の傍らにこうした症例があるということを凝視することにより、いかなる言葉が、いかにして始まるのかという問題である。この実態調査における山型の数値分布に、沖縄戦にかかわる何らかの痕跡が存在するとしたら、その痕跡はどのような言葉によって語られるべきなのだろうか。「異常者」を収容されるべき患者として摘発していく中でおこなわれた実態調査に、戦争にかかわって言語化されなければならない痕跡が含まれているとしても、くりかえすが、それはとりあえず治療されるべき病状として記載されている。本章ではまず、医療として歴史記述の外に置かれてしまう精神医療の領域が指し示しているこうした痕跡を、一九六〇年代後半から一九七二年の復帰にいたる状況の中で考えてみたい。すなわちこの実態調査は、沖縄戦の記憶が証言として語りだされた時代状況の中で、どのような位置を占めているのだろうか。なにを突きつけているのだろうか。

その際、いわゆるこの精神疾患の症状と戦争をすぐさま因果関係で結びつけ了解してしまうことは、断固として避けなければならない。トラウマ理論にしばしば登場する安易な因果論的病因論は、結果的に精神病質といった内因論への躓きになる。[8]すなわち、社会的な要因として外因を設定したうえで、個人の問題を内因として確定し、対応をその内因に解消してしまうのだ。「困難に負けない強い心をもとう」というわけである。だが、それればかりではない。こうした因果論は、内因／外因という用語により定義される症状から生み出される言葉の行方に、個人かそうでなければ社会かという既存の秩序区分を押しつけることになる。症状とされた言葉は、個人を反映したものと社会を反映したものに区分されるのだ。

ここで外因ということにかかわって、先ほど述べた戦争神経症を治療することが、前線への復帰であったということを想起することは、重要かもしれない。すなわちそれは、「傷ついた兵士を再び戦場に赴かせるための技術[9]」なのであり、トラウマ理論もまたこうした既存社会への屈服を求める技術となりうる。いいかえれば、既存の社会を前提にしている限りこの復帰と再発の往復運動がくりかえされることになるのだ。そこでは、戒厳状態の中で生き続ける者と、そうであるがゆえに疾患とみなされる傷を抱え込む者が、正常と異常に分断されたままである。尋問空間の中で、両者は出会わなければならない。

証言と症状の分断は、まさしく言葉における「予めの排除」にかかわることであり、経験にまとわりつく病的な症状から始まる言葉の在処には、この分断とは異なる社会性がみいだされなければならないのではないか。だが同時にそこには事後性にかかわる困難、すなわち沖縄戦「後」の困難がある。そしてこの困難をごまかすことなく抱え込むことこそが、まずは重要になる。

2　『沖縄ノート』

一九六〇年代後半から「復帰」にいたる流れは、行政権の米国から日本への移動に軍事的暴力への対抗を重ねていた者たちにとって、絶望的な状況が広がっていくプロセスでもあった。前章でもふれたように、一九六九年一一月の佐藤―ニクソン会談とその共同声明も、軍事力がこの地にとどまり続けることを確認するものでしかなかった。こうした状況の中で、沖縄戦の体験が語りだされ、また同時にこの「精神衛生実態調査」がおこなわれたのである。

一九六九年から七〇年にかけて雑誌『世界』に連載され、その直後に刊行された大江健三郎の『沖縄ノート』（岩波書店、一九七〇年）は、当該期の状況を考えるうえで、依然として重要なテキストである。重要というのは大江が正しく当時の沖縄の状況を描いているからでもなければ、現在において参照すべき思想的意義をこのテキストが有しているからでもない。注目したいのは、若き大江が飲み込まれた時代状況の中で、どこで立ち止まり、なにを回避したのか、またその回避がどのような結末にむかうのかという点なのであり、いいかえれば、このテキストが扱えなかった言葉の臨界から、逆に状況を再読しうるという点において、このテキストは重要なのである。そこには、このテキストのルポルタージュという手法もかかわっているだろう。

僕が沖縄の街頭を歩きながら、もっとも恐れていたのは、狂人に出会うことであった。僕は狂気のたとえようもない鈍さに、いわば鈍器で殴られるような衝撃をこうむる。同時に狂気がそれ自体で、鈍いナイフのように対象をえぐって核心にせまる力をそなえている場合があることもしばしば経験してきた。しかも僕は、時に、ある狂人と出会うさいに、その人間をとらえている狂気に自分を同一化したいという、躰の奥底からの衝動をおさえがたくなることがあった。もっとも、僕が沖縄で見出した狂気は、およそそこへ自分を同一化することなどの許されようもない、拒絶の鎧でかたく身をまもっているたぐいの狂気であった[10]。

街頭にいるとされるこの「狂人」について大江は「精神衛生実態調査」に言及している。そしてその調査結果における精神疾患の多さについて、ある体験を持つ世代を想定し、それを「沖縄戦において少年期を終わり、青年期の初めの年齢で、絶望的な敗走の戦いに参加せしめられたものたち」[11]と表現しているのである。すなわち実態調査の結果に沖縄戦の痕跡を読み取った大江は、それを「狂気」と呼び、そこにここで引用したのような「拒絶」をみいだすのだ。大江にとって実態調査でみえてきたことは、沖縄の狂気であり、沖縄の拒絶なのである。またその拒絶の先に、「沖縄に住む人間を狂気に追いやりかねないことをしている」ような「日本人」が描かれている。[12]

狂気に言及する大江は、実態調査において明示された精神疾患に戦争の痕跡を想定しながら、そこに日本を拒絶する意思をみいだし、さらには抵抗する民衆像を描き出している。またそれは、のちに大江が『沖縄ノート』に言及しながら、狂気に対し、道化や「生きいきして強靭で、陽性な周縁性の力」をみようとする展開とも重なるだろう。[13]つまり実態調査で明らかとなった人々の症状を拒絶であると大江が述べるとき、混乱した言葉の背後には、強靭で力のある民衆像がみいだされているのである。また狂気とされた症状を拒絶とみなす大江には、このような闘う民衆をみいだしたいという欲望が存在するだろう。この民衆なる存在を、歴史主体をみいだしたい記述者の幻想だといって批判することもまた、たやすいことだ。

だがしかし、それでは一体この症状からなにが始まるのだろうか。大江のいう狂気が精神疾患としてのリアリティを持つとき、そこからいかなる言葉が開始しうるのだろうか。あるいは暴力が日常に蔓延する戒厳状態のなかで、それに抗う人々は、いかなる言葉において言及されうるのだろうか。あるいはこの人々は、どのような言葉を発するのだろうか。また精神疾患を歴史の行為者としてあくまで考えようとするとき、そこにすぐさま沖縄の拒絶や闘う民衆を想定しないのだとしたら、いかなる道筋が存在するのだろうか。こうした困難な問いを抱えながら、大江が狂気を拒絶と読み替えたその無理な飛躍の間隙へと、潜り込まなければならない。

ところで、闘う民衆を発見しようとする大江のこの飛躍は、行政権の「復帰」が軍事的暴力の継続でしかないことが明らかになるなかで深まる、言葉の困難さにもかかわっている。

沖縄での漠然たる言葉、あいまいないいまわしは、絵の具をぬって草などをさしこんだ迷彩網のような役割をそなえているが、この迷彩網はほとんどつねに、その奥に凄まじく異様な実体をかくしている。(14)

ここで大江が述べる「迷彩網」の下にある「異様な実体」とは、その存在が決して明示されることのない核兵器であり、原潜から漏れ出したコバルト60であり、海に流れ出した毒ガス兵器のことである。それはフェンスに包まれた、基地そのものでもあるだろう。大江はそこに、たんなる兵器ではなく、「凄まじく異様な実体」を感知しているのである。そして圧倒的な軍事力が、明示されないまま待機しているなかで、言葉は「漠然たる言葉」になるのだ。

一九六八年一一月一九日夜明け前、離陸に失敗したB52戦略爆撃機が嘉手納基地内に墜落し、大爆発を起こし、一面火の海になった。この墜落炎上は、前章で述べたように、松島朝義が「乗りこえの論理」でふれたものであるが、大江もまたこの墜落と大爆発について記している。大江は、『沖縄ノート』には収録されなかった「核基地の直接制民主主義[15]」で、この大爆発を「進行中の戦争状態」と述べるとともに、次のように描いている。

嘉手納基地周辺の人々は、あるいは戦争が沖縄島をあらためて焼きつくしはじめたのだと、あるいは核爆弾がそこをおそったのだと暗い夜を駈けまどったのである。どのようにして正気でいることができよう、という問いかけを沈黙のうちに叫びながら。[16]

この進行中の戦争状態とかつての戦争の記憶がショートするという大江の現状認識は、重要である。そこには、かつての戦争を戦争状態の中で想起するという問題があるだろう。大江は、この想起することを、「正気でいること」ができない事態だとみなしているのだ。また大江のいうこの「問いかけ」が、前述した事後性にかかわる困難さと重なることは、いうまでもないだろう。こうした問いを念頭に置きながら、大江が『沖縄ノート』において「迷彩網」と「異様な実体」として描き出した状況を考えていこう。

この嘉手納基地におけるB52の爆発に際して、知花弾薬集積所の周辺に対して特別の警戒がなされた。そこは、核兵器が隠されているのではないかと、かねてより疑われていた場所であった。決してその存在が明言されない核兵器を、人々はこの火の海の中の出来事において確認したのである。核兵器、毒ガス、コバルト60、これらの存在は、直接言及されることなく、あいまいな言葉（迷彩網）において暗示されているのである。そしてそのあいまいさがより明確になることは、耐え難い現実に直面することでもあったのだ。大江は次のように記している。

あいまいな言葉で、漠然たるものいいで、暗示しているものの、その実体がはっきりした時、驚きがあり怒りがあり、そして行きどまりの壁にうちあてられて血を流す頭があるのみだ、という認識ほどにも、人間を狂気めいた絶望にみちびくパターンが、他にあるであろうか？　狂気におちいることを自分にゆるさぬ強靭な精神は、怒りを内部に凝縮させる。その凝縮された怒りは容易に言葉となるものではない。自分の頭をしたたかうちあてた壁に、おなじく激しくその頭をぶつけるわけではない他人に、この蓄積された怒りをどのように伝達することができるだろう。(17)

ここで示される「実体」と言葉の関係を、表現できない暴力とそれを濫喩的に示そうとする言葉の関係としてのみ了解してしまうだけでは、圧倒的に不十分だ。大江のいう「迷彩網」という言葉を、一般的な表現不可能性の問題として説明する前に、そこには、耐え難い現実に直面することを制止しようとする回避と、それにもかかわらず感知してしまうという絶望があることを、確認しなければならない。そしてこの制止と絶望の中で引き起こされる事態を、大江は「狂気」とよんでいるのである。したがってこの狂気は、現実に最も近い場所でもあるだろう。この場所は言葉の淵におかれ、「容易に言葉となるもの」ではなく、ただ「凝縮された怒り」がある。そして大江は、回避を続ける者に、この怒りをいかに「伝達」すればいいのかと問うのだ。すなわち〇〇ではないと回避する者たちに。

だが大江はこの伝達を放棄しているように思える。すなわち大江は、狂気をあくまでも周辺住民の怒り、沖縄の怒りとして切り離そうとしているのだ。大江にとって、狂気の手前で立ち尽くすことは、ルポを続けるためのギリギリの淵でもあっただろう。だがその先は存在する。

核兵器の存在について大江は、「すなわち、沖縄の民衆は、そこに核基地をおいて威嚇しようとするホワイト・ハウスとペンタゴンの人々の想像力において、報復攻撃によって殲滅されるべき者たちとして把握されている」とし、この想像力は「われわれ本土の日本人の意識」でもあると記している。[18]そしてこの、すでに死者としてみなすというペンタゴンの想像力は、『沖縄ノート』と同じ年に雑誌『展望』に掲載された川満信一の「わが沖縄・遺恨二十四年」において感知されている。第三章でも言及したこの短い文章において川満信一は、この大江の『沖縄ノート』の文章にふれながら、「沖縄にはこれからも核基地があるだけで、そこに居住する百万人の人間は、後にも先にも、生きたままで死亡者台帳の中の頭数とみなされているに過ぎない」と記すのだ。[19]だが狂気をどこまでも沖縄の怒りと語る大江は、この川満の手前で立ち止まる。

「あたかも藁をつかむ溺死者のように、不眠のもがきを続けた」[20]と記す川満の言葉からは、抗うことのできない絶望的状況が浮かび上がることは確かだ。しかし川満が自らの文章に対して、「これは自分の狂気が、かろうじて精神病院の鉄格子の中へぼくを引きずりこまないように抑制するためのカタルシス」なのだと記し、自らの傍らに「那覇市近郊の精神病院の鉄窓でうつろな目を空中に泳がせながら、なにものかに突き動かされるように壁を殴り、怒鳴り暴れ狂」っているH氏や「自殺してはてた」M氏、あるいは「いよいよ自らの狂気を増長させている」K君を登場させるとき、[21]狂気を沖縄の怒りと記した大江との違いが浮かび上がるだろう。

現実の近傍に狂気を発見し、そこに怒りと闘う民衆を重ねる大江と、言葉が症状として扱われている者たちの傍らで言葉を書いている川満。すでに死亡者台帳に自らの名前が書き込まれている川満は、暴力を予感し、身構えている。そこには、「傍らで起きているのだが、すでに他人ごとではない」というフレーズが、知るという行為とはなにかという問いとともに設定されなければならないだろう。またたからこそ狂気をすぐさま拒絶や怒り、あるいは抵抗と読み替えた大江のルポルタージュは、この知るということにかかわる問いを放棄することになると同時に、尋問空間における「予めの排除」を、追認することになるのだ。

狂気から始まるべきは、それを抵抗といいかえることではない。重要なのは、「傍らで起きているのだが、すでに他人ごとではない」というフレーズにおいて知るという行為を遂行することである。この知るという行為において問われているのは、正しく言い当てることではなく、身構えている川満と病とみなされた友人たちが、どのような場において出会うのかという場の論理である。出会う場を確保するという、場の論理なのだ。

そして場をいかに確保するのかという問いこそ、同時代における絶望的状況の中で沖縄戦を想起するということ、すなわち大江が戦争状態とよんだ戒厳状態の中で沖縄戦という尋問空間の記憶を想起することにおいて、立てられるべきなのだ。「精神衛生実態調査」における病の問題は、この問いのなかで受け止められなければならない。

3　共同体

ところで行政権の復帰においては未来が展望できないという絶望的状況は、抗い続ける根拠を求める議論を生み出した。当該期の議論に登場した、共同体、村、そして土着といった言葉が探し当てようとしたのは、こうした根拠だったといえるだろう。一九六〇年代末から復帰にいたる状況のなかで、共同体は議論の焦点になったのである。

岡本恵徳の「水平軸の発想」(22)は、こうした議論のなかにあって、最も重要なテキストの一つであろう。この「水平軸の発想」において岡本は、「「復帰運動」のエネルギーを触発する契機」を、「沖縄の人間が沖縄の人間であるところを出発点としたところの」「〝共同体的本質〟」に見ようとしている(23)。

密度の高い岡本の文章における「共同体的本質」への言及が、まずもって行政権の復帰においては未来が描けないという時代状況のなかにあるということ、そして共同体とは、それでも抗おうとするその根拠をめぐって立てられていることを、まず看過すべきではないだろう。そして抵抗の根拠として共同体なるものが言及されるとき、岡本は沖縄戦をめぐる証言に出会うことになる。

前述したように、当該期に聞き取られた証言においては、日本兵による住民虐殺とともに「集団自決」が焦点になっていた。そして「集団自決」については、日本軍の強要と同時に戦争動員を支える共同性が指摘されたのである。渡嘉敷島における「集団自決」について、たとえば石田郁夫は、「沖縄本島から、さらにへだてられた、この孤島の、屈折した「忠誠心」と、共同体の生理が、この悲劇を生み出したと、私は考える」と述べている。(24)すなわち「共同体の生理」が「集団自決」に結びついたのである。そして「水平軸の発想」における岡本の次の一文は、こうした指摘を受けて書かれたものだ。

誤解をおそれずあえていえば、「渡嘉敷島の集団自決事件」と「復帰運動」は、ある意味では、ひとつのもののふたつのあらわれであったといえよう。(25)

抗う根拠をめぐって、とりあえず共同体には二つの側面があるという問題が立てられていることは、確かであろう。だがそれは共同体をめぐる共同体論ということではない。くりかえすがそこには、絶望的状況のなかで自らを名乗ろうとする者たちが、名乗りの根拠としては受け入れがたい「集団自決」という傷をみいだしてしまったという問題があることを、忘れてはならないだろう。いいかえれば、死亡者台帳に書き込まれた身構えている者たちは、「集団自決」という傷に、すでに他人ごとではないと呟きながら出会うのだ。共同体とはこの出会いの場に他ならない。

ところで、この共同体をめぐる議論が、無意識を語る精神分析学的言説を構成している点に注意しなければならない。人々の深層に言及し、その領域を戦争動員の原因として解説するこの営みは、第一章でもふれたように、劣等コンプレックスを発見し、そこに植民地化の理由をみいだしたオクターヴ・マノニのものでもあり、ファノンが激しく糾弾する対象でもあるだろう。「劣等コンプレックス症を作るのは人種差別主義者であると明言するだけの勇気を持とうではないか」[26]（傍点―原文）。無意識の領域に支配の原因を指摘するのではなく、それは支配の結果であり傷として残された痕跡なのだ。だがファノンは、支配により傷つけられた人々の深層に、すぐさま闘う民衆をみいだそうとはしていない。沖縄戦の傷に拒絶や抵抗を重ねた大江とは異なり、ファノンはあくまでも臨床に立ち続けながら議論を進めたのである。

そして岡本の共同体をめぐる議論が他の共同体論と決定的な違いを見せるのも、この支配の根拠と抗う根拠の繋がりにおいてである。岡本においては支配と精神構造の因果関係は慎重な言い回しながら、拒否されている。「しかしながら、このような差別政策を、そのまま劣等感と結び付けて、差別から劣等感が生じたり、あるいは差別政策そのものが劣等感を助長した根本的な原因であるかのように考えることは、かならずしも妥当とはいえない」[27]のだ。そしてまさしくこの点において、岡本は大江と決定的に違う場所にいるのだ。たとえば大江は、次のように述べる。

すでに彼等（沖縄の民衆―引用者）の直面している問題が、心理の問題ではなかったからである。

状況の問題だったからである。……この状況にたちむかう実践によって、あの心理の問題を克服した。(28)

大江はここで、「心理の問題」と念頭に置いている議論の一つとして、「沖縄の民衆意識の分析家が《事大主義で自己卑下の念が強い沖縄人》と」していることをあげている。この分析家とは、東江平之であろう。東江は、あのR・ベネディクトにも言及しながら、「歴史社会的条件」の中で沖縄人の意識構造が事大主義と劣等感として形成されたとする。(29)そして大江が力強く「克服した」と述べるとき、状況においてみいだされた支配を受容するネガティブな心理は、「たちむかう実践」において一気に克服され、反転されている。共同体認識のこの反転が示すのは、象徴化されない領域を、ある時は支配の根拠として、またある時は抵抗の根拠として言語化する解説行為であるだろう。ファノンが拒絶したのは、まさしくこの解説行為なのだ。臨床にたち続けるファノンは、抵抗の解説ではなく、傷を引き受ける場にむかうのだ。

同様に岡本の「水平軸の発想」においても、論点になるべきは共同体論や共同体の解説ではない。くりかえすがこの共同体をめぐる議論は、抗おうとする自分たちを語る根拠をめぐって、なされている。そしてそこに「ふたつのあらわれ」をみいだすということは、二重性の解説ではなく、自分たちを語る根拠に遡行するなかで受け入れがたい存在を自らの内部に発見してしまうという耐え難い事態である。自分たちのもっとも貴重な領域にもっとも受け入れ難い傷を発見することなのだ。重要なことは、身構えながら私たちを語りだす営みは、まさしくこの傷を抱え込んだ受け入れ難い現実から始まるのであり、岡本における共同体とは、この現実が抱え込まれている場のことなのだ。

岡本が「復帰運動」を闘う根拠としてみいだした場所からは、まちがいなく戦争体験が語り出されている。そしてその言葉には、病として扱われる症状がまとわりついている。そこでなされるべきは、戒厳状態のなかで生きのびる者と傷ついた身体を抱え込む者が出会うこと、すなわち身構えている川満と病とみなされた友人たちが出会うことであり、そのような出会う場を確保することなのだ。

「共同体的生理」に沿って機能する権力の支配とそれをそのまま受容しようとする「秩序感覚」をどのように否定し、「ともに生きよう」とする意思を、どのように具体性においていかしうるのかということを、あらたな課題としなければならないだろうと考える。[30]

岡本が「ともに生きよう」とすることをこのように語るとき、そこに沖縄の思想を論じるのではなく、その先にはファノンの臨床を接合させなければならないだろう。抵抗の思想や闘う民衆像に沖縄を投げ出してしまうのではなく、そこからは「予めの排除」に抗いながら「ともに生きよう」とする場こそが、確保されなければならないのだ。岡本のいう共同体とは、この確保されるべき場なのだ。そしてそれは、身構えている川満と病とみなされた友人たちが出会う場所でもあるだろう。

4　私たちを語る場所

一九六八年、武蔵野病院に勤めていた精神科医である島成郎は、厚生省派遣第一回沖縄医療援助の派遣医として沖縄を訪れた。この武蔵野病院は、アジア太平洋戦争の戦場において発病した旧軍人がおおく入院している病院であった。その島は精神疾患と沖縄戦について、「沖縄は戦争の傷跡がなまなましく残っています」と述べているが[31]、先に取り上げた「精神衛生実態調査」の結果を戦争と直接結びつけて論じてはいない。島が注目するのは、実態調査の調査方法であり、異常者の摘発に当たって地域の共同体が大きな役割を果たしていたことを問題にしているのである。

島はその後、派遣医として幾度も沖縄を訪れたのち、一九七二年沖縄宜野湾市で精神科医として働き、地域医療を開始する。この島や島たちのグループにより始まった沖縄における精神医療の展開は、共同体という問題と密接に関連していた。またこうした医療活動の一つの総括として島は、一九七六年に「地域精神医療批判の序」という文章を書いた。そこでは、地域共同体を治療共同体と考えようとする動きに対し、入退院ののち車にはねられ死亡した患者に言及しながら次のように記している。

この社会の構造を見極める作業もせず、「治療共同体」をある地域に求め、この中であたかも完結するかの如き精神医療を空想することは、この患者の絶望的処遇の現実に目をふさぐことになるということをこの事例は教えている。[32]

ここで島が言及している「治療共同体」とは、患者たち個人を治療するのではなく、ある種の共同体を構築し、そこで病を社会化することにより、治療しようとする医療である。ファノンもフランスのサン・タルバン病院で、この治療共同体の試みの第一人者であるフランソワ・トスケルの下で、この医療を実践していた。ではこの治療共同体に対してファノンはいかなる考えを持っていたのだろうか。すでに述べたようにファノンは、民族解放戦線（FLN）に加わった後も臨床に立ち続けたが、こうした臨床の中でファノンは、ドクター・ジェロニミとともに共同論文を執筆している。そこではこの治療共同体を「新しい社会」とよび、次のように記している。

この新しい社会には、いかなる介入も、創造的なダイナミズムも、新鮮さも存在しない。本当の混乱や危機も存在しないようだ。……こうしたことが、私たちが今日社会療法における本当の環境とは、具体的社会そのものであると信じる理由である。[33]

「新しい社会」は、病院の中で作り上げるものではなく、具体的社会において混乱や危機といった困難を抱え込みながら生み出さなければならないのだ。なぜなら、「植民地化がその本質において、すでに精神病院の大いなる供給者としてあらわれて」いるからだ。[34] これは前述した、戦争神経症と前線の往復運動の問題でもあるだろう。

ファノンのいう植民地化は、病の言葉を症状として予め排除する尋問空間でもある。そして戒厳状態の中で身構える川満が、病とみなされた友人たちと出会うのは、病院でもなければ、既存の社会に準備されているわけでもない。その出会いは尋問空間の内部に、確保されなければならないのだ。

ところで先の引用のように島が共同体に言及するとき、そこには、共同体が異常者を摘発する治安管理機構として登場することが、念頭に置かれている。この文章が書かれる直前である一九七五年、沖縄海洋博が開催され、当時皇太子であったアキヒトが沖縄に足を踏み入れた。その際警察は、一〇八名の「精神障害の疑いのある者」をリストアップし、強制入院を含む予防拘禁の措置を県予防課に申し入れている。また地域共同体は、このリストアップ作成に関与したのである。[35] この警察と連動した地域共同体によるリストアップは、実態調査における調査活動とも重なる問題であるだろう。共同体は、予めの排除と問答無用の暴力において成り立っているのだ。それは、島自身が生きる世界でもある。警察と共謀して問答無用に人々を拘禁していく精神医療は、いわゆる保安処分とよばれるものだ。前述したようにそれは一九六〇年代に浮上し、まさしくアキヒトの訪沖において、島はこの保安処分に直面することになったのである。

この保安処分が大きくクローズアップされていた一九七〇年において、島は、精神医療の改革を目指す「東大精神科医師連合」のメンバーとして、仲間たちとともに雑誌『精神医療』を刊行した。その創刊号には、「島」の名で「編集後記」が記されている。そこではまず保安処分について、「この政策に対決することなく、精神医療の危機を叫ぶことは無意味である。又このような政策を許してきた思想を内部において粉砕することなくして真の斗いは有り得ない」としたうえで、次のように述べている。

医療は医療従事者だけのものではない。何よりも先ず患者が存在する。そしてこれを取りまく、社会との関り合いによって成り立っている。……我々の運動は、責任を、外在的な政治制度や、自分を抜きにした社会に預け、不平不満をいうケチなものではない。又、社会制度の「変革」なしには何もできないなどという怠け者とも無縁である。常に現実をみつめ、自ら取り組み、その中から、問題をえぐり出しより内在的、より本質的に既成の諸思想を批判し斗う。永久変革の運動体としてこそ存在する。(36)

保安処分を担う共同体は、島にとって、自らも住まう社会であり、さらにはこの「永久変革の運動体」でもあったのではないだろうか。そしてこの「運動体」は、「政治制度」や「社会制度」に還元されるものではない。

皇太子の来沖に際して問答無用の暴力が共同体においてせりあがってくるなかで、島は、自らも進めてきた地域医療の実践がこの強制入院という暴力的拘束を阻止したということも、指摘している。(37)地域医療を実践する島にとっての地域の共同体とは、尋問空間であると同時に、病との実践的な関係において確保された場でもあったのだ。また自らの生きる現実のなかから別の可能性をみいだす作業は、島においては、地域の共同体における具体的な関係性のなかで、遂行されているのである。それは岡本が、「ともに生きよう」とする場としてみいだした共同体でもあるだろう。

「序」と記された先ほど引用した「地域精神医療批判の序」の文章の最後で島は、「私が「精神医学（療）」の根本批判を、日々の患者との関わりの中で行い得ないならば、この本論はかかれないだろう」と述べる。[38] ここで島のいう「関わり」とは、単に医者と患者の関係ではない。

島は、沖縄で精神科医として活動し始めると同時に、医師、看護師、保健士、ソーシャルワーカー、役場衛生係の人たちとともに「精神医療勉強会」を始める。第一回目は、一九七三年五月一九日であった。[39] そしてこの勉強会が軸になって、一九七七年に『沖縄精神医療』という雑誌を創刊する。その「創刊にあたって」には、次のように記されている。

いまさら云うまでもなく、沖縄の精神医療はさまざまな困難の中にあります。多くの人々の努力にも拘わらず「精神病者」「精神障害者」と云われている人々は、現実も悲惨な状況におかれています。この困難さを少しでものりこえていくには、又この状況をいささかでもかえていくにはどうしたらよいのか？　この願いをこめて、小さな私たちの輪をひろげ、そして、おそらく沖縄の各所で同じように模索しているであろう人々との共通の広場をつくれないかという気持ちからこの雑誌の刊行を計画しました。[40]

何気ない文章であるが、ここには解説することから場の論理への転換があるのではないだろうか。説明し正しい回答を求めるのではなく、困難を言葉において確保することこそが、知るということであり、沖縄が語られる場なのではないのだろうか。

大江は闘う民衆を求めた。だが尋問空間のなかで身構えることからみいだされる抵抗は、支配に先立って存在するのであり、支配において定義されるものではない。そして第一章でも述べたように抵抗においては、身構えることが生み出す複数の動き以前の動きの束、いいかえれば身体的連累における集合性と、抵抗する者として登場する集団的アクターのどちらかに還元することのできない重層性が重要になる。この重層性は、やはり、身構える者たちの言葉の在処を抵抗の内部に確保することにおいて実現される。川満が踏み止まり、岡本が共同体という言葉で示したのも、この言葉の在処なのだ。そして「精神衛生実態調査」にかかわって大江が飛び越してしまったのは、この言葉の在処を確保するということだったのである。

川満や岡本のとどまった位置からは、正しい解説や説明ではなく、あるいは沖縄を論じることでもなく、この言葉の在処を確保するという行為が、接合されなければならない。くりかえすがそれが、ファノンにおける臨床性であり、場の論理なのだ。戒厳状態の沖縄は、尋問空間におけるこの場の論理として、いいかえれば暖炉にかかわる組織論として、言葉を獲得する。

第五章　単独決起、無数の「S」へ

敵意を含んだ自然、根底から叛逆的で手に負えない自然、植民地においてはこれが実際に、未開墾地、蚊、現地人、熱病によって示されている(1)。

——フランツ・ファノン

暴力を独占し、そこから利益を得ている者たちは、例によってその暴力を、必要であり、正当であり、すべての人の利益であると判断する。だがこうした社会秩序の暴力から自分を守ろうとするあらゆる動きは、恐怖の眼差しにさらされ、そして不法であるとみなされる。被抑圧者には、自己を守り権利も享受すべき正当な法も許されない。マルコムXが「必然的なあらゆる手段で」と自己防衛を宣言したときのように、被抑圧者たちのリーダーによる自己防衛にかかわるあらゆる見解は、スキャンダラスなもの、あるいは社会への脅威、さらには狂気に向かう人間の錯乱状態における叫びとして、すぐさま非難されることになる(2)。

——フセイン・A・ブルハン

1　怒りの風景

大阪で教職員組合の労働運動を闘い、スト扇動を理由に免職され、沖縄において文章を書き続けた関広延は、行政権が日本に復帰する一九七二年五月一五日当日の未明を、次のように記している。

いま、どのような勢力からも、その重さに等しい激しさで組織されることのない暗い怒りは、この地を蔽っているのだ。(3)

復帰運動においては日本に帰ることではなく、「基地の島」からの脱出こそが、希求されていたといえる。また、基地が生活の糧である人々も含め、復帰という言葉には脱出という別の未来が賭けられていたのである。そして一九七二年五月一五日とは、この脱出の思いが封殺された決定的な出来事だったのだ。関が描いた暗い怒りの風景は、夢が言葉を失い怒りとともに抱え込まれ、沈黙が支配していく光景なのであり、充満する怒りは、悪に対する正義の怒りというより、裏切られた怨嗟の怒りに他ならない。日本への復帰という言葉に未来を賭け、その言葉に裏切られたのだ。したがってその怒りは、まずは復帰運動を構成した政治の停止であり、またその怒りは、政治化されない領域において充満しているといえるだろう。「地を蔽っているのだ」。この怒りは、新たな運動やあるいは暴動という形態にさえ結果していない、あらゆる勢力から見捨てられた怒りなのである。この怒りの充満した風景に、まずは眼を凝らしてみたい。

関と同時代の言葉からは、関同様にこの政治化されない怒りの領域の輪郭が浮かび上がる。一九七一年一月三日の日付が記されている儀間進の文章には次のようにある。一九七〇年一二月二〇日未明におきた「コザ暴動」について、書かれたものである。

ぼくたちは自分たちの置かれている状況から生まれてくる、どろどろの正体不明の怨念を言葉によって表現する術を持ち得ていない。いくつかの論文は復帰の思想として語られているが、すくい取る指の間からそれはずるずると抜け落ちて心の奥深く沈下していくのを見るだけに終わってしまうことにしかならない。……怨念を表現し伝達するとなると、直接相手にどろどろのままぶっつけるしかない。その表現方法たるや良識派のひんしゅくを買い、市民的秩序がびっしりと隙なくはめ込まれていて身動きもできないような日常社会をゆり動かす反社会的行動にならざるを得ない(4)。

この、どのような勢力からも組織されない怒りはまた、言葉において表現することすらできない「正体不明の怨念」であり、伝えることも、共有することもできないのだ。またもしそれを表出しようとするなら、すぐさま「良心派のひんしゅくを買」うことになる。

ではこの怒りの風景から、なにが始まろうとしているのか。しかしこの問いに向かう前に重要なのは、始まることが鎮圧されているがゆえに、怒りの風景が現出したということだ。そして儀間の文章からもわかるように、「怨念」の表出を鎮圧しているのは、日本政府や米国だけではなく、復帰運動を担っていた政治過程であり、「良識派」や「市民的秩序」もそこには含まれている。したがってその始まりは、政治から疎外されているだけではなく、社会にいかなる居場所も持たない孤立無援の闘いにおいて開始される他ない。

またこの風景には言葉がない。「言葉によって表現する術」がないのだ。さらに正確に言えば、言葉が見つからないということではなく、話しているのに話しているとはみなされないということではないだろうか。それは、言葉があらかじめ排除され、問答無用の暴力が秩序の決定的な担い手として迫ってくる尋問空間の風景だ。そこでは風景は、人間の言葉が聞こえない自然になる。だがそれは、エピグラフで引いたファノンの文章にある、「敵意を含んだ自然」でもあるだろう。

かかる風景から、なにかが始まろうとしている。怒りは風景から抜け出し、正体不明の様態をとりながら姿を現すのだ。本章ではかかる始まりとして、「東京タワー事件」とよばれる富村順一の単独決起を考える。単独決起は、まずは居場所を持たない孤立無援の闘いであるが、そこからなにかが始まろうとしてるのだ。この始まりに対しては、その政治的意味を探る前に、怒りから言葉を奪い、鎮圧し、風景化していく尋問空間こそが、まずは問題にされなければならない。もしこの問いを立てることなく、そこになにかしらの政治的意味を語ろうとするなら、それはすぐさま鎮圧の追認に結果することになるだろう。「敵意を含んだ自然」から動き始める怒りを、「予めの排除」を前提にした言葉において解説する瞬間に、饒舌なる解説とともに怒りは打ち消されていくのだ。問われているのは、その正体を明らかにすることではない。尋問空間に縁どられた解説者の住まう場所なのだ。

尋問空間の内部において求められているのは、「傍らで起きていることだが、すでに他人ごとではない」と呟きながら、身構え、巻き込まれ、引き受けていくプロセスであり、そこに知るという行為を設定することなのでないか。怒りの風景から始まる言葉の姿は、かかる行為を場として確保することにおいて、浮かび上がるのではないか。

2　「これ以外に方法がなかったのです」

一九三〇年に沖縄県国頭村本部に生まれ、沖縄戦を生き延び、米軍物資の奪取をくり返し幾度も検挙され、一九五四年の沖縄刑務所の暴動に参加し、奄美を経て日本に密航し、鹿児島、宮崎、大阪、東京、北海道に移り住み、山谷にて日雇い労働者として生きていた富村順一は、くり返される米軍犯罪と基地の存続という現実の中で、警察の妨害にあいながらも、沖縄の現状を、そして日本人と天皇の戦争責任を街頭にて訴え続けるが、一九七〇年六月二六日、新宿駅にて街頭活動をなさんとする富村に対し、警察立会いの下で国士舘の右翼学生により殴る蹴るの暴行が加えられた。富村は次のように記している。

そうしてその後、私は日本においては、沖縄人民として沖縄問題を訴える自由がなかったわけです。だから私は、東京タワーにたてこもったわけです。(5)

そして、国士舘の右翼学生と警察が一体となった弾圧の一一日後、富村は東京タワーに人質とともに立てこもる。

これ以外に方法がなかったのです。(6)

こう述べる富村順一の行動の意味は、明確である。事前に計画を練り、シャツに「アメリカは沖縄よりゴーホーム」「日本人は沖縄のことに口を出すな」「天皇裕仁を絞首刑にせよ」「美智子も売春婦になってその罪をつぐなえ」と書き、展望台に子供がいた場合のためにチョコレートを二〇本用意し、米国人を人質に取ることだけを考え、そこに居合わせた韓国からの観光客に対しては自らの行動を説明したあと解放し、また未成年者を解放し、米国人に包丁を突きつけながらも、「殺しはしない」「自分の言いたいことを言うためにこれをやったんだ」と告げ、同時に「私は場合によっては皆さんに被害を与えんでも、私は死んでやる」と囁いた富村の闘いは、(7) 人に包丁を突きつけながらも殺意のある攻撃ではなく、圧倒的弱勢の位置にいる者が暴力的鎮圧の恐怖に耐えながら踏み出した単独決起であると、とりあえずいえるだろう。

またその決起の意味は、その後の富村による獄中手記や公判闘争においても極めて明確に語りだされることになる。というよりも、この事後的に語りだされた明確な主張においてこそ、彼の行動は理解されることになったのだ。米国と結託して沖縄を支配する日本、沖縄を売り渡した天皇、沖縄戦において沖縄人と朝鮮人を虐殺した皇軍、頻発する米軍犯罪、ベトナムへの出撃……。彼の決起がいかに衝撃的であったとしても、あるいはすぐには賛同を得られないものだったとしても、行動の後に示された獄中手記や法廷陳述において明らかになった富村の主張内容は明確であり、富村の単独決起は事後的に、この主張内容にそって理解されることになる。またそうであるがゆえに、彼を支援する広がりも生まれたのだ。

だが、今おこなおうとしていることは、こうした明確な主張内容をとりあげ、富村の決起を主張内容に切り縮めたうえで、その是非を論評することではない。すぐさまその主張に賛同を表明したり批判を加えたりする前に、明確なそして判断しやすい主張として彼の決起を想定することによりなにが消されていくのかという問題を、まずは考えたいのだ。

彼の単独決起は、話しているのに話しているとはみなされない尋問空間において、言葉の場所を確保しようとする行動ではないだろうか。そこではなにを語ったかではなく、どうすれば言葉を発したことになるのかということが、問われていたのではないだろうか。この、どうすればという問いの中で、「これ以外に方法がなかった」と、富村は呟いたのではないだろうか。

また、話しているのに話しているとはみなされない尋問空間の中で富村がまず出会うのは、第一章で述べた「発話可能性が予め排除されているときに主体が感じる、危険にさらされているという感覚」[8]ではないだろうか。それは自らの発話が、症状にされていく事態でもあるだろう。エピブラフで引用したフセイン・A・ブルハンは、ファノンの暴力論を論じながら、「社会秩序の暴力から自分を守ろうとするあらゆる動きは、恐怖の眼差しにさらされ、そして不法であるとみなされ」、さらには「狂気に向かう人間の錯乱状態における叫びとして、すぐさま非難（denounce）されることになる」[9]と指摘する。自然化された風景から身を引きはがし、生きた人間であろうする行為は、尋問空間においては、了解しがたい「狂気に向かう人間の錯乱状態」として非難されるのだ。

富村の行動もまた、まずは「狂気のタワージャック」「犯人は精神異常か」という見出しで報道された。また富村は、精神鑑定にかけられそうになる。[10]後段で検討するように、了解しがたい行動に対するこうした非難において、精神医療が大きな役割を果たすことはいうまでもない。ブルハンのいう非難とは、メディアによる表象だけではなく、なによりも精神医学という科学と医療という制度において物質化されているのである。「予めの排除」は、制度として存在するのだ。

またここでブルハンのいう「狂気」は、たんなるラベリングの問題ではない。いいかえれば「狂気」は、抵抗の主体に対する偽りの表象ではないのだ。「狂気」をめぐる表象が、社会防衛に根ざしていることは確かだが、それをたんなる虚偽のレッテルとして理解する限り、その背後に真実としてみいだされる抵抗主体は、「予めの排除」を前提にした秩序の中で、明確に定義されることになる。

それは尋問空間の追認でもあるだろう。

その結果単独決起からは、了解しやすい抵抗主体が、すなわち勝ち目はないが強固な決意を持った抵抗主体が、偽りのレッテルの背後にみいだされるだろう。また、勝ち目のない闘いに決起した者たちの位置には、「狂気」に代わって強固な決意が補塡されるだけである。それは前章で述べた大江健三郎の問題でもある。だがしかし、偽りのレッテルの背後に闘う民衆を探そうとするこうした思い込みが裏切られ、そこにはすぐさま了解し得ない混乱した言葉が存在するとしたらどうだろうか。さらに解釈の精度を上げて、抵抗の主体をつきとめればよいのだろうか。それでも混乱した言葉は、さらなる深部に滞留するだろう。

くりかえすが、重要なのは正しい説明ではなく、単独決起をいかに「傍らで起きていることだが、すでに他人ごとではない」というフレーズにおいて知るのかという問いである。ブルハンが言及しているマルコムXの、「必然的なあらゆる手段で（by any means necessary）」という発言の意義は、武器の種類や武装の程度の問題でもなければ、「狂気」の背後に武装闘争を展開する冷徹な革命的決意が隠されているということでもない。この一歩は、恐怖に抗いながら秩序から離脱する者たちが発見する、ある必然性、すなわち悟性的には必然化されない行動が、必然的な事態として浮かび上がる始まりの瞬間である。そしてこの必然性は、第二章の『三里塚の夏』における農民たちの武装、あるいは第三章における松島朝義の「乗りこえの論理」のように、決起するという動詞において生み出される動き以前の動き、あるいは既存の秩序を担う人やモノ、また風景の意味自体が、再編成され変態していくプロセスとして考えるべきではないのだろうか。

だがしかし、この始まりを強固な決意とたんなる手段としての武装ととらえる考えにおいては、この必然的ではない行動が必然化するという始まりの瞬間が、やはり見失われている。また同様に、包丁を持って立てこもるという富村の直接行動が、その行動を起こした者自身の残した明確な政治的主張において説明される時、その行動は支持か反対かを表明しうる極めて了解しやすい物語とともに提示されることになる。そこでは、既存の秩序を担う人やモノ、あるいは風景の意味自体の変態とともに顔を出す複数の動きは、知られることなく葬られ、「必然的なあらゆる手段で」、あるいは「これ以外に方法がなかった」という始まりは、決意に満ちた行為者による武器の問題として、了解されることになるであろう。あるいはこうした了解は、暴力的鎮圧のロジックとして、「狂気」が持ち出されることと表裏一体でもあるだろう。意思のない暴力は問答無用で鎮圧し排除しなければならない狂気なのだ。またそこでは、主張は正しいがやり方が間違っているといった意図と手段にかかわる安易な区分法も登場するだろう。

包丁をかざしながら「これ以外に方法がなかった」という富村の言葉からは、別の道筋が確保されなければならない。フランツ・ファノンが『地に呪われたる者』の中で暴力を、「自分たちの解放は力によってなしとげねばならず、またそれ以外にあり得ないと見なすところの直感」(11)と述べたように、暴力は武器やたんなる武装の問題ではなく、世界に対する認識にかかわることであり、変えようのない世界が変えうる世界へと変態していくことなのだ。富村にとって単独決起そして暴力とは、たんなる武装の問題でもなければ人を殺したり傷つけたりするということでもなく、この認識の変化のことであり、動かし難い現実が別の未来に開かれていく可能性を帯び始める事態だったのではないか。

3 「狂気」

ところで富村の単独決起が、決起の後にどのように語られ、また想起されていくのかということを考える際、決起の直後に『現代の眼』（一九七一年五月）に掲載された岡本恵徳の「富村順一　沖縄民衆の怨念」は、重要な論点を提示する。その冒頭は次のように始まる。

一九七〇年の七月八日、富村順一が東京タワーの展望台上で、米人に刃物を突きつけることで行った〝告発〟は、在本土の沖縄出身者にとってもきわめて衝撃的なできごとであった。当時の新聞でも報道されたように、それは「気違い沙汰」とも狂気とも評されるところの、まさに〝常軌を逸した個人の行為〟と一見うけとられかねないものであった。その意味では、彼の行為自体は衝撃的なものであるとはいえ、この問題にかかわっていく人たちのそれぞれの内部にオリのように沈殿し、くりかえしふきあげてくるような重いものを持っているようには、最初は見えなかった。[12]

この岡本の書き出しは極めて重要である。「在本土の沖縄出身者」という名乗りとともに岡本が述べているのは、「衝撃」であり沈殿する「オリ」である。理解しがたい事件を岡本は、「狂気」として外に追いやるのではなく、まず衝撃として自らの内に取り込んだ。衝撃を受けたものは、衝撃の後に、衝撃を媒介にしながらその意味を探りだす。その意味はすぐさま了解することはできないが、衝撃は切り捨てられることなくオリとして体の内部に沈殿し、思考はそれを起点にゆっくりと始まるのだ。そしてこうした思考の中で、岡本は富村を「怨念の狂気の体現者」とよぶのである。

おそらく、みずからがそのひとりである沖縄の民衆の怨念を、みずからの存在するまぎれようもないあかしとして突出させ、そのことによって日常性による稀釈を拒絶するためには、富村はまさに怨念の狂気の体現者として、東京タワーの展望台に登らなければならなかった。(13)

この文章にかかわって新城郁夫は、それが岡本自身の「怨念の狂気」に媒介されたものであり、そうであるが故に岡本は、富村の法廷陳述の主張を、まるで自分の陳述のように、より鮮明に論理化し再構成し、さらにその先を描き出したのだと指摘している。(14)

なるほど富村の決起は、まずは衝撃として登場した。だがその衝撃が新城のように、富村の法廷における主張の再読において描かれる時、いいかえれば明確なる主張を担う言葉たちにおいて描きなおされる時、やはり理解しやすい物語が動き出すだろう。先取りしていえば、富村の決起の衝撃が生み出した痕跡は、行為者の動機説明や法廷での意見陳述の内容により補塡されるものではないということだ。岡本が富村の単独決起から受けた衝撃を富村の「怨念の狂気」として表現しなおしたことがもつ意義をうけとめながらも、その先に極めて理知的な富村の法廷での意見陳述を根拠に抵抗を描くならば、富村における「狂気」とは、明確な主張を押し隠すために貼られたレッテルということになり、隠されようとした真の主張こそ衝撃を生むということになる。また激しい告発をおこなう言葉のみが脚光を浴びてしまうのなら、人々は主張への賛同においてしかつながることができなくなるだろう。「予めの排除」は、そこでは追認されている。

ここでもし意見陳述といった法廷での主張がなければ、すなわち明確な意見として了解しうる言葉が残されていなければ、と仮想してみる必要があるだろう。後段で述べるように、もし、精神医学や精神医療の制度において幽閉され、病状として分析された言葉しか単独決起の後には残されていなかったとしたら、どうなのだろうか。あるいは法廷が開かれなかったらどうなのだろうか。そして、この幽閉された言葉からの反乱を、幽閉した制度批判とともに考えることこそが、富村の単独決起においてなすべき行程なのではないか。この批判されるべき制度には、彼が意見陳述をおこなった法廷も含まれている。そしてこのような行程の中で富村の行動を考えるためには、富村における「狂気」の問題を、彼の激しい主張に置き換えてしまってはならないのではないか。

富村が単独決起をした同時代に船本洲治は、一九七六年に大阪拘置所において虐殺されることになる「S君」が精神病院に措置入院させられたことをうけて、その支援活動（S闘争）を展開していた。

船本は、一九七五年、当時皇太子だったアキヒトの沖縄来訪に抗議して単身、嘉手納基地ゲートで自死するが、この支援への結集を呼びかけるために執筆した一九七二年二月八日の日付のある文書の中で、幾度も富村順一に言及している。また「全ての精神「異常」者ならびに「犯罪」者は、S闘争支援共闘会議に結集せよ！」という見出しを持つこの呼びかけ文では、「S」という表現が使われている。この「S」について、「S君」を「個別S」としながら、次のように船本はいう。

それ（S）は、永山則夫であり、若松善紀であり、金嬉老であり、李珍宇であり、富村順一であり、むしろこれらの「有名人」というよりも、同じ背景の中で苦悶する、もっと無数の抑圧され虐げられた無告の人々のことである。(15)

船本が列挙する一連の名前に富村が入れられるとき、その名前の連なりをどのように議論すべきなのだろうか。たとえばこの連なりの中には、精神鑑定を強要され、そのうえで一九七五年東京拘置所において死刑に処された「横須賀線電車爆破事件」の若松善紀がいる。彼が仕掛けた爆弾は、一人を殺し、多くの人に重軽傷を負わせた。この事件と富村の行動が連なる水脈を考えようとするとき、法廷陳述における明確なる富村の主張を再構成し、「怨念の狂気の体現者」とする岡本により語りだされた富村では、圧倒的に不十分ではないだろうか。それとも、若松のようなただの犯罪者として記憶されてしまう者たちは、法廷で明確な主張をする富村とはまったく異なるということなのだろうか。

「狂気」を、倫理的正しさや了解しやすい主張に還元してはならないのだ。運動における広がりを、明確な主張へのただの賛同サークルに切り縮めないためにも、また正しさを主張する個人をロマン化しないためにも、それは必要なことなのだ。だからこそ、富村の決起をめぐっては、とりえず別の水脈を想定しなければならない。では船本のいう「S」において見出される連なりとはなにか。ここに焦点を定めながら議論を進めよう。

4　取り調べ室

一九七六年の『新沖縄文学』（三三号）に掲載された知念正真[16]の戯曲『人類館』では、富村と彼の行動を暗示する記述が登場する。[17]そして今注目したいのは、富村の行動から六年を経て刊行された戯曲『人類館』が、どのように富村を描いたのかという点である。「調教師」「男」「女」の三名の登場人物において構成されるこの戯曲では、「人類館[18]」「取り調べ室」「精神病院」「法廷」「沖縄戦の戦場」といった場面が設定されている。また富村の単独決起が想定されている場面は、「取り調べ室」と「精神病院」である。

この戯曲という方法でこそなしえる場面設定は、富村の決起に内包された複数の文脈を浮かび上がらせると同時に、それらが連動し、拡張していることも明らかにしている。すなわち「取り調べ室」と「精神病院」に「男」として登場する富村の存在は、この二つの場面が個別の空間として閉じるのを突き崩しながら、両者のつながりをそれぞれの場面において指し示す狂言回しのような連結機として登場すると同時に、個々の場面に収まりきらない過剰な存在として、その連鎖をさらに別の場面へと継続させていくモーターの役割を果たしている。その結果、直接には富村が登場しない「人類館」や「戦場」などの場面においても、富村が浸透していくことになる。こうした継続する連鎖の中で、富村の単独決起が想起されているのだ。まず「取り調べ室」の場面である。

調教師　なめるんじゃねぇ、富村。貴様の腹は読めているんだぞ。何もかもお見通しなんだ！
　さぁ、妙な小細工をしないで、何もかも吐いてしまえ。
　何が目的なんだ！　誰に頼まれた！

男　……私は、……帝国主義とは、何か……、民主主義とか、社会主義とか……、私には何もかりませんです。

調教師　だったら、何故、あんな大それたことをしたんだ？　誰に頼まれた？

男　……。

調教師　包み隠さず、白状するんだ。
　何をひがんで、あんな大それた事を考えついたんだ？

男　……私は、何ひとつひがむことなく、毎日を楽しく送っておりましたが、私が小学校三年の時です。ズボンがやぶけて、シリが見えるので、私はお友達と学校へ並んで行かずに、ひとりで、裏門《ウダ》を通りました。そのところを仲宗根先生に見つかり、「何故君は本門を通り、天皇へイカに、サイケイデイをしないのか」と、学校の先生をはじめ、学友たちにも、ふんだり、けえたりやらでました。

そのことで、私は学校にいかなくなりました。

調教師　（極度に脅えて）き、貴様ァ……

男　（淡々と）申し遅れましたが、無条件でタワーから降ろした朝鮮人の若い人が私について来て、何度も何度も「朝鮮マンセイ、沖縄マンセイ」と言っておりました。

調教師　……反乱だ。暴動だ！

ここでの「男」の発言は、明らかに富村の獄中手記『わんがうまりあ沖縄』における「帝国主義とは何か」（一九七一年一〇月八日付）、あるいは「米軍沖縄上陸」（一九七〇年一一月二六日付）という表題のついた手記の部分と対応している。(19) また、犯罪動機を探ろうとする「調教師」に対し、自らに刻印された全歴史を表現しようとする「男」の応答は、刑事事件として処理しようとする法廷に対し政治問題として自らの行動の意味を主張した富村自身の法廷闘争にも、直結するだろう。

だが、この戯曲の場面をこうした手記や法廷闘争に直結させて解釈してはならない。なぜなら動機を語らせようとする「取り調べ室」では、「帝国主義」「社会主義」「民主主義」といった政治用語は、「男」においては意味を持たないまま拒絶されているのだ。また命令調に語られる「調教師」の言葉に対して「男」の応答は、とりあえず「日本語」として不明瞭な発話にされている。また「男」が「朝鮮人の若い人」から聞き取った「朝鮮マンセイ、沖縄マンセイ」という叫び声が、表明されている。言葉はふるまいになろうとしているのだ。そしてこの叫び声とふるまいに対して、文字通り「反乱」が予感されている。

戯曲では、次にこの「男」を「精神病院」に登場させる。そこでは、「本日は当精神病院へ、ようこそお越し下さいました」から始まる「調教師」の長い一人語りに、「天皇の人民裁判を要求する！」「天皇は戦争責任をとれ！」「沖縄の血の叫びを聞け！」「正田美智子も売春婦になれ！」という叫びが挿入されている。この叫びが、富村の単独決起を念頭においたものであることは明らかだ。さらに、この「精神病院」の場面で「調教師」が語りだすのは、沖縄の「精神病患者」の多さであり、それを、「歴史の展開点において、常に彼らが精神の最も奥深い所、すなわち、魂の深淵において、苦悩しているからであります」としたうえで、「戦争後遺症」とよぶのである。それはまさしく、第四章で検討した「精神衛生実態調査」にかかわるだろう。すなわち富村の言葉は、ふるまいから病状になろうとしているのだ。

戯曲『人類館』での富村順一は、司法にかかわる「取り調べ室」と医療にかかわる「精神病院」を横断する存在である。しかもその横断の中で、かつての沖縄での戦場と継続中のベトナム戦争が「戦争神経症」として不断に想起されている。富村の単独決起を想起するこの戯曲では、富村の行動に戦場の記憶を据えているが、それは歴史として語られる沖縄戦というより、「実態調査」に収録される病の言葉としてあるのだ。その結果富村の単独決起は、予め排除されることになる。だが身構える者たちは、「傍らで起きていることだが、すでに他人ごとではない」と呟きながら、つながるだろう。この戯曲『人類館』が描き出した富村をめぐる連鎖の広がりを受けとめながら、もう一度富村自身にとっての「狂気」をとりあげよう。

五月十三日の日誌より／琉球大学教授は富村を怨念の狂人と云う。／沖青委の松島さんが現代の眼を差し入れ、何故に私は狂人なのか、私の様な狂人が沖縄問題を主張する前に私に狂人と云う、知識人は、なぜ沖縄人民の権利を主張しないのか、正常な人間は、知能のひくい私の様な人間が理論的に沖縄人民の権利を訴える事ができないから、刃物により、表現した事をたんなる狂人で解決すべきか、報道関ケイ者も狂人と云う前にゴマカシの無い眼で正当な立場から沖縄問題を報道すべきでないか。／私を狂人と云う警察、検事達は狂人には人権がないと考えているのではないか。正常な人間や知識人が正当な正しい政治を行わないから、私の様な狂人が正当な権利を主張するのでないか。だが狂人も人間としての権利がある。狂人が自分の権利を主張しない前に、正常な人間は狂人の権利を保ゴすべきでないか。／正常な人間よ、しいかりして下さいよ。(20)

ここで富村が記している「琉球大学教授」とは、先に引用した岡本恵徳である。また「松島さん」とは、第三章で述べた、嘉手納基地のフェンスを乗りこえた松島朝義である。そして今考えたいのは、ここで富村のいう「狂人」を、岡本のいう「怨念の狂気」にゆだねてしまわない作業に他ならない。[21]引用したこの富村の「日誌」に登場する、「私を狂人と云う警察、検事達は狂人には人権がないと考えているのではないか」というときの「狂人」という言葉は、やはり、富村が尋問を受ける取調室に引き戻して読まれなくてはならないのだ。では富村が警察や検察に「狂人」と呼ばれるとき、そこではなにが作動しているのか。いかなる暴力が予感されているのだろうか。そしてこの「日誌」の記述は、逮捕時の取調室の状況をつづった別の箇所と合わせて読む必要がある。

（検事は）まず私の顔を見るなり医官が居るから医官にみせて、その後で取調べをすると言って居り、私の主張を頭から受け入れてくれず、とうとう検事は私を取調べする事が出来ず、何一つ聞きもせず、私を警察に帰しました。そして検事と警察一体になり私を無理矢理に、気違いとしてどんでもないところに送りこむジュンびをして居りまして、又私は刑務所に行くよりその方が君に取り、くらし良いかわからないと言い、検事と警察は公判などする方法はして居りませんでした。[22]

ここで言及されているのは、精神鑑定である。この精神鑑定にかかわる状況は一九七〇年一一月一八日の第四回公判における富村の意見陳述の、「警察署側は、私がいくなり「富村・てめえ・何だなあ・頭ちょっと冷して、病院へ行って又、行ったら早く出られるし、これは裁判したんじゃおそくなってしまうぞ」とこう言う」という発言でも確認できるだろう。[23] 取調室で検察官が富村を「狂人」と名指すことは、マスコミにおける表象やラベリングということではない。そこには、日本の刑法第三九条の「心神喪失者の行為は罰しない」にかかわる起訴前司法精神鑑定と、後述する一九六五年に「改正」された精神衛生法の定める措置入院が、まずもって想定されなければならない。

すなわち取調室での「狂気」は、決起にかかわる法が刑法から精神衛生法へと移っていくという問題なのだ。またこの富村の記述からは、検察官がいわゆる起訴便宜主義にもとづき、当初から富村に対しては裁判ではなく措置入院を考えていたことが見えてくる。この検察官の判断は、富村公判対策委員会が「公判闘争経過報告」で指摘しているように、天皇批判が裁判で登場する事態に対する、検察の保身も含めた封殺と考えるべきことだと思われる。[24] これが、富村の取調室における「狂気」の問題だ。それはまた、戯曲『人類館』が見事に浮かび上がらせたことでもあるだろう。

彼の言葉は「狂気」の言葉ではないし、彼も「狂人」ではない。だがしかし、話しているのに話しているとはみなされず、ただ症状としてのみ聞き取られる「狂人」とみなされた人々に対して作動している暴力は、富村にとってはすでに他人ごとではないのだ。その暴力は、次の瞬間には、富村に襲いかかるべく待機している。富村はこの暴力を予感したのだ。この切迫した状況、そしていまだ決着がついていない状況の中で、富村は「狂人」から身をはがそうとし、またそれを引き受けようとして身構えているのである。

そして岡本の文章を読んだ富村が、「何故に私は狂人なのか」といいながら「狂人」から自らを引き離そうし、また他方で「正常な人間や知識人が正当な正しい政治を行わないから、私の様な狂人が正当な権利を主張するのでないか」といいながら「狂人」である自分を引き受けようとする時、そこからまずもって感得されるべきは、富村にとって「狂人」は、「傍らで起きているのだが、すでに他人ごとではない」存在であるということに他ならない。

そしてこの富村が予感した暴力とは、まずもって精神鑑定の作動にかかわっているのだ。「狂気」は、怨念や衝撃にかかわる表現上のメタファーではない。「予めの排除」を被るその領域は、取調室において、「ある種の市民を生存可能にし、他の市民を生存不可能にするために機能」することにより[25]、法それ自体を生産しているのだ。そしてこの取調室におかれた富村は、尋問空間に晒された戒厳状態の沖縄でもあるだろう。

5　精神鑑定

一九六四年三月二四日、米国駐日大使エドウィン・O・ライシャワーが刺された事件を受けて一九六五年になされた精神衛生法の「改正」は、精神疾患を持つ人々を日常的に地域社会において登録し、監視し、通報制度の拡大により強制的に措置入院に処することを推進するものである。また同法の「改正」では、病院を中心とした医療制度と警察制度が緊密に連携していくことが定められている。いうまでもなくそこには、精神障害と刑法上の犯罪を関連づけようとする考えが底流にあり、この動きは七〇年代に焦点になる刑法改正、保安処分へとつながっていき、現在の心神喪失者等医療観察法に至る。またこうした精神医療を媒介とした地域管理体制は、一九七〇年の大阪での万国博覧会や、前章で述べた一九七五年の沖縄での海洋博覧会における治安管理として、具現していくことになった(26)。

取調室において富村の前に登場した精神鑑定と措置入院は、医療と警察、あるいは司法が急接近するなかで登場した制度に他ならない。かかる制度は、富村を、政治の外に予め排除する制度として登場したのである。また、前述した船本洲治の「S闘争」が示すように、こうした「改正」精神衛生法において目指された地域管理体制では、富村が生活をしていた寄せ場が、まずターゲットになったのである。

近代刑法では、行為者自身の過去の行為への証言が責任能力の問題と絡んで、決定的に重視される。こうした中で刑法第三九条にかかわる精神鑑定とは、いかなる言葉を証言としてみなすのかということについての判断に他ならない。つまりそれは、言葉が生み出す意味内容にもとづく賛否や司法的判断ではなく、いかなる言葉を意味のある言葉として定義するのかという言葉の「予めの排除」である。この「予めの排除」は当然ながら法廷の領域を確定するのであるが、それにもかかわらずこの排除は、司法的判断ではなく、医学という科学的真理にもとづいた鑑定として遂行されるのである。

ミシェル・フーコーが一九七四年にコレージュ・ド・フランスの講義でおこなった精神鑑定についての考察も、この点にかかわる。すなわち司法の領域を言葉の科学的区分において縁どり、司法自身を存立させるのが精神鑑定なのであり、その鑑定は、「自らに固有の真理と権力の諸効果を備えるような言表、司法的真理の生産における超合法的とでも呼ぶべきものを備える言表」であり、その「超合法」性は、「正義を決定するためにしつらえられた制度と真理を言表する資格を持った制度とが互いに出会うような地点」に登場するのである。[27]すなわち、真理の名のもとにおいて、聞くべき言葉と症状となる言葉に言葉を区分する精神鑑定は、有罪か無罪という司法的判断をこえて、法的秩序の根幹を生み出す権力機構なのである。

だからこそ、富村の単独決起を彼の明確なる法廷陳述の言葉の再読において意義づけることは、すでにこの精神鑑定という「超合法的」機構を前提にし、追認してしまうことになるのだ。いかに良心的な思いがそこにあろうと、そこでは精神鑑定が前提とする言葉の区分が、すなわち「予めの排除」が、反復されている。また精神鑑定が担う言葉の分類は、法廷内部のことだけではない。すなわち問われているのは、法廷において資格が与えられた言葉により、その単独決起を記述できるのかという問題だ。

では鑑定の結果、司法のプロセスからはずされた言葉は、どこに向かうのか。確かにこうした言葉たちはしばしば「狂気」として扱われるのだが、ここでいう「狂気」とは、言葉には常に了解不能な前言説的な領域がまとわりついているという解釈学的設定では、ない。あるいは言語的秩序の背後には現実なる存在が潜んでいるという精神分析学的問題でもない。了解できる言葉と「狂気」の言葉が、卓上に並んで解釈を待っているわけではないのである。鑑定の結果、司法のプロセスからはずれた言葉には、次の展開が準備されている。すなわち言葉を個人の病状として分析するという対処法である。それは同時に、司法的判断において審議すべき行為を、個人の病状とみなすことでもある。

精神鑑定は、行為から行動様式へ、犯罪から存在様式への移行を可能にし、そしてその存在様式を、まさしく犯罪そのものとして、ただし、いわば一人の個人の行動様式のなかで一般性の状態にある犯罪そのものとして、出現させるのです。[28]

そしてこのフーコーのいう存在様式としての病状、存在様式としての犯罪に対しては、治療と同時に司法的判断をこえた問答無用の暴力が登場する。真理の名の下に言葉を症状として分析し、治療の名の下に司法的判断をこえ暴力で身体を拘束するのである。フーコーはそこに、「医学的でも司法的でもない、まったく別の権力」の登場を見るのだ。[29] 取調室における富村の手前に待機し、また富村が感知していたのは、身体を拘束するこの暴力であり、それを担う権力だ。この権力は、彼の行動とその行動にかかわる主張がいかに事実として明確であっても、行為の事実関係ではなく個人の属性や来歴を根拠に強制力を作動させる。しかも重要なことは、この強制力の根拠をめぐっては、強制力をこうむる本人には一切の発言権はないという点である。いいかえれば強制力の根拠は本人に示す必要はなく、だからこそその暴力は問答無用なのである。[30]

そこでは「選択」[31] の余地などなく、ただ身構えるだけである。富村の「何故私は狂人なのか」という言葉は、この問答無用の強制力とともに受け止められなければならないのだ。

6　無数の「S」へ

ところで沖縄から日本の大都市地域への人の移動は、一九二〇年代の蘇鉄地獄を契機とする人々の流民化の中で爆発的に拡大するが、一九六〇年代に再び急増する。とりわけ一九六〇年代後半は、その増加が著しい[32]。新規学卒者の場合は集団就職という形をとったが、何度かの転職の後に、富村のように寄せ場に向かった者も多い。富村同様に、生き延びるために沖縄を後にした者は、一九六〇年代後半に急増するのだ。こうした地下水脈に流れこんでいく人々とともに、富村はいる。

「K」もその一人だ。沖縄の北部で生まれた「K」は、一八歳になった一九六六年に大阪の中小企業に就職し、その後転職を重ね、沖縄、神奈川を移動しながら、何度か傷害事件を起こした。一九七二年四月、東京で運転助手として働いていたときに雇用主を切りつけ、殺人未遂の容疑で逮捕され、起訴前精神鑑定の後に不起訴になり、措置入院となった[33]。あるいは一九六八年、宮古島から大阪に集団就職した「Y」がいる。「Y」は劣悪な労働条件の中で郷里と大阪を往復しながら職を転々とし、差別的暴言を浴びせた元雇用者宅に放火し、放火と殺人の容疑で逮捕され、精神鑑定を受けたのち、大阪拘置所内で自死した[34]。一九六〇年代に急増した沖縄からの人々の流れという一つの地下水脈の中に、個別の「K」や「Y」がいるのである。

「K」や「Y」は精神鑑定を受け、富村は受けていない。だがこの者たちに刻まれた痕跡に眼を凝らす時、両者は、同時に語られなければならないだろう。そしてその際、富村が明確な主張を持たず、彼の言葉が精神鑑定にかけられ精神疾患の症状として分析されることを仮想してみることが、やはり必要なのではないか。富村の傍らには、「Y」も「K」もいるのだ。この富村と「Y」や「K」とのつながりは、どのような言葉において発見されるのだろうか。この問いは、次のようにいいかえてもよい。前章で述べたように、戒厳状態の中で身構える川満信一と、病とみなされ収容された友人たちは、いかなる場において出会うのか。ここに精神鑑定という制度の問題がある。

富村は間違われようとしている。彼は、ファノンと同じく、その間違いが、私は「○○ではない」という言葉では回避できないことを感知しているのだ。富村は巻き込まれながら身構えた。そしてやはり「K」や「Y」とのつながりが、富村において引き受けられようとしているのではないだろうか。精神鑑定とは、このつながりに深々と分断を持ち込むことに他ならない。その分断は、第二章で述べた、「引き受けることの困難」でもあるだろう。

たしかに個別富村においては、精神鑑定はなかった。だが、その制度が維持している問答無用の暴力は、富村にも存在し続けている。そして富村は、自らの傍らにいる精神鑑定を受けた人々に対して、「傍らで起きていることだが、すでに他人ごとではない」と呟き、身構えるのである。そこには、身構える者たちの連累が始まる起点があるだろう。怒りの風景から始まるのは、この連累なのだ。「敵意を含んだ自然」から忽然と姿を現す単独決起は、決して単独ではなく、つながるのだ。

　そして前述したように船本洲治は、このつながりをすばやく感知したのである。富村が「K」や「Y」、またさらに無数の「S」へと連累していくことを、船本は知るのだ。この船本の無数の「S」は、一般的カテゴリーをあてはめることにおいて説明されるのでは断じてない。また共通項があるがゆえに、合算されるのでもない。それはつながるという動詞において、動き以前の動きが浮かび上がり、風景自体が変態していくプロセスとしてのみある。またつながることは、先ほど述べた「引き受けることの困難」を抱え込むことにおいて遂行されるのであり、またそれは前章で述べた「出会う場」ということにかかわる。富村の単独決起から始まる連累は、説明対象として語られるのではなく、船本の知るという行為において浮かび上がるのであり、その行為は尋問空間の中で確保されるべき言葉の場にこそ、引き継がれなければならない。

終章　確保する、あるいは火曜会という試み《エッセー》

考えることへの恐怖、実際には問いかけることへの恐怖が、政治を道徳面から守ることになっており、そこでは知的生活での仕事と政治の仕事は別物とみなされる。政治は、ある種の反知性主義を要求するものとなる。問いを投げかけることで自らの政治を再考することなどしたくないと思うことは、生と思考の両方を犠牲にして、教条的な立場を選ぶことである。……現実感覚を不安定化させるような問いに対立しようとする知的姿勢の好例が、世俗的アカデミズムだろう(1)。

——ジュディス・バトラー

この論文(「委員会の論理」—引用者)は、変革的、集団的実践の〃論理〃であって、実践の〃理論〃ではない。もちろん、実践の手引きや案内でさえない。実践の理論でないというのは、実践の対象的認識や解釈ではなく、実践の自己了解だという意味である。実践しながらの実践の自覚であり、自覚的計画化がまた実践の継続の一環であるような実践の動的論理である。動的

論理を実行し、検証する実践によって、論理が訂正され、現実化されていく歴史過程そのものの自省として提出されている[2]。

——久野収（傍点—引用者）

まず、自分もしくは他人の「……をする」という運動があって、あるいは、あろうとして、その運動ないし運動欲求、期待が言語活動の核をかたちづくって、その核のまわりにことばがいくつもつらなって「言語活動領域」がつくられて行く。私にはまずことばの始まりというもの、そんなふうに思われるのです。／きめ手となるのは動詞ですが、同時にそれは運動の対象としてのものに名前をつけるという行為を必然にします。名詞がそこで生み出されるのですが、同時に、そのものの様態がそこで問題になるにちがいない。形容詞がかたちづくられるわけですが、同じことは運動の様態にも言えて副詞が形成される（さらにこまかに様態の比較を言いあらわすことばができてもふしぎではない）。大ざっぱに言えば、そんなふうにしてことばの連鎖ができ上って「言語活動領域」がかたちづくられるのです[3]……。

——小田実（傍点—原文）

1　臨床の知

尋問空間の中で暴力を予感し身構える者たちは、巻き込まれ、引き受け、すなわち流着し続け、他者と出会い、場所を確保する。このプロセスに知るという行為があり、それは場の論理として構想されなければならない。すでに何度も述べたようにフランツ・ファノンは、解放闘争の渦中においても臨床に立ち続けた。植民地状況あるいは戦場にあって、ファノンの臨床という領域は、まさしく暴力と拮抗する言葉の領域でもあった。いいかえれば、問答無用の暴力に晒された尋問空間の中で、ファノンは言葉の場所を確保し続けたのである。

重要なのは、尋問空間が決して過去の植民地という限定された場所にかかわることだけではなく、第一章で述べたように、近代的主権そのものの存立、すなわちバトラーのいう法自体の生産にかかわることであり、また私たちの住まう今の世界が、「ある種の市民を生存可能にし、他の市民を生存不可能にする」[4]ような尋問空間を前提に、成立しているということだ。近現代を通じて沖縄に刻まれた例外化は、この尋問空間においてせりあがってくる問答無用の暴力が、私たちの住まう世界を存立させているということを、ありありと浮かび上がらせている。

これまでにも見てきたように、こうした尋問空間は、関東大震災や沖縄戦の戦場で顕在化した。また伊波普猷、松島朝義、川満信一、富村順一らはこうした尋問空間の中で身構えながら、言葉を発し続けてきたのである。知るという行為は、尋問空間を不問の前提にするのではなく、その内部において、第一章で検討したバトラーの「予めの排除」に抗いながら、言葉の領域を確保することから開始しなければならない。ここから言葉を開始しない限り、沖縄は「沖縄問題」として囲い込まれ、例外化されたうえで、切り離されてしまう。

したがって問われているのは、ファノンの臨床を、今どのような場の論理として受け止めるのかということに他ならない。ここでファノンにならって精神分析学、あるいは精神医学的知識が必要だということを、いおうとしているのではない。あるいはファノンの言葉をポストコロニアル理論として理論化していくことでも断じてない。人と人の関係は、そして社会は、音しか聞こえなかった領域に言葉が聞こえるようにし、同時にこれまでの言葉の秩序自体を変えていくプロセスとしてあるということが、重要なのだ。それが尋問空間における、知るという行為なのである。

またこの行為のプロセスは、これまで知ることができなかった領域に知の権威をうち立てることではない。あるいはそのうち立てられた権威から提供される正しい知識を広めることでもない。いかに知るのかという認識論的な方法論があるとしても、重要なのは、その方法論が前提として予め排除してきた領域にまでその方法を拡大し続け、その方法を躓かせ、一度停止させなければならないのではないかということだ。それは、知ろうとする者が、巻き込まれることであり、引き受けることであり、「傍らで起きていることだが、すでに他人ごとではない」と呟くことなのだ。このとき知は、汎用性のある認識の方法論から場の論理へと変わり始める。ある方法論により結論として手にいれた正しい説明を競い合うのではなく、知るという行為が、言葉以前の言葉、動き以前の動きを浮かび上がらせ、尋問空間の内部に言葉の場所を確保するのだ。

『黒い皮膚・白い仮面』の冒頭でファノンは、既存の知が存立する前提としての社会がすでに奪われているという位置に自らの臨床を設定したうえで、「方法は、植物学者や数学者にくれてやろう。

方法が吸収される一点があるのだ。私はこの一点に身をおきたいと思う」と述べている。[5] 方法が対象に吸収されるとき、知るという行為は、場所を生み出す行為、すなわち臨床を確保する行為となるのだ。またそこには、「方法が吸収される」まで進み続けるという目的意識性も、生じているだろう。

逆にいえばファノンが意識的に身をおくこの「一点」は、既存の知においては、方法論や客観性の名のもとに、巧妙に回避されているといえるだろう。それは私の専門領域ではない、それは学問ではない、それは客観的ではない、それは主観的感想だ、それは政治だ、というわけである。そしてこの回避において、知は政治と野合する。

そのときの政治とは、尋問空間を不問の前提にした政治である。またエピグラフにもあるようにバトラーなら、尋問空間を問うことなくそれを前提とし、知の領域があらかじめ準備されていると勘違いしているこうした知の態度を、「世俗的アカデミズム」とよぶだろう。知と政治は、「知的生活での仕事と政治の仕事は別物」なのだと互いに言い張りながら、野合するのだ。そしてこの客観的態度に与えられる名称こそが、「反知性主義」に他ならない。だがファノンにおいては、「科学的客観性は私には禁じられたものであった」。[6] 知はそこから、始まらなければならないのである。そこにこそ知性があるだろう。

そして、この世俗的アカデミズムと反知性主義が回避している領域において、知るという行為は、まずは躓かなければならないのだ。その躓きとともに浮かび上がるのは、言葉の停止するある種の閾の領域だ。こうして引き出された閾の領域が、尋問空間における「予めの排除」と抗争を始めるとき、知はそこから抗争を続ける場の論理として再び始まるだろう。それは分析を放棄することではなく、分析行為が状況の中でブリコラージュ化し、別の言葉に変わっていくことなのかもしれない。またこのプロセスにおいて専門家と非専門家、分析的言語と日常言語といった区分も、融解していくのではないだろうか。

序章の最初で述べた、家計簿や日記に遺された言葉たちも、こうした知るということにより生み出される場において、再び語りだすだろう。その時言葉は、たった一人で世界と渡り合う言葉としてではなく、他者を求める言葉として始まるだろう。「話すとは、断固として他人に対して存在すること[7]」なのだ。

本書の最後に、この場の論理を考えてみたい。再度述べるが、ここでいう論理とは、場や行為を解釈し、正しい説明を結論として導く理論や、こうした理論を前提にして導き出される設計図ではない。後段で検討する中井正一の「委員会の論理」に言及した、エピグラフで引いた久野収の文章にもあるように、論理とは「対象的認識や解釈」ではなく、知るという行為のプロセスにおいてなされるべき「実践の自己了解」なのであり、あえて言いえばそれは新たな自己に対する了解なのだ。いわばそれは、自己の生成のプロセスを実践し継続するための、不断の検証であり、動的な確認作業なのである。すなわち論理とは、「実践しながらの実践の自覚であり、自覚的計画化がまた実践の継続の一環であるような実践の動的論理である」(傍点―引用者)。またこうした実践が集団的になされるならば、それはまさしく新たな私たちをみいだす論理になるだろう。

この「動的論理」を考える際、ある試みにそくしながら、以下に記そうと思う。二〇〇〇年に入ったころから、「火曜会」という名前で、私は大学院のゼミをおこない始めた。当初は火曜日の午後を使っていたので火曜会なのだが、今は水曜日の午後三時からエンドレスでおこなっている。水曜日なのだが、今も名前は火曜会である。経緯については後段で再度ふれるが、いつしか自分のゼミに様々な背景を持った人たちが集まってきたのが、さしあたりのきっかけだったように思う。

それは試行錯誤のプロセスだった。まず浮かび上がったのは、様々な背景を持った人々においては、議論を成り立たせている前提が共有されていないということだった。そして前提を共有しない議論は、すぐさま齟齬を引きおこし、それは対立として定着していった。またその対立は、多くの場合、学的な権威において抑え込まれ、隠匿された。しかし同時に、そこでの試行錯誤や失敗は、学知とよばれる中でなされる議論がいかに不問にされた前提により多くの言葉を予め排除してきたのかということが、ありありと浮かび上がるプロセスでもあったのである。齟齬は、専門家／非専門家の区分や学的権威において解消されてはならないのである。

こうした専門家や学的権威による齟齬の解消は、私にとって、沖縄を考えるということはどういうことなのだろうかという問いとして存在し続けた。またこの問いは、くりかえすが、ファノンの著作を読むことと、分かちがたく結びついていたのである。すなわちファノンの残した言葉は、沖縄を考えるという行為自体にかかわるものであり、研究なる行為を形作る知の姿にかかわるものである。逆にいえば、この知にかかわる言葉の姿に対する問いが設定されないところで、沖縄を考えるという行為は成り立たない。火曜会での試行錯誤や失敗は、こうした言葉の姿に対する問いとしてあったのである。

2 荒野で出会う

「荒野の真ん中にたった一人放り出されても、議論をする他者を見出し、場所を作り、研究を進めることのできる力量」。いつのころからか、自分の想像する研究者像を話す必要がある場面では、このように述べることが多くなった。それは、荒野にたった一人という孤絶が、研究の始まりの地点であるということでもある。

この孤絶や荒野は、生物体としての人間が近くにいないということを意味しているのではない。荒野とは、自らも所属しているはずの社会において、その社会においてはどうしても居場所が見つからない自分を凝視するときに浮かび上がる世界の静けさにかかわることであり、孤絶とは、その寂漠たる世界に身動きをせずにたたずんでいる自分を抱きしめるときに帯電する感覚のことである。この孤絶はまた、社会に承認されない生でもあるだろう。したがって寂漠たる荒野は問答無用でその生が脅かされる戒厳状態でもあり、またこの帯電する感覚は、暴力を予感することでもある。

そしてこれから火曜会の試みを念頭に置きながら記していきたいことは、この荒野と孤絶は、間違いなく思考の始まりなのだということである。また先取りしていえば、その思考を担う言葉とは、荒野に放り出されてもなお、生き続ける力にかかわることであり、こうした力において出会う他者とは、目の前にいる人というよりも、愛を込めた眼力において浮かび上がるまだ見ぬ他者である。居場所の見つからない自分と出会うこの他者も、どこかで既存の社会から遊離している。

この出会いに、場所が生まれるのだ。そこは、序章でふれた彼女の家計簿が、読まれる場所でもあるだろう。そして私はこの場所を生み出すところに、研究という行為を据えたい。この場所を生み出すという研究行為には、現実批判ということと同時に、その批判が他者との関係を新たに作り出す営みであることが、含意されている。そこに共に考えるということを、設定したいと思う。またその営みの始まりとしてあるのは、居場所がなく話す言葉がみつからないという荒野に放り出された孤絶であって、いわゆる研究会を支配する専門家の語りや、既存のアカデミアの中で習性として身につく研究者の身振りではない。重要なのは荒野であり、孤絶なのだ。

亡くなる直前に、「絶対に生きなければならない、あと十年は生きて、新しい学問を作らなければならない」と記していた竹村和子さんは、[8] 二〇〇三年のインタビューで次のように述べている。

研究とは、「まだ見ぬ地平」を探ることだと思います。「まだ見ぬ地平」とは、研究対象であり、かつ自分自身のことです。人文系はとくに自分自身が重要だと思います。なぜある問題に興味をもつか。それは、それに反響している自分がいるからです。そのときどきに論文として発表するものは、たとえ稚拙なものであろうとも、自分を押し広げるという意味で、大きな可能性を秘め

ているると思います。(9)

なにも見えない暗闇に一人たたずんでいる自分は、同時に「まだ見ぬ地平」を探ろうと身構えている自分でもある。言葉はそこから開始されるのであり、その言葉には、間違いなく孤絶感とともに見えない地平の登場を感知する身体感覚が帯電している。この帯電状態から始めることこそが、知るということなのだ。竹村さんのいう「新しい学問」も、そこにあるだろう。どこにも居場所が見つからない孤絶は、「まだ見ぬ地平」の起点であり、知るということは、荒野の中で身構えている自分を押し広げることなのだ。さらにいえばこうした知るという行為は、「絶対に生きなければいけない」という竹村さんの生への力動でもあるように思う。すなわちこの力動は、たんなる生への執着ではなく、竹村さんのいう「新しい学問」が自分自身を重要な媒介にしていることにより、生じているように思えるのだ。

これから私は、先ほど述べた火曜会という試みについて語っていくつもりだが、先取りしていえば、既存の知の区分や、アカデミアの場で身についてしまった習性ではなく、この孤絶と「まだ見ぬ地平」に挟まれた帯電状態を、始まりとして保ち続けることこそが、火曜会と習性を訓練する研究会との決定的な違いなのである。

ところでこの違いは、孤絶を抱え込んだ者たちがたえず流れ着くことを前提にして場を考えるということとも関連する。新参者は未熟な初学者でもなければ、長らくその領域にいる者が熟達者であるわけでもない。知が個人が獲得する財のようにみなされ、階梯を経ることによりその量が増えると考えられがちであるが、ここではっきりと次のように述べておこう。知とは孤絶の荒野でまだ見ぬ他者と出会うことであり、上から下に伝達される情報でもなければ、個人に所有されるものでもなく、またその量や質を競い合うものでもない。

それは大学という場にもかかわることだろう。外から新参者が流入してくることが前提としてあるということは、大学と研究所やプロジェクト集団との決定的な違いである。たえず外から新入生とよばれる者たちが流入する。また入学の時点ですでに様々な選別が働いているのであり、大学はさらなる選別機構としてまずはある。したがって流入は、そのまま選別と階梯を登っていくように制度化されているのであり、そこでは流入は予定された移動であり、この流れに乗らない動きは排除されることになる。

だがこの流入を流着に変えることはできないのだろうか。そこで重要なのは、流着した者たちは、初学者ではなく、孤絶を抱え込みまだ見ぬ世界を感知する身体感覚を帯電させた者たちだということだ。あえていえば既存の知の習性を身についていない身体性こそが重要なのであり、ここに毎年新しい新参者を迎え入れることが制度としてある大学の内部において火曜会を考える要点がある。大学は、がんらい不断に流着を抱え込む流動系なのである。この流動系ということの含意は、その場が荒野に対して不断に開かれているということであり、荒野にさらされた身体性が制度としてたえず流れ込んでくるというところにある。火曜会とは私にとって、流動系であるべき大学が本来抱えているはずの可能性を、浮かび上がらせる試みでもあるのだ。次のように述べた、火曜会に初めて参加した者がいた。

どう座っていればいいのか、どうたたずんでいればいいのか、どう聞けば聞いたことになるのだろうか。何をしゃべれば議論をすることになるのだろうか。

戸惑いとともにあるこうした問いが、まだ見ぬ地平への予感に姿を変えていくことにこそ、火曜会が火曜会であるための要点がある。それこそが、先に述べた帯電状態を始まりとして保ち続けることなのだ。また逆にいえば、すでに研究会での様々な習性を身につけてしまった者たちにとって、この荒野にかかわる帯電状態を獲得することは、これまでのやり方が通らず、躓いてしまうことを意味している。そしてやはり、躓くことが重要なのだ。

火曜会では、これまで蓄えた専門的学知を披露するように発言する時よりも、何をいっていいかわからなくなる時のほうが、結果的により多くのことを知ることができることに気が付いた。

すでにアカデミアのなりわいを身につけたある火曜会参加者が、このように述べたことがある。この人物は躓くことの重要さを知っている。だが大学院における研究者養成として語られる内容は、多くの場合その逆であり、研究史や研究分野において定められた知識を身につけ、それを披露することが求められる。そこには新人と熟達者の階層化された関係が生まれるだろう。したがって火曜会においては、意図的にその研究者養成において前提とされている関係を脱臼させ、制度化された階梯ではない新たな関係に作り直していくことが求められるといってもいいかもしれない。

だがそれは、上記のような帯電状態の有無において集団の中に新たな区分けを作ることではない。これから述べていくように、「まだ見ぬ地平」は、誰かの新たな占有地になるのではなく、そこでは他者に出会う知の姿こそが求められているのである。なぜこうした言葉と知の在り方が求められるのか、またどうすればその要請にこたえることができるのか、以下ゆるゆると議論を進めていきたいと思う。

3　火曜会

先ほど述べたように、火曜会という名称で大学院の演習を始めたのは、一五年近く前のことだ。そこには多様な背景を持つ人々が集まってきたという外的な契機に加えて、発言を席取りゲームのように競い合うゼミでの議論の容態を、なんとかしようと思ったことが、あったように記憶している。そしてこの多様な背景という外的契機は、競い合いに拍車をかけることになった。この発言の席取りゲームは、研究者養成の習性をどこまで身につけているのかを競うことであり、それはまた研究分野に区分けされた知識量の高低を競い合うことでもあった。大げさにいえばこの整理された知識量の高低が、そのまま発言の占有率につながり、不安定化したゼミを秩序づけていったのである。

しかしそれは、自由なアクターによる正しい意味でのゲームではない。ゲームには、「知り合い」だの、「左翼」だのといったコードが、持ち込まれていったように思う。ちなみにここでいう「左翼」とは、ある種の人脈に詳しいというだけのことであり、「知り合い」とさほど変わらない。そして「知り合い」であり「左翼」であることが、あたかも発言の有資格者であるかのような雰囲気が生まれたのである。またそこには、明らかにホモソーシャルな絆も絡まっていたように思う。議論における男らしさの絆。

そしてこうした雰囲気は、ゼミの場だけではなく、ゼミの後の懇親会などにおいて発揮されていった。先輩格の者が、懇親会でゼミでの発言を評価し、序列をつけていく。こんな風景に、私は辟易していた。そしてこうしたことは、私のゼミだけの話だけではなく、私の学生時代も含め、まちがいなくごく一般的なアカデミアの風景だろう。[10] またそれは、様々な権力を教員という属性が有していることの証左でもあり、また教育機関としての大学という制度の問題でもある。だが今一気にこうした制度の問題として考えるのではなく、どこまでも言葉をめぐる場に議論をすえながら、話を進めていきたいと思う。

区分化された知識量や学的習性の習熟度、「知り合い」といったコードが絡み合う中で、席取りゲームは階層的秩序となり、その秩序がまた身につけるべき習性として定着していき、その結果、まだ習性を身につけていない新入院生や「知り合い」というコードを持たない流入者は、ただ沈黙することになる。だがこの沈黙には、荒野があり孤絶が抱え込まれているのである。沈黙は、席取りゲームによる階層的秩序ではない新たな人の出会いを、待っているのだ。議論はここに設定されなければならない。

「どう聞けば聞いたことになるのだろうか。何をしゃべれば議論をすることになるのだろうか」。前述したこの問いを抱えた者たちは、階層化された階梯を登っていくのではなく、別の言葉を探し求め始めるのだ。その時、大学教員も含め、すでに学的評価を獲得していた者たちは、薄笑いの表情にいらだちを押し隠しながら、あるいは道を外れていく者を何とか立ち直らせようとする慈愛に満ちた司祭のように、「それは研究ではない」、「それでは一人前の研究者になれない」と、忠告するのだ。歩きだそうとしている者たちに対する、薄笑いと、いらだちと、慈愛が入り混じった彼ら彼女らの「醜い顔」を、私は忘れることができない[11]。それはきっと私の顔でもあるのだろう。

そして、「何をしゃべれば議論をすることになるのだろうか」という問いとともに始まった言葉たちが、階梯を登るのではなく、「まだ見ぬ地平」につながっていることに気がついた時、火曜会が生まれたのである。この「まだ見ぬ地平」に歩きださんとする者たちの言葉を確保し、新たな場につなげようとする変態が始まったのである。それが火曜会という試みである[12]。

ところで、こうした大学院教育あるいは研究者養成ということにかかわる内省的なプロセスの他に、火曜会が生まれ継続していった背景として、近年の大学をめぐる状況がある。それはこの一〇年余りの間に起きた大学の統廃合、法人化、外部資金獲得をテコとした拠点形成による大学の組織化、さらに大学運営にかかわる改変と、国家と資本の介入などである。二〇〇四年の国立大学法人化で明確になった流れは、国立・公立・私立を問わず、また日本の高等教育にとどまらない事態としてある。経営危機の名の下におこなわれる強権的な大学行政、拡大する職員の非正規雇用化、極めて機械的なポイント制において決定される労働条件などである。そこでは研究は、業績として数値化され、交換されることになる。

いまここで、こうした大学全体をめぐる動きについては、述べることはしないが、こうした状況の中で考えてきたことは、長らく編集委員をしてきた雑誌『インパクション』で私が責任編集をした、「接続せよ！　研究機械」（一五三号、二〇〇六年）、「大学は誰のものか」（一七三号、二〇一〇年）の二つの特集ともかかわっている。それぞれの特集に所収されている文章を、ぜひ参照してほしい[13]。また私にとって現在の大学をめぐる状況は、新自由主義だとか人文学の危機、あるいは大学に自治といった全体状況にかかわることというよりも、言葉においてなにかをなそうとする態度が失われ、教員をはじめとして議論のできない人々が蔓延していくという顔の見える具体的関係の中での事態としてあった。火曜会には、そんな無残な大学に対する現状認識も重なっているのである。

4　態度

終章では、火曜会において実践しようとしてきた、「新たな地平」に向けての知の姿について、別の角度から考えてみたいと思う。議論の案内人をお願いするのは、中井正一である。一九三六年に「委員会の論理」を公にし、同年新聞『土曜日』を刊行し、また「土曜日」と記された旗を船尾に立てて仲間とともに琵琶湖を就航し、浜でダンスパーティーを開いた中井正一は、翌年の一九三七年に京都府警により治安維持法で検挙された。その後三年に及ぶ取調べののち、中井は特高の保護観察下に置かれる。

この中井の「委員会の論理」は、先取りしていえば言葉の場をいかに確保するのかということにかかわる思考である。また重要なのはそれが、暴力が社会にせりあがり、中井自身も日常的に予防拘禁の暴力にさらされていく状況にかかわる思考だという点である。あえていえば中井の思考は戒厳状態の中で遂行されたのだ(14)。

中井において「委員会の論理」にかかわる状況は、たしかに暴力が社会にせりあがってくる戦前期に深く関係していた。しかしそれは、よくいわれるような、自由にものが言えないといったたぐいのことではない。すなわち中井にとって一九三〇年代は、論壇で主張される正しさにおいて社会が構成されることが、決定的に消失していく状況の中で、いつしかより広範な広がりを持つことが正しさの証だという転倒を帯びだす事態としてである。すなわち、言葉は社会との関係を見失ったまま、定量化された広がりを正しさに見立てて競い合うようになるのだ。こうして言葉は平板な同質のコールとなり、唱和になるのだ。それが、中井が議論の場を考えようとした時の、言葉の状況なのだ。

人々は、話合いはしなかった。一般の新聞も今は一方的な説教と、売出的な叫びをあげるばかりで、人々の耳でも口でもない「真空管の言葉」も亦そうである。益々そうである。(15)

一九三六年一〇月二〇日の日付のある文章において中井がこのように述べる時、この「一方的な説教」と「売出的な叫び」が蔓延していく中で、中井はそこに問答無用の暴力の登場を、間違いなく予感しているはずだ。それはまた、自らの拘禁を感知する中井自身の身体感覚でもあっただろう。すなわち行き交う言葉が中井の身体感覚を回避しながら蔓延していく中で彼が感知したのは、問答無用の暴力が待機する尋問空間に他ならない。そして尋問空間が広がる状況の中で迫りくる予防拘禁の暴力に身構えながら言葉の在処を求めたのが、「委員会の論理」だったのである。したがってそれは、尋問空間の中で試みられた、場の論理なのだ。

かかる点に注視するなら、「委員会の論理」をとりまいていた状況とは、いわゆる戦前期日本のファシズムにかかわることであると、限定するわけにはいかない。中井が求めたのは、尋問空間において言葉の始まる場を確保するということであり、したがって「委員会の論理」は、「いいね！」の拡大を求める平板なコールの唱和と、(16)最初にふれたバトラーのいう「世俗的アカデミズム」が蔓延する、今の状況の問題でもあると、私は考えている。あるいはまたそのことは、時代的な制約があるにもかかわらず中井の議論が、今もなお読み返される理由でもあるだろう。

こうした今に至る状況性とともに中井において確認したいことは、態度とでもいうべき問題である。[17] 先ほども述べたように中井正一は、一九三七年に京都府警により治安維持法で検挙された。その後三年に及ぶ取調べののち、特高の保護観察下に置かれる。中井自身が「予防拘禁におびやかされ通した」[18] と述べるこの保護観察下の一九四二年、中井は「われらが信念」という文章を、保護観察当局が刊行している雑誌に提出している。[19] この文章の内容は、天皇を軸に翼賛運動をおしすすめようとするものである。だがここで、中井の翼賛運動への関与の是非を問題にすることが、重要なのではない。次に述べるように、予防拘禁にさらされている状況において、中井が「聴く」ということをそこに持ち込もうとしたことに、注目したいのだ。

中井はこの「われらが信念」において、「「聴く」ということは、他人が定立する一つの命題を、肯定と、否定の両方に評価するにあたって、その両方に向かう「零」の点」であると述べ、そこに「対話の論理」を設定する。[20] この聴くということにおいて開かれる「対話の論理」は、肯定と否定という平板なベクトルの定立を可能にする前提自体が融解し、別の次元に向けて状況が動き出す「零」の点を手に入れることであり、そこにはこうした別の次元への動態のなかで言葉を確保し続けようとする、中井の強い意志があるだろう。「対話の論理の持つ強靭さと、立体性は、かかる論理自体を、単なる可能存在より現実存在にまで導入するところにあらわれてくるのである」[21]（傍点―原文）。聴くということにおいて平板なベクトル平面という前提が融解するときに、現実は顔を出すのである。言葉は、この顔を出した現実の動態から引き出され、始まるのだ。

鶴見俊輔は、この中井の文章が翼賛運動に関与していることを指摘したうえで、次のように述べる。

警察に対して自分を守る技巧であるとともに、翼賛運動を内側からつくりなおす抵抗としての視点をも微弱ながら含んでもいる。[22]

たしかに中井の「対話の論理」が翼賛運動への抵抗になりうるかは、微妙であり、抵抗でありえたとしてもその力は、「微弱」だ。だがやはり鶴見は、予防拘禁の暴力に晒されながらも言葉を手放さない中井の態度を、鋭く見抜いているといえる。それは問答無用の暴力に晒され続ける中で、それでもなお言葉の在処を確保しようとする態度であり、その言葉の在処は微弱ではあるが、予防拘禁に晒された尋問空間の中にあって、別の現実に向かう始まりではないだろうか。鶴見も指摘しているように、こうした言葉の在処を確保する「対話の論理」は、まちがいなく「委員会の論理」の延長線上にあり、その「さらに深まった視点[23]」がそこにはあるといえるだろう。かかる意味で中井の態度は、予防拘禁の中にあっても一貫しているといえる。

あるいはこの態度ということは、谷川雁が中井を評して「思想の支え方」と述べたこととも関係している。谷川は、中井が描き出す世界と中井自身の間に「見えざる媒体」があるという。それは、中井によって提示される世界像が、この「見えざる媒体」により未決のまま開かれ続けることを意味している。そしてこの「見えざる媒体」を抱え込んだ世界の予測不可能な展開こそ、人々を引き付けるのだという。[24] この魅力は、中井が提示した思想内容それ自体というよりも、思想の提示の仕方において中井自身が媒体になっているということであり、それを「思想の支え方」と、谷川は述べたのである。

さらに中井のいわば盟友である久野収は、中井を論じながら、「自己の体系の中心に、疎外された自己を否定的媒介として、新しい目的に向かって進出する社会的人間の実践的世界像をおく」と述べている。[25] それは最初にふれたように竹村和子が、「まだ見ぬ地平」を探るために「自分を押し広げる」と述べたこととも、通じると思われる。すなわち世界は、世界から疎外された自分自身が媒体となって、いいかえれば既存の世界には居場所のない自分が媒体となって初めて、変わるべき世界として、いいかえれば久野のいうような「実践的世界」として、浮かび上がるのである。

鶴見が賛成／反対をこえたところに確保されている「抵抗」として鋭く見抜き、谷川が思想内容の手前に「思想の支え方」として発見し、久野が自らを「否定的媒介」とすることとして述べたことは、言葉の手前の態度とでもいうべき問題なのである。そしてこのような態度が、まさしく暴力が社会にせりあがる状況とともにあることを忘れてはならない。すなわち中井にとって予防拘禁に晒され続けることと、自らを媒体として思考するということは、決して切り離すことができないのだ。中井は身構えているのだ。

予防拘禁に晒されながら一九四五年に執筆した文章において、「一つの世界像を構成するにあたって、自分の今の現実行為を、その世界像の構成の中に生《なま》の生成行為のまま組み入れうるか否か[26]」と問う中井は、次のように記している。

意識的体系の完結性は、今少なくとも自分にとっては、それが矛盾を解決し、世界の隅々まで射影しつくしていることがわかったとしても、換言すれば、それが一般的客観性を確立したとしても、自分を支える最後の力となってくれぬことをひそかに愕くのである。そしてさらに深くかえりみれば、この哲学的体系を構成しようとする態度の中に、すでに根本的態度としての安易さがあることに気づかされるのである。客観的一般性の問われている対象の中に、すでに安易なるものがあるのである。[27]

自らを媒体とすることとは、その思想なり考えが、「自分を支える最後の力」となりえるのかどうかという問題なのだ。中井にとって思想とは、「根本的態度」にかかわることであり、「明日をも知らぬ生死の問題が現前にあらわれている時、容易ならぬ力をもって、解決を促」すような力なのだ。[28]また、ただ「客観的一般性」をもとめるところには、その力は生まれない。

たとえば前述したようにファノンの臨床において「方法が吸収される」とき、この中井のいう「容易ならぬ力」が登場するのではないだろうか。またそこにはやはり、「自分たちの解放は力によってなしとげねばならず、またそれ以外にあり得ないと見なす[29]」ような知るという行為があるだろう。そして私には、この中井のいう「最後の力」は、最初に述べた竹村の、「絶対に生きなければいけない」

という言葉と、通じ合っているように思える。

5　読む

このような中井の「委員会の論理」を参照しながら、火曜会の論理を考えていく。最初にとりあげたいのは、経験ということである。「委員会の論理」において重要なのは、○○の経験といった個人の中に蓄えられていく経験でもなければ、言葉にならない領域を含みこんだ記憶や無意識、あるいは身体性といった議論にすぐさま向かうことでもない。先取りしていえば中井にとって、個人の経験であれ身体性であれ、まずもってこの個という前提が別物に変態していく契機として、経験はあるのだ。また逆にいえば経験を個的なこととみなし、集団をその合算として考える瞬間に、この契機を見失うことにもなる。そして中井は、この見失うことが常態になってしまった社会的前提として、近代をとらえようとしている。近代は経験を個と集団に囲い込んだのだ。そして、経験を個人化された領域から、個の合算ではない集合性に結びつけていくところに、中井の「委員会の論理」は設定されているのである。

新たな集合性の契機としての経験を考える際に重要なのは、その契機が読むという行為において確保されているという点である。中井において文書は、「書かれる論理」と「印刷される論理」の二通りの方向において設定されている。ややわかりにくい表現であるが、「書かれる論理」における言葉は、対象に対する命名や意義づけをおこなうバイブルのそれであり、一つの正しい読みを要求する。すなわち「書かれる論理」は、「一方的な一義的な意味志向が要求され、一つの言葉が一つの意味を志向し、……それはついに、命名することと存在の同格性をすら要請しはじめる」のである。[30]中井はその読みの広がりを、的確にもヨーロッパ中世の教区的広がりとしても検討しているが、要するに「書かれる論理」における言葉は、バイブルの言葉であり、正しく読まれなければならないのである。そしてこうした読むという行為に正しさを求めることは、聖書でなくても、いわゆるアカデミアにおいても流通していることであり、そこでは最終的な正しさに向けて文書の読みは整序され、「書かれた論理」における言葉は、この正しい読みを共有した同質な集団を形成するのである。

だが「印刷される論理」は違う。ここでは、「すでに一義的な意味志向が許されなくして、活字となって公衆の中に言葉が手渡しされる時、すでに公衆のおのおのの生活経験とおのおのの異なった周囲の情勢にしたがって解釈される可能の自由が与えられるのである」。[31]読むということは、おのおのの生活経験にしたがって言葉を受け取ることであり、いわば読むことにおいて経験は、言葉として表出するのだ。読むという行為においては、正しさではなく、どう読むかということが問われるのであり、まさしくそこに経験が生まれるのだ。

経験は読む経験なのである。そしてこの読む経験において、新しい「活字的な思惟形態」が生まれる。[32]経験は、読むという行為により言葉として獲得されるのであり、読んで思考するということは、言葉として獲得された経験を思考することなのだ。中井はそこに新しい思惟形態への契機をみようとした。そして中井はこの思惟形態において、新しい人と人とのつながりを構築しようとするのである。この思惟においては、読むことが契機となって、複数の経験が言葉として関係を作り上げ、新たな集合性を生み出すことになる。それは、正しい読みが求められる等質の集団ではない。

文章を読み、議論をするというよくある光景に、世界の在り方にかかわる決定的な分岐点があることを、まず確認しておこう。読むこと、議論することとは、経験からいかなる集団性を作り上げるのかということにかかわることなのであり、中井はそこに新たな人と人のつながりを確保しようとしたのだ。

ところで前述したように中井にとって、「委員会の論理」を公表した一九三六年は、個人の自由が抑圧されていくファシズムの時代なのでは、ない。中井の盟友である戸坂潤は、一九三五年に刊行した『日本イデオロギー論』において、自由主義とファシズムが対立しているのではなく、その合作が進行していることを日常にまで浸透する「日本主義」として問題化した。またその合作と、金融資本との関係を指摘した。戸坂がそこで提示したのは、文字通りファシズムに対する抵抗線をどのように引くのかという問題であり、引かれるべき抵抗線は、「自由を守れ」にあるのではなく、この自由主義とファシズムの連結を担う資本主義に対して引かれなくてはならなかったのである。

この戸坂の時代認識は、間違いなく中井に共有されている。いいかえれば「日本主義」の浸透の中で問われていたのは、個と資本の関係を温存し隠ぺいしたうえでの集団化ではなく、その関係にくさびを打ち込みながら新しい集合性を作り上げることだったのである。そしてそこに、「委員会の論理」が立てられている。

「委員会の論理」には、資本主義を乗りこえる集合性という問いが存在しているのである。久野収や野間宏が中井から直接聞いたところによると、ソヴィエト建設や人民委員会とはなにかという問いが中井の中にあったという。[33] 資本主義を乗りこえる組織性とは何か。これは端的にいって革命の問題であり、「委員会の論理」の根底にある問いでもあった。そしてその組織性の契機として、経験という領域がすえられているのだ。したがって中井において経験は、自然化された超歴史的領域ではなく、近代という「新しい段階」[34]を示すと同時に、資本主義を批判する契機でもあるのだ。

また「委員会の論理」は、たんにファシズムへの対抗ということではなく、知が資本の運動の中で形骸化していったことへの抵抗でもある。中井においてこの形骸化は、知の商品化と分業化（専門化）においてとらえられており、商品化と分業化はそれぞれ「無批判性」と「無共同性」に結びつき、その結果言葉は、「単なる表象」になるのだ。[35]「委員会の論理」とは、この無批判性と無共同性に対して立てられた組織の論理であり、無批判性に対しては審議性を、無共同性に対しては新たな代表性を対峙させようとしたのである。[36]

ここで中井の一九三六年一〇月二〇日の日付がある文章を、再度引用しよう。表題は「集団は新たな言葉の姿を求めている」とある。

言葉が、「書く言葉」から「印刷する言葉」を発見した時、人々はその持つ効果に驚きはしたが、それを自らのものとしたとは言えない。／その発見は数百万人の人間が、数百万人の人間と、共に話合い、唄合うことができることの発見であった。／しかし、人々は、話合いはしなかった。一般の新聞も今は一方的な説教と、売出的な叫びをあげるばかりで、人々の耳でも口でもない「真空管の言葉」も亦そうである。益々そうである。(37)

ここでいう「書く言葉」「印刷する言葉」は、「委員会の論理」における「書かれる論理」「印刷される論理」に対応している。だがこの文章に付された日付である一九三六年一〇月二〇日において、「印刷する言葉」が契機として生みだすはずの経験が、新しい集合性を担う言葉として登場する言葉の在処は、確保されてはいない。すなわち前述したように、新たな言葉の姿の登場を回避し、またそれを予め排除する「一方的な説教」と「売出的な叫び」が飛び交う中で、次第に暴力がせりあがり、中井自身を拘束しようとしていたのである。「しかし、人々は、話合いはしなかった」のである。無批判性と無共同性に言葉が飲み込まれる中で身構えている中井の危機感が、この文章からあふれ出している。こうして言葉はふるまいになるのだ。それはやはり、尋問空間の蔓延ではないだろうか。

かかる状況を前提にしたうえで、言葉の姿をめぐる接近戦を浮かび上がらせる明確なラインを、ここで再度と確認しなければならない。すなわち言葉を読むということは、経験が契機となり新しい集合性を構成していくことなのであり、それが「共に話合い、唄合う」ということなのだ。この経験が契機となり集合性を構成していくプロセスこそが、中井のいう「話合う」ということなのである。そしてこの契機としての経験とは、「印刷する言葉」にかかわる読む経験、あるいは言葉を受け取る経験に他ならない。いわば読むことから議論が始まるのである。対して、「一方的な説教と、売出的な叫び」は、同質な広がりを目指し、またこの広がりにおいては、経験はどこまでも個人的経験として、あるいはその総和として処理されるのである。それは数量化された「いいね！」に端的に表現されるだろう。くり返すがそれは、尋問空間の蔓延する今の状況でもある。[38]

尋問空間において人々が、「傍らで起きていることだが、すでに他人ごとではない」と呟くとき、その者たちは身構えている。中井はこの者たちが、〇〇ではないと唱和するのではなく、巻き込まれ、引き受け、禁止区域に集まって話を始める契機を、読むという行為にみいだそうとしたのである。尋問空間の中にあって、「共に話合い、唄合う」のだ。このとき禁止区域は人々の集まる暖炉になるのであり、言葉は同質な「いいね！」の集積ではなく、議論になるのだ。

人とつながる必然性はどこにあるのか、なぜつながる必要があるのか。

火曜会のメンバーが議論の場をこのように内省するとき、その必然性とは、意見の一致や不一致、あるいは知識の伝達といった教区的で同質な広がりや「いいね！」の拡大のことではない。こうした同質的で領土的な拡大に、この者は人のつながりの必然性を看取できないのだ。対して中井のいう必然性とは、荒野に孤絶する自分を押し広げ、同時にそれが媒介となって荒野が新たな世界として登場し、こうした自己と世界が同時に展開する中で発見された他者と、出会うことなのだ。今この必然性を、中井のいう「印刷される論理」の読むという行為において、確保したいと思う[39]。

6　問う

中井のいう「印刷される論理」を念頭に、議論の出発点を考えてみよう。まず文書ということから始めたいと思う。すなわち出発点は文書を読むことであり、その読むことにかかわる経験が、議論の契機になるのだ。たとえば誰かがなにかを言葉として文書にする。文書は読まれることにより、文書を書いた者から離れていき、軸は複数の読む経験に移っていくのであり、この複数の経験が契機となって議論が始まるのだ。そこでは文書は、複数の契機へと変換される。そしてこのように文書が読む経験において複数の契機になるということが、中井においては「提案」ということであり[40]、ここに議論が始まるのである。

この議論の始まりを告げる提案化をより明確にするために中井は、確信する、主張する、評価する、問うといった動詞を検討し、「すべての主張は一つの問いでないであろうか」と述べる[41]。すなわち、提案とは、よくいわれるような確信した考えを主張することではなく、また評価を獲得することが目指されているわけでもない。そうではなく、確信をもって主張されたことが、肯定も否定もされないまま、評価がペンディングされた「零[42]」において受け止められ、読まれることが提案なのだ。ここで、主張はまずは明確に躓かなければならないのだ。またその躓きは、反論されたということではない。

ところで「委員会の論理」に記されているこの「零」は、前述した「われらが信念」において、「「聴く」ということは、他人が定立する一つの命題を、肯定と、否定の両方に評価するにあたって、その両方に向かう「零」の点」と述べた「零」でもある。それは前述したように、尋問空間における態度の問題としてあった。「委員会の論理」は、治安維持法により検挙され、中井が予防拘禁の暴力に晒されながら執筆した「われらが信念」に重なるのだ。そこから浮かび上がるのは、「委員会の論理」は、たんなる議論の仕方の検討ではなく、尋問空間において言葉の在処を確保しようと身構えている者たちのための論理ということでもあるだろう。問うという行為は、この身構え、あるいは態度にかかわることなのだ。

中井はしばしば、議論ではなく審議あるいは審議性という言葉を使うが、この中井のいう審議性とは、よくいわれるディベートなどではまったくない。重要なのは賛否に分かれて主張しあうことではなく、問うということなのだ。すなわち受動的に文書を受け取った者たちが、読む経験という能動性を獲得するとき、主張はペンディングされ、確信は複数の経験の中で問いへと変わるのである。審議、すなわち議論は、こうした複数の問いから始まるのである。いいかえれば、問いとは文章における疑問形のことではなく、尋問空間の中での集団的な営みとしてある。

この、問うということを遂行することこそが、議論においてまずもって重要である。ここで文書を書いた者は、読者の前で躓き、「台無し」[43]にならなくてはならない。また言葉においては、主張する者ではなく、読む者に圧倒的な主導権が与えられなくてはならない[44]。そこでは文書を書いた者は、自らの主張を貫徹しようとするよりも、まずは読む者たちに場を明け渡さなければならないのである。

この場を明け渡した者は、自分の主張が手元から離れていくように感じるだろう。こうして、「一度成立した自分の確信をながめている自分の立場と、その確信の主張を聴いている他人の立場とは、判断の評価的層としては同質的[45]」になるのだ。このとき、問いとは、先ほども述べたように、執筆者への質問ではなく、到来した文書をめぐる複数の集団的な作業になる。読まれることにより、文書に問いが降り積もっていき、主張は問うという集団的営みになるのだ。中井が「主張は一つの問いであろうか」と述べるとき、この「一つ」は、すでに複数性を帯びているのである。

ところでこの問うことを担うのは、中井においては「模写[46]」とよばれる作業である。模写はコピーではない。それは対象を自分なりに反復してみる試みであり、反復という行為において、自分が媒体となり常になにかが新たに構成されるのだ。読むという行為は、この模写のことなのである。あるいは、模写は文書に注釈を入れていく作業だといってもいいかもしれない。読むとは自分なりに文章を反復することであり、注釈を入れるとは、この反復の中で生じたことを、そこに書き入れることなのだ。それは、間違いなく読むという経験の言語化であるだろう[47]。

かかる意味で模写とは、自分自身の発見であり、他者の言葉の内部において自分自身を説明することだと、いえるかもしれない。それはまた、最初に述べたような自分を媒体として世界を再設定する実践でもあるだろう。さらに個人名のついた文書は、この模写の作業において複数化するのであり、こうしたプロセスの中で作者は、解体され、そこかしこに広がっていくことを、文字通り実感するだろう。あるいはそれは、読まれることにより未知の自分に出会うことといってもいいかもしれない。私は、それは心地よい経験だと思う。

いわゆるコメントとよばれている作業も、主張に主張を対決させることではなく、この模写であるべきだと考える。だが往々にしてコメントは、持論の展開やどこかから切り取った解説の陳列となり、議論は文書とそれを書いた者に対して正しい評価を下す審査になる。そこには、まさしく中井のいう教区的な広がりが前提にされているといえるだろう。しかし目指すべきはそれではない。文書は、それを書いた者も含め、自分を押し広げ、新たな出会いと集合性に向かう契機となる経験として、受け止められなければならないのである。主張は、一つの正しさにおいて序列化されるバイブル的解釈に陥没することなく、新しい集合性の生産に向かわなければならないのだ。そこでは固有名のついた主張は、問うという集団的行為になるのだ。

だが人々は、答えを求めようとするだろう。議論の中で生まれる問いは、答えを担う主張に再び向かうかもしれない。経験もまた、個人的な感想として放置されるかもしれない。中井はこの陥没あるいは序列化への回帰を、端的に「歪曲」と述べる(48)。それは元に戻るだけではなく、経験がもつ新たな集合性への潜勢力を鎮圧するがゆえに、より強固な秩序を獲得することになるだろう。すなわち経験は、個人化されたうえで一つの正しさを支える根拠となるのだ。読むことも、正しい読み方において統制され、読んでいるのに読んでいるとはみなされない領域において縁どられていく。経験は問うことに向かうのではなく、正しい主張の根拠として埋め込まれるのだ。こうなると正しい答えへの賛同と正しい読み方を共有した言葉の場所以外に、人々は集まることができなくなる。「一方的な説教と、売出的な叫び」だけが蔓延し、言葉が消える闕の領域には、問答無用の暴力が待機することになるだろう。「しかし、人々は、話合いはしなかった」のである。

議論においては、この歪曲を不断にけん制しながら進まなくてはならない。そしてこの過程を中井は、「技術の問題」として検討している。それは模写と並んで、歪曲に抗しながら議論のプロセスを確保するための論理である。

7　議論する

技術の問題は、模写によって登場した読み手の経験が、議論という場を構成し、新たな集合性を生み出していくことを意味している。議論とは新たな集合性を生産することであり、その生産過程を中井は、技術の問題として設定したのだ。その集合性は、意見の一致、あるいは不一致ということではない。また議論とは、同質的内容にまとめられたり、一つの結論を導くものでもない。議論において重要なのは、異なっているが、共に存在し続けるということなのだ。そしてこの共に存在する基盤として、最初に文書があるのであり、その文書を読むという複数の経験が、議論の契機になり続けていることが重要になる。火曜会においても、事前に文書を配り、それぞれが読んでくるようにしている。(49) すなわち、「印刷される論理」における読むという行為により言語化された経験が、議論において顕在化し、出会うのだ。

こうしたプロセスの展開を中井は「技術的時間」とよび、「技術的時間はいずれの瞬間もが出発点」なのだと述べる。(50) いわば議論の時間とは、この技術的時間なのだ。中井は技術に対して、「ここでは、現実より非現実へ、非現実を現実に、可能を不可能に、不可能を可能に、偶然を必然に、必然を偶然に、各々相互に転換し模写」していくと述べたうえで、(51) その技術のもつ時間性について、次のように記している。

技術のもつ時間性は実験の行動性を経なければならない。時間が継起的であるとはいいながら、この技術の実験機構の中では、単なる必然や偶然によって横につながるのではない。人間的積極的目的的活動の系列に向かって、必然であろうが偶然であろうが、そのすべてを引き曲げ組み替えるのである。ここでは継次的時間が引き曲げられ歪んでくるのである。(52)

「人間的積極的目的的活動」の中で、「すべてを引き曲げ組み替え」ながら進むのである。すべてが出発点であるということは、あらゆる瞬間が、この引き曲げ組み替えられる起点になっているという意味に他ならない。(53) 目的的活動において、不可能とされる現実が可能となり、起こりえないことが必然化する。目的において新たな世界が必然化されるのだ。

ここで、第二章で述べた『三里塚の夏』における農民たちの議論を思い出してみよう。そこでの農民たちのやりとりは、いかに機動隊の侵入を阻止するのかという目的性のなかで進行し、そのプロセスの中でその場で生きる人々も含め、毎日の日常的風景が変わり、再構成され始める。世界の意味は目的性において登場するのだ。この変態のプロセスは計画されたものではない。できることとできないことの境界が曖昧になり、必然が偶然性を帯びたものとして、すなわちまだ決着がついていないこととして浮かび上がり、次第に起こりえないことが必然化され、現実が新たに作られていくのである。そこには、中井のいう技術的時間が流れているといってよい。

ここで重要なことは、武装にかかわる議論の目的性を維持する抗うという動詞だ。第二章でも述べたように、いつも使う農道は、機動隊の侵入を予感しながらそれを阻止するという動詞において、バリケードや交戦の空間という別の意味を帯びだすのであり、この変態においては農道という名詞より、阻止するという動詞が重要になっていくのだ。また動詞にともなって状況が遂行的に変態していくと同時に、その変態を言葉がなんとかつかもうとしているのである。こうした言葉はやはり、動詞に纏わりつく副詞的な領域といってもいいだろう。あるいは名詞により定義されていた構造において、動き以前の動きがそこかしこに生じ始め、流動的な状況になるといってもいいかもしれない。「必然であろうが偶然であろうが、そのすべてを引き曲げ組み替える」という技術的時間は、動詞を軸に言葉が構成されていく議論のプロセスでもあるのだ。こうした技術的時間における言葉の姿を、さらにはっきりとつかむために、小田実が「運動の言葉」と述べた言葉の在り方を考えてみよう。

英語教師としての経験と「べ平連（ベトナムに平和を！市民連合）」での運動経験をふまえ、小田は言葉の始まりについて、「運動仮説」あるいは「動詞仮説」というものを立て、[54]動詞から言葉が始まると考えた。だがそれは、最初から動詞の主語や対象が設定されているのではない。エピグラフでも引いたように、動詞が新たな対象を発見し、その対象を示す名詞が新たに形容詞を獲得し、さらには動詞が示す動きが新たな状況を生み出す中で副詞が生まれていくのである。いいかえれば、動きはまず動きを形容するはずの副詞的状況において先取りされ、そうした中でモノや人が、別の名称や相貌を帯びながら、浮かび上がってくるのである。すなわち動詞が様々な徴候を引き連れた状況の動きとして登場するのだ。

小田はこうした状況の動きとともにある言葉を、「運動のことば」とよぶ。すなわち動詞において動詞に纏わりつく世界が再構成されていくプロセスに、小田は言葉の始まりをみいだしたのだ。『三里塚の夏』で看取された人やモノや風景の再構成は、こうした小田のいう「言葉の連鎖」でもあるだろう。そこでは言葉は、動き以前の動きをそこかしこにみいだしながら世界を動態として獲得するのだ。こうして、「変わる可能性のある現在」（ソルニット）[55]が浮かび上がる。

この「運動のことば」に対して小田は、動きに対して命名し、名前を付けていく作業を「存在のことば」と述べている。要するに、「お前は〇〇だ」というわけである。名詞を定義することに軸をおく言葉の世界は、動詞により生じる言葉の連鎖を封じ込め、そしてさらにその連鎖において顕在化した動きや動態を封じ込める。「動詞を名詞化して動きを封じ込める」[56]のである。こうした「存在のことば」が、尋問空間を支配する言葉であることは容易に想像がつくだろう。〇〇である、あるいは〇〇ではない。あるいは名詞において世界を描こうとする学的な営み、例えば所属において社会を描き、動きをカテゴリーとして説明する社会学的世界も、動きを封じ込める。そして小田は、こうした「存在のことば」を端的に、「退屈」[57]だと述べるのだ。

だが、「「存在」の基礎にはすべて「動詞」がかくされて」いるのだ。[58]このかくされた「動詞」を喚起することが、重要なのである。[59]いわば名詞を動詞に変えるのだ。中井のいう技術的時間とは、動きの不断の発見であり、それは言葉において、すなわち「運動のことば」として登場するのではないだろうか。また、尋問空間の中で「言葉がふるまい」になり、予め排除された領域は、名詞において言い当てられるのではなく、まずは動きとして感知され、動詞に纏わりつく新たな状況の動態として登場するのではないだろうか。このとき言葉の場所は、立ち入り禁止の立て札に囲われた「退屈」な場所ではなく、人々をひきつける暖炉として生まれるのではないだろうか。暖炉にひきつけられてやってくる人々はやはり、「運動のことば」を語るだろう。それが議論であり、中井のいう審議ということではないだろうか。

ところで中井はこの技術的時間を、生産とも述べている。[60]そこにはあえていえば、労働と労働手段・労働対象において構成される労働過程が、計画された目的に沿うのではなく、たえず労働と道具との関係を更新させ別の可能性を醸成させていることを、中井は念頭に置いているのかもしれない。

いいかえれば、商品として資本の価値過程に統括された労働過程が、不断に別の動態をひそませていることを、技術的時間として述べているのだ。中井のいう審議性とは、労働過程の内部において労働と労働手段・労働対象の関係が変わり、新たな人と人の関係がみいだされ、労働するという動詞に纏わりつく動き以前の動きが浮かび上がり、新たな状況を巻き起こしながら、「変わる可能性のある現在」が言葉において獲得されるプロセスなのではないだろうか。議論とは、商品に支配された人々から始まる新しい集合性の生産なのだ。

8　議論中毒

議論は、「いずれの瞬間もが出発点」であるという中井のいうような技術的時間であり、いつもそこには潜在的な可能性がある。だがこの技術的時間を確保することは、実のところ極めて困難である。すなわち議論のプロセスにおいて、いずれの瞬間も出発点であるという中井のいう技術的時間は、いわば進むことと出発点であり続けるということの二重性を、一つの時間として抱え込まなければならないのだ。だが議論するということが言葉であるのなら、言葉は「いやおうなく一本の線となってわたしたちに現れる」のだ。[61]ソシュールはそれを「線状的性格」とよぶが、[62]たとえ詩的言語を用いようと、言語にもとづく思考は一本の線として線形性を帯びるのである。ここに困難の原理的な理由がある。「いずれの瞬間もが出発点」と説明するのは可能だが、それを実践するのは極めてむずかしいのだ。

始まりには複数の読むという行為があり、そこには言語化された複数の経験があり、多くの注釈が書き込まれているにもかかわらず、議論においては同時に複数の展開をおこなうのは不可能であり、議論の展開はある種の単線性を帯びざるを得ないのである。読むという行為が、文書にそれぞれの読みが重層的に降り積もっていく、いわば地層をなすようなプロセスであるのに対し、議論は線状的性格を帯びた単線であり、一つの時間を前に進むしかない。

この単線だということは、内容の問題ではなく、同時に複数の発言を聞くことはできないし話すことはできないという極めて具体的な意味だ。またたとえば二つの発言がつながらない場合、とりあえずどちらかを保留あるいは中断せざるを得ない。しばしば議論の場で出会う、「前の議論と関係ないのですが」という発言の切り出し方には、細心の注意が必要であり、保留や中断においては、どこかで記録されることがなければ、その発言は棄却されていく。ポリフォニックな経験を地層のように文書に重ねることと、誕生した重層的な地層を議論する際にその線状的性格を維持していく作業とは、言葉の扱いにおいてかなり異なる営みなのである。

また、こうした困難の現れとして、前述した中井のいう「歪曲」が生じるだろう。それは、言葉が言説であるということであり、あらゆる言葉がすでに使われた言葉の引用であり、引用にはすでに使われてきた慣習的な意味作用が張り付いているということでもある。[63] またこの慣習性こそ、単線的展開を支えることになるだろう。単線的展開の中で、議論はすぐさま慣習に飲み込まれてしまうのだ。

出発点は失われ、人々は答えを求めようとするだろう。この時経験は議論の出発点ではなく、個人的な感想として放置されるかもしれない。あるいは正しさを担う根拠になるかもしれない。では中井のいう技術的時間を確保するにはどうしたらよいのか。複数の経験が一つの場に集まっているという議論の始まりを、議論の場においてどのように維持すればよいのか。

しばしば火曜会においては、時間がたつのも忘れて、議論が沸騰する。開始時間のみを定めている理由は、この沸騰を予定された時間割で切断したくないからだ。そして永遠に終わらない言葉の増殖の中で、いつしか言葉が手触りのあるものになり、目に見えるかのような存在に接近し始める。それは、議論をしている空間を別世界の入り口のように感じ始める事態かもしれない。議論の中で、言葉が渦巻のようにゆきかうのが見え始め、まわりの風景が変わっていくように感じたことはないだろうか。言葉と日常の風景が融合しながら別物に変態していくのである。

この変態の中に、ドキュメンタリーの『三里塚の夏』で武装を議論する農民たちや、自らの力で現実が変わりうるのだということを知る者、すなわち、「自分たちの解放は力によってなしとげねばならないと呟いた者たちの、言葉の姿があるのではないだろうか。そこでは議論の時間が空間性を帯び始めるのである。こうした議論では言葉を発することだけではなく、発している者を視る、あるいは議論の場を眺めるという行為が、重要になるのかもしれない。「視覚器官に向けられるものは、多数の同時的記号を含みうる」(64)からだ。議論は視覚化されうるのだ。

議論にのめり込み、通常の時間が忘れられ、別の時間とともにその場が変わっていく事態を、共に火曜会について考えてきた鄭柚鎮さんは、「議論中毒」とよんだ。中毒とは禁止されているのにやめられないこと、すなわち巻き込まれ、そしてそれを引き受けていくことに他ならない。その時、時間は時間割で区切られた枠から外れていき、あらゆる予定が台無しになっていく。台無しになる中で人々は、まだ終わっていないと呟きながら、すべての時間を手に入れようとするのだ。これが中毒症状に他ならない。

議論中毒とは、議論が無理に線状とは異なる別の時間を抱え込み始める事態であり、そしてそれは議論を続けるというその一点において、あえていえば議論をするという動詞において、私たちというものが生成していく感触でもある。あるいはそれは、小田実のいう「運動のことば」なのかもしれない。確かに中毒症状は、まったくもって、退屈ではない。そしてこの生成の感触に、中井のいう技術的時間における二重性にかかわる困難を、言葉として抱え込む糸口があるのではないだろうか。

だが、いつも中毒症状が生じるとは限らない。それは計画できるものでもなければ、かといって偶然現れるものでもない。もう少し検討が必要だ。問題は中毒かそうでないのかというところにあるのではない。論点は、依然として二重性を抱え込むことの困難である。確かに議論中毒には、この困難が乗りこえられていく糸口がある。だが中毒症状にすべてをゆだねるのではなく、もう少しこの困難に向かい合ってみよう。この困難を前にして、二つのやり方があるように思う。一つは休憩するということであり、今一つは記録するということである。

休憩するとは、途中で振り返り確認するという営みをいれることである。そこでは行きつ戻りつ、ジグザグと議論が進むのだ。重要なことは、議論の時間を遡ることであり、中井のいう技術的時間の二重性は、事後的にふりかえる時間を設定するということにおいて、いわば代替的に確保されることになるのだろう。あるいはそこで、先ほど述べたような視る、あるいは眺めるという行為が、重要になるかもしれない。視覚的に議論をふりかえるのだ。議論をし、立ち止まり、ふりかえり、人々の表情や身振りも含めた議論の光景を思い返しながら、また議論をするのである。技術的時間が抱え込んでいる二重性をプロセスとして実行するには、実際のところこのようにジグザグ進む以外にないように思う。そしてこの事後性において二重性を代替しようとするのが、文書で記録するということだ。

9　フランソワ

たしかに言葉は一本の線である。しかし集団における議論は、表情や身振りも含めた場を構成するのであり、技術的時間が抱え込む潜在的可能性は、その場において徴候的に表出されているともいえる。放置された発言や身振り、議論に不意に挿入される叫びのような声が、議論の場に遺されているかもしれないのだ。

ここに、議論を記録するということが重要になる理由がある。火曜会においても、火曜会通信というかたちで、毎回の議論を文書化しているが(65)、そこには、議論内容の要約というよりも議論を場としてとどめておきたいという思いがある。そして、議論が確保した技術的時間の潜在的可能性は、記録を事後的に読むということから引き出されるのではないだろうか。記録することの重要性は、事後的に議論をふりかえるという行為を生み出すことにあるのであり、それはやはり、文書を読むという行為だ。そこでは議論は記録の再読としてあり、再読された議論においては、単線的に見える議論のプロセスに、同時に様々な契機が抱え込まれていることが確認されることになる。こうして記録は読まれるべき最初の文書になるのである。

久野収によると、中井が「委員会の論理」にかかわって熱心に読んだ本の中に、レーニンの「一歩前進、二歩後退」というものがあったという。[66] 一九〇四年に執筆されたこの文章においてレーニンは、ロシア社会民主労働党第二回大会の政治的意味を探るために、その議事録を読んでいる。すなわち、党大会での議論でなにが起きたのかということを示しているのは、「ほかならぬ党大会の議事録であり、またこの議事録だけである」のだ。そして、「もし自覚的に自分の党の仕事に参加したければ、わが党大会を綿密に研究しなければならない。まさに研究しなければならない」として、議事録を読むことの重要性を述べたのち、[67] レーニンは次のように記している。

綿密に自主的に研究してはじめて、演説の簡単な梗概や、討論の無味乾燥な抜粋や、小さな（みたところ小さな）諸問題についての小ぜりあいを一つの全体に融合させ、一人一人のおもだった演説者の生き生きとした姿を党員のまえにうかびあがらせ、党大会の代議員のおのおののグループの政治的特性の全体を明らかにすることができる（またそうするようにつとめなければならない）[68]。

ここに、議論における代表性という問題を立てることができるだろう。議論は事後的に議事録において代表される。その記録は、議論により決定された運動方針でもあり、文字通り政治を担うものである。またそれは、レーニンにおいては、党という集団にかかわることだ。すなわち議事録は、議論により決定された党の方針という集団の意思を代表するものであり、党員はその決定に従わなければならないのである。そしてそのうえで、「もし自覚的に自分の党の仕事に参加したければ」、議事録を「綿密に自主的に」研究しなければならないのだ。あえていえば、一人一人が議事録を読み、そこに議論の「生き生きとした姿」を再現させなければならないのであり、こうして人々は、「自覚的に自分の党の仕事に参加し」、党員になるのである。そこでは党の決定は、読まれなければならないのであり、そこから次の議論への展開と新たな場の生成が始まるのである。

あえていえば、中井の「委員会の論理」の出発点である読むという行為が、議事録において始まるのである。このとき議論の代表性は、成立と同時に複数化していく。レーニンはこの議事録を読むということにおいて、「若すぎる真理」[69]が発見されると述べているが、それはただ一つの正しさではなく、党の決定が同時に複数の問いを抱え込んでいることを意味しているのではないだろうか。議論による決定と、決定が同時に複数の問いを抱え込むことが、記録と記録を読むことにおいて確保されるのだ。そして決定と問いが一つの政治として成り立つところに、レーニンにとっての党大会の議事録があると思われる。

記録は、新たな議論の出発点になるのだ。また記録自体、複数書くことができるのであり、その一つ一つの記録から始まる議論は、また複数の場を生み出すだろう。ここにおいて議論は、多焦点的に拡張していく。議事録を書くことを始まりとして、複数の「若すぎる真理」が、すなわち問うということが、複数の場所における読むそして議論するという行為として確保されるのだ。そしてその議論もまた、記録されなければならない。事後的に読むことにおいて確保されるさらなる問いと新たな議論の場のために、記録はある。そしてこの記録と議論の往復運動の中に、議論の技術的時間は確保され、中毒症状は集合的常態となるのではないだろうか。

中井は治安維持法で逮捕される直前に、「委員会の論理」と同時に新聞『土曜日』を刊行した。三度目になるが、そこにある「集団は新たな言葉の姿を求めている」という表題のついた文章を引用しよう。すなわち中井は「しかし、人々は、話合いをしなかった」と記したのち、次のように述べている。

この『土曜日』は、いま新しく、凡ての読者が執筆者になることで、先ず数千人の人々の耳となり、数千人の人々の口となることで新たな言葉の姿を求めている。／数千人の人々が数千人の人々と話合うことのできる、新たな話声を発見しつつある。人間の発見しなければならないのは、機械と装置ではない。人間の新たな秩序への行動である。(70)

『土曜日』が「耳」になり、「口」になり、「話合うこと」になるのだ。中井はそれを、「新たな話声を発見」することだという。鶴見俊輔は、いまも京都市内にある喫茶店「フランソア」の店主から聞いた『土曜日』にまつわる話を、書き留めている。[71] それによると当時「フランソア」には『土曜日』がおいてあり、それを目当てに多くの人々が来店し、いつまでも議論をし続けていたという。その店主は、人々がいつまでも立ち去らないので、コーヒー代一五銭の中に『土曜日』の新聞代三銭を含め、コーヒーに『土曜日』をつけて出していたという。

議論中毒。中井のいう、「凡ての読者が執筆者になる」、「数千人の人々が数千人の人々と話合う」とは、こうした場が、そこかしこに登場することなのだ。『土曜日』を読んで議論をし、その議論をまた『土曜日』に書き、また読んで議論をする。こうして場は、複数化し拡張していくのだ。中井が描いた言葉の姿とは、このような運動の中にあるのではないだろうか。それは「新たな話声」が発見され、場が生まれることであって、発行部数や、参加人数や、投票数や、「いいね！」の数とは、まったく関係ない。そこを取り違えるところから、議論は「退屈」になり、人々は話し合いをやめていくのだろう。そしてそれはやはり、今の問題なのだ。

問答無用の暴力が社会にせりあがる中で、人々は読み、議論し、そして書く。書かれた文書はまた読まれるだろう。そこに生まれる「新たな言葉の姿」とは、「人間の新たな秩序への行動」とともにある。また「フランソア」は、第二章でとりあげたＳＰＫの居場所であった「ローアバッハ通り一二番地」と同時に、具体的な場であると同時に、いまだ場所を持たない者たちの未来の場所でもあったのだろう[72]。鶴見は、「フランソア」やそこでくりひろげられた議論の風景を目に浮かべながら、「別の都市の幻想を『土曜日』は、とどけていた」と書き添えている[73]。この「別の都市」を未来にみすえる場を確保しようとした中井は、レーニンからそれほど遠くにいないように私には思える。

盧溝橋事件が起き、ドイツ空軍がゲルニカを空爆した一九三七年の一一月、中井は治安維持法違反で検挙され、三年もの間「打たれたり蹴られたり[74]」しながら拘禁された。一九五二年になって中井は、拘留中のことを次のように記している。

> いずれどこかで、自分の死にまで連続しているこのたびの戦いに、せめて反対したことだけを満ちたりることとしていたのであった[75]。

重要な点は、「反対」という主張にあるのではない。凝視すべきは、傍らで起きていることが「いずれどこかで」自分につながってくると身構えている中井の態度である。中井は尋問空間の中で、自分は○○ではないと暴力を回避するのではなく、暴力を予感し、身構えながら、「傍らで起きていることだが、すでに他人ごとではない」と呟き、巻き込まれ、引き受けているのだ。そしてこの他者とのつながりを確保しようとして、場の論理、すなわち「委員会の論理」をたてたのである。戦争反対は、普遍的正義の問題ではなく、このつながりと場の論理においてこそ、受け止められなければならない。

くりかえすが私にとって沖縄を考えることは、ファノンを読むことでもあった。両者は分かちがたく結びついていた。ファノンの思考は、尋問空間での知であり、そのような知が沖縄を言葉にするにはどうしても必要だったのである。そしてその知は、あるいはその知において描かれた沖縄は、ファノンや沖縄だけにかかわることではない。

しかしそれは、より汎用性のある知ということでもなければ、沖縄を事例として一般化することでもなく、また理論を沖縄に当てはめて論じることでもまったくない。それは、知るという行為が、尋問空間の中にあって、別の関係性を作り上げるという問題なのだ。この課題を引き受けていくのが、本章で検討した場の論理なのである。認識論的な汎用性や一般化にかわって、「傍らで起きていることだが、すでに他人ごとではない」と呟きながら、他者に出会う新たな場所を確保し続ける実践が、ここに登場することになる。今必要なのは、こうした場であり実践であり、それこそがファノンの臨床に他ならない。始まりはそこにある。

補論1　接続せよ！　研究機械——研究アクティヴィズムのために

1　研究機械

研究会とよばれている活動で生じていることは、何かしらのテーマにかかわる正しい解説を手に入れたり、参加者個人の知識量を蓄積したりすることというよりも、討議することによりその場で新たな関係が生み出され、その関係が空間を生み、制度を批判していくといった生成的な展開なのではないか。これまで会話もしたこともない者同士が、限られた時間であったとしても言葉を交わすことができるということ自身（それは合意することではない）、じつはとてもすばらしいことなのではないか。それは研究課題や研究成果といった文脈からはなかなか見えてこない、討議空間を生み出す力とでもいうべき研究会の側面であり、その空間は物理的な場所というより、限定された時間の中で生まれる一過性の空間や、あるいは同時に複数生じるようなものではないだろうか。研究会とは、人に声をかけ、関係を見出し、議論のための場所を確保する様々な行為も含めて存在しているのであり、こうした空間を作るという活動の側面を強調することは、研究会に演劇性やパフォーマンスのような意味を見出すことかもしれない。あるいは演劇的な行為も含めて研究会を構想することかもしれない。そしてこうした側面の可能性は、研究という文脈においては、どちらかというと軽視されてきた。

こうした軽視は、知識の獲得を「社会のニーズ」の名のもとに自らを高く売るためのスキルアップに純化させてしまった、いや正確に言えば、スキルアップにさえなりえていないのに自己実現の幻想をふりまいている、後述するような現在の大学をめぐる状況とも重なるだろう。個人のスキルアップと紙一重にある知識量の競いあいではなく、討議の瞬間に生じた関係性に焦点を移してみよう。そして研究なる言葉を大学という制度から引き離そう。たとえば本号の中で「フリーターの社会学者」である渡邊太さんが、「社会学がコミュニケーション・ツールとして使える」というとき、そこには、いつ訪れるかわからない未来のためのスキルアップや学的成果からその場における関係性の生成への、決定的な転回が含意されている。

あるいはこうした転回は、私たちの生きる未来を議論するということにもかかわる。正しい状況の分析と目指すべき未来像の確定。それは運動的にいえば情勢分析と戦略にかかわることなのだが、後述するように渡邊さんのいう「ツール」という道具的な転回は、研究会をより戦術的領域に設定し、情勢分析から演繹される戦術とは異なる運動形態を促すだろう。本号において、活動家、編集者、不安定労働者という雑多な人たちによる「ベーシック・インカム研究会」の実践について報告した堅田香緒里さんは、ベーシック・インカムが目指すよりラディカルな平等と複数性が、ベーシック・インカムをめぐる討議の場において先取りされていくことを指摘している。望むべき未来を討議することが、その未来を呼び込んでくるような実践でもあるとしたら、それは運動形態の問題でもあるだろう。またさらにそれは、ベーシック・インカムという未来にかかわる個々人が抱く不安や欲望が、討議という空間において社会化されていくことでもあるだろう。いわば研究会は、自分たちが何者であるかを問い、自らの生きるべき場所はどこにあるかを模索し、それを言葉にし、生きるべき未来をその場において作り上げていく実践なのだ。

様々な内容を持つ言葉として流通しているカルチュラル・スタディーズも、私にとってはこうした自らの生きる場所を見出し、状況を切り開いていくような活動としてある。私が台湾で出会ったカルチュラル・スタディーズと称されていた動きは、研究テーマとしての文化を示す用語ではなかった。それは一九八七年の戒厳令解除に象徴される民主化の中で、自分たちが何を求めていたのかを内省し、それを表現していく作業だったと思う。すなわちそれは、フェミニズムや性的マイノリティの運動からセックスワーカーたちの運動、台湾先住民運動などが一挙に顕在化し、入り乱れながら、自分たちが何者で、いかなる欲望を持ち、いかなる場を求めているのかを言葉にしていく実践であったように思う。あえていえばそれは、民主化を戒厳令解除や政党政治といった制度的文脈において収拾させないための雑多な活動なのであり、友人の陳光興につれられて参加したセックスワーカーとその支援者たちの討議の場は、いわば労働学校のような雰囲気だったことを覚えている。研究といえば、テーマとか、どのような研究分野かといった問いがすぐさま出てくるが、この台湾で出会ったカルチュラル・スタディーズは、研究テーマや研究成果の問題というより、状況を生み出す集団的な行為としてあった。

本号に収録した若者三人による鼎談の最後に、金友子《きむうじゃ》さんがやや唐突に、「勉強すればみんな左翼になると思っていた」と発言した時、のけぞるとともにナルホドと思ってしまった。資本主義社会の矛盾を勉強しても左翼にならない。何かを知り、考えることが、自分自身が変わることに結びつかないというわけである。そして問われているのは、知ることと変わることが結びつくような知のありようである。先取りしていえば、資本主義の矛盾を研究すること自身が運動につながるとしたら、そこには何を研究とみなし何を運動というのかといった双方の前提自身を問い直す契機があるのではないか。ここではそれを、安直に、マルクスを読んでマルクスに感化されるというような知の注入の理屈では解決しないでおこう。そこで立てられるべき論点は、討議するということが生み出す集団性であり、討議自身に潜在する自らが生きている現実を別の状況へと織り直していく力である。そしてこのときの左翼は、『資本論』にかかわる知識量のことでも、集団を指導する前衛のエリートでもないはずだ。言葉を交わし、場所を作ることに秘められた力を解放したいと思う。そして問題は、この力をいかに引き出し、世界を変える力へとつなげていくのかだ。

本号の特集において研究という言葉で表そうとしていることは、言葉を交わし、新たな言葉を共に発明していく集団的な行為である。また機械という言葉で表そうとしていることは、固定的な秩序集団とは異なる動的な人と人との関係にかかわっている（本号所収の杉村「「研究機械」から「言表行為の動的編成」へ」を参照されたい）。そして討議するということそれ自身が、既存の秩序とは異なる関係を生み出し、秩序を支える制度を批判する動きにつながるとき、それを運動とよんでもいいと思う。研究機械ということは、大学やいわゆる学問というアカデミアにおいて制度化された領域と深くかかわってはいるが、ここで問題にしたいことは大学論や学問論ではなく、この運動という水脈だ。特集ではこの水脈の持つ力を、大学や研究にかかわる秩序から解き放つことを考えてみたいと思う。

　また制度を批判し続けるこの運動は、アカデミアだけではなく運動組織の問題にも直結するだろう。研究機械のポイントは何を議論するかというより、いかに議論するかという点にある。重要な課題を列挙し正解を見つけることというよりも、その課題にかかわる討議空間がいかなる人と人の編成を生み出すのかという問題だ。本号の他のところでも言及されているソウルで生まれた研究空間＝機械（research machine）「スユ＋ノモ」が作成したパンフ『Welcome to the Machine』（近日中に再編集してインパクト出版会より刊行予定）で、その中心メンバーの一人である高《こ》秉權《びょんぐぉん》さんは、「人々は組織を発展させることが、運動を発展させることだと考えています。組織を運動の主体であり単位であると考えるからです。しかしながら、ある組織が一心不乱な体系を備えたとき、すなわち完成の瞬間に近づいたとき、私たちはその組織の敗北を予感するのです。組織は運動の基礎ではありません」と記しているが、いいかえればそれは政治課題をめぐる党派性という問題とも重なるだろう。

　この特集では研究という行為の持つ運動の領域、いわば研究アクティヴィズムとでもよぶべき領域と射程の輪郭を、可能な限り描いてみたいと思う。またそれは、研究あるいは運動ということの双方がこれまで前提にしていた内容、あるいは大学の内と外、研究者と活動家という区分を再検討し、ズラしていくことでもあるだろう。したがってまた、研究アクティヴィズムの輪郭を描く作業は、すでに知っていたこと、すでにどこかで議論されていたことを確認し、それを別の言葉で言い換えていくことなのかもしれない。だから逆に、もっとも警戒すべきは、そんなことはもう知っているという態度である。それはまた、別の場所で登場している新たな展開を、たんなる紹介や輸入に終わらせないためでもある。すでに知っていたことが別のこととして話されたり、あるいは自分と関係ないと思っていたことがすでに知っていたことと重なるとしたら、どちらもわくわくするような議論の始まりのはずなのだ。

2　プレカリアートと大学

ごまかしてはいけないことは、すでに大学は労働力の再生産機構として機能不全に陥っているということである。もちろん個別で見れば偏差はある。とりわけブランド大学とそうでないもの、あるいは大都市圏に位置する大学と地方大学、また分野においても様々だろう。だが必要なのは、一部の場所をとりあげ、そこにあるべき大学の理想像を見出すことでも、自分の場所は大丈夫だという意味のない開き直りをすることでもない。はっきりしているのは、これまでの大学に連結して制度化されていた高賃金労働市場と大学との関係が、総体としてすでに崩壊し始めているということなのだ。またそれは、大学が独占してきたブレインワーカーの労働市場において、より顕著に表れているといってよい。

大学院も含め、大学はすでにこれまでのような労働市場との接続を失っているのである。そしてそれは、たんに定員が増えたとか入学志願者の減少という問題ではなく、あらゆる職種において見られる非正規雇用の拡大、不安定就労の拡大、不当な労務管理の拡大にかかわっている。すなわち高速に移動する資本の拡大により、これまで労働市場の分割を維持してきた諸制度が無効になり、これまでの制度が労働力に与えていた資格やキャリアにかかわる命名が喪失し、無名性の拡大と総流動化状況の中で、大学が機能不全になっているのである。資本と労働力の結合は、大学をはじめとする旧来の制度を乗り越えて（時には利用もするだろうが）、もっとすばやく遂行され、自在に解除されるようになってきた。一部の大学で取りざたされている外国語教員の派遣労働者化は、もっとも大学が制度化してきたブレインワーカーの労働市場におけるこうした流動化と不安定化の顕著な例だろう。大学においては、労働力再生産機構としての不全と、大学という労働市場の不安定化が重なりながら同時に進行している。

不安定性が拡大しているのだ。もちろんそれは一様の拡大ではなく、不安定性が様々な既存の規範や制度と重なりながら現実化しているのであり、「女性」「障害者」「外国人」といったカテゴリーはこの不安定性の中でもう一度意味を獲得するだろう。だがこの不安定性の拡大は、従来のような階層化された労働市場を前提にして理解すべきではなく、くりかえすが事態は総体として生じているのだ。したがって不安定性は客観的に定義される一部の労働形態の問題というより、多様な具現形態を持ちながらも総体として存在する未来への不安として蔓延しているといってもよい。一五一号で特集した「プレカリアート」とは、労働市場の階層性を意味しているというより、総じて蔓延するこうした不安や生きにくさを、前向きに言い換えようとした言葉なのだ。そして今の大学をめぐる諸現象も、大学だけの問題ではなく、こうしたプレカリアートの中にある。

その結果、大学はただ金を払って通り過ぎるだけの場所になる。それは職という目的地にただ移動する通勤電車であり、さらに目的地に到達しない幽霊列車になりつつある。だからこそ、あたかも目的地があるかのような様々なごまかしが今生み出されているのだ。自己実現とはこうしたなかで準備された言葉だ。今もっとも読まれるべき本の一つである平井玄の『ミッキーマウスのプロレタリア宣言』（太田出版）には、教育関係の出版社で受験雑誌の記事のチェックをするN君の話が出てくる。あなたの夢をかなえます。多くの大学が、国際交流、時代のニーズにあった教育プログラム、最先端の研究といった砂糖菓子のような言葉を受験生にふりまく。そしてその記事をチェックしていたN君は、激しく苛立つ。海老がないのに衣だけが膨れ上がっているエビ天。それは彼がこうした砂糖菓子のような言葉につけた名だ。そしてこのくだりを読んだ私は、この数年間、エビ天満載の業務書類を大学の中で書き続けてきたことを思い出し、自分自身に吐き気を催した。

このようなことを、大学に職を持っている者がいうことは反感を招くかもしれない。そしてその反感は当然だ。そしてだからこそ、もうごまかすのは、やめておかなければならないのだ。くりかえすが、市場との接続を保っている一部の部分を称揚するのは、もうやめよう。売れる研究や社会のニーズにあった教育システムを開発することが重要なのではない。流動化の中でそのような場所は新しく生み出されるだろうが、それは総体としての崩壊の徴候に他ならない。ここで、職などいらないということをいっているのでは断じてない。すべての人が生きていけなければならないということを強調したいのだ。大学は今、ごまかしきれない臨界点に達しつつあるように思う。そしてそれは、この国のことだけではない。

ごまかしきれないとしたら残されている道は、鎮圧しかない。幽霊列車には鎮圧部隊が潜んでいる。そしてその鎮圧は大学固有の問題ではない。たとえば早稲田、大阪経済大、法政大でおきているビラや立看への弾圧は、決して一部の大学におけるかつての学生運動の最終局面なのではなく、すでに他大学でもおきていることであると同時に、大学のプレカリアート抑圧機構としての登場として理解すべき事態である。だからこそ、この抑圧機構化は、教育制度という旧来の制度という旧来の制度的枠組みの中での新展開というより、従来の法的手続きを乗り越えて近年展開している治安弾圧、とりわけ「異常者」「不審者」「テロリスト」といった言葉を根拠に行使される問答無用の予防拘禁の展開と軌を同じくするものだといえよう。二〇〇一年九月一一日の直後、人権侵害を告発する悲鳴のようなメールが世界を駆け巡り、その中でＦＢＩが何の法的根拠もなく留学生の個人情報を大学から持ち去っていくことが伝えられた。この事態は今も続いているが、近年の日本に滞在する留学生に対して生活指導の名の下になされている締め付けと監視も、教育問題というよりも、今年の入管法の改「正」に象徴される「外国人＝犯罪者予備軍、テロリスト」という予防弾圧の中にあるだろう。

既存の制度自身が変容し、従来の法的手続きが次々と無効にされてきている現在、大学をめぐっておきていることを他の事態と重ね合わせて考えることは極めて重要である。総じて進む大学の機能不全と抑圧機構化。重要なのは、永遠につかない目的地を夢想することではなく、電車の中から別の未来を作り出すことだ。いいかえればこの幽霊列車は、大学が取り仕切っていた学をめぐる制度から研究機械が解放され、運動として作動し始めるチャンスなのだ。

3 「スユ＋ノモ」から

今から五年前、私は三〇代後半の博士失業者だった。当時わたしの目の前にあった次のコースは大学に進出すること。しかしながら希望はなかった。……経済的自立と学びの場――わたしは初心に返って、教授になろうとしていたのはこの二つを確保するためにであったことを思い返した。だとするなら教授採用に必死になって「精力を使いはたす（！）」くらいなら、いっそこの二つが可能な新たな領域を開拓するほうがましではなかろうか。水踰《スユ》里の勉強部屋はこのようにして始まった。（高美淑「ノマディズムと知識人共同体の未来」藤井たけし／金友子訳『Welcome to the Machine』）

研究空間＝機械「スユ＋ノモ」を始めた一人である高美淑《こみすく》さんは、その初発の状況をこのように記している。「スユ＋ノモ」（スユは地名、ノモは超えるという意味）については本誌一四九号にある金友子さんの文章を見ていただきたいが、その系譜の一つには、こうしたいわば高学歴失業問題が存在する。そしてそこに前述したような国境を越えて拡大する不安定性を確認することは、きわめて重要である。韓国だけの問題ではない。乱暴に見えるかもしれないこうした同一化は、いま絶対に必要なことだ。

そのうえで、この「スユ＋ノモ」に内在する系譜をもう少し丁寧に考えたいと思う。本号にインタヴューならびに「マルクス主義とコミューン主義」という論文が所収されている、「スユ＋ノモ」のもう一人の立役者である李珍景《いじんぎょん》さんが体現している系譜は、高学歴失業問題とは少し異なるものだ。それはいわば先に述べた研究と運動の位置関係にかかわる問題である。詳しくはインタヴューならびに論文を読んでいただきたいが、一九八〇年代、もっとも戦闘的な学生運動の中心的存在であった李珍景さんにとって、研究とはまずもって資本主義社会をどのように理解し、そこから生じる矛盾をどのようなものとして設定し、それに対する路線をどのように打ち出すのかという作業に他ならなかった。いわば資本主義の現状を分析し革命のための正しい戦略を確定する作業こそが運動における研究の位置だったのである。そしてこのような研究活動は、すぐさま路線闘争へと結果した。「社会構成体論をめぐっての論争は、そうして政治路線と戦略をめぐる論戦へと変換されていき、組織的な諸差異はそういった理論的差異を徐々に拡大させつつ、それぞれが固有な立地点へと変換されていった」のである（李珍景「マルクス主義とコミューン主義」）。

これはきわめて了解しやすい話である。運動の中で研究活動をどのように位置づけるのかということは、同時に運動の形態をどのように想定するのかということと深くかかわっているのであり、ここで李珍景さんの述べていることは、理論的正しさにおいて補強された党派性の問題なのだ。またこうした普遍的な政治的正しさは、正しさを独占する前衛組織による「命をかけた」闘争形態とも重なった（「インタヴュー」を参照）。ラディカルさが正しさの証明になるという転倒を生んだのである。そして李珍景さんが運動の敗北を、マルクス主義の放棄ではなくまた従来の前衛組織による運動の肯定でもない地点、彼の言葉を借りれば、「留まることも去ることもできない」地点においてうけとめ、依然としてマルクス主義者として生きようとしたとき、自らがおこなってきた理論的作業と運動形態の関係を根本的に捉えなおそうとしたのである。ここにおいて彼は、高美淑さんと出会う。この出会いの中で李珍景さんにおける研究活動は、遠い未来の正しさを確保することではなく、今において自らの生きる場所をいかに生み出していくのか、つまり「生と密接に結びついた知識を生産すること」へと転回していく。

重要なことは、この研究をめぐる転回は、たんに研究テーマや研究スタイルの問題ではなく、前衛をめぐる党派性と武装の問題に密接に結びついているということだ。正しい綱領のためではなく、討議においていかなる場所を生み出していくのかということがきわめて重要な論点になるのであり、それはまた、正しい綱領を打ち立てる前衛組織とは異なる運動形態の生成を要請し続けるのである。資本と労働の再結合の中で引き起こされるプレカリアートの拡大という共時性とともに、私が「スユ＋ノモ」の活動に強く魅かれるのは、まさしくこの運動形態にかかわる系譜である。そしてかかる運動形態の問題として研究を考えたとき、自分がいかなる回路において「スユ＋ノモ」とかかわりうるのかということを発見することができる。それは、党派闘争のなかで殺し合いが拡大した一九七〇年代の新左翼運動の経験であり、たとえば天野恵一さんが『「無党派」という党派性』（インパクト出版会）で述べた、「あたりまえの人間が普通に悩むという場所を共有しながら進む」（一三九頁）ことでもある。いまここで、日本の運動が韓国の運動に先んじていたなどということをいおうとしているのではない。そうではなく、ある魅力ある運動に出会ったときの受容の作法の問題であり、たんなる政治効果ではなく、受け入れる場所にかかわる歴史性の想起とともに運動を考えたいからである。かかる作法を欠如したところでは、魅力ある運動もたんなる紹介か、表面的な模倣に終わることだろう。

4　一九七〇年代

新左翼における党派闘争の激化の一方で、一九七〇年代においては個別課題が登場し地域闘争が拡大した。一九六八年をことさら持ち上げる議論や、一九七〇年七月七日の華僑青年闘争委員会（華青闘）の新左翼諸党派への決別宣言をもって運動を総括してしまう乱暴な議論に出会うたびに、一九七〇年代各地域で展開した個別具体的な運動が視野に入っていないと感じてしまう。たとえば杉原達さんがこうした乱暴な議論への怒りを込めながら的確に指摘しているように、華青闘の告発は一九七〇年代、たとえば大阪においては民族差別の撤廃、在日外国人への排外主義と戦う具体的な運動として継承され、一九八〇年代の指紋押捺拒否運動に繋がっていくのである（杉原達「帝国という経験」『アジア・太平洋戦争1』岩波書店）。一九七〇年代、反公害、反開発闘争、反原発闘争あるいは反差別闘争やリブの運動、寄せ場での闘いなど、個別具体的な課題をめぐって運動は各地域に拡大し、また拡散した。そして党派性あるいは前衛組織の問題は、まさしくこの個別具体的な地域闘争の中で再審にかけられる。いいかえれば綱領的あるいはドグマ的「普遍性」ではなく、「具体的な個別課題を多様に交流・媒介させることで明かにされる「普遍性」への通路」（天野、前掲、二七三頁）こそが、求められたのである。そして、まさしくこの個別課題との具体的関係において、研究なる行為も問われることになる。

一九七七年に私が大学に入学した時、様々な自主的研究グループが存在した。とりわけ農学部に入学したせいもあってか、反開発、反公害、反原発の地域闘争とのかかわりをもつ多くの研究会に出会った。その一つに一九七二年に石田紀郎さんたちがたちあげた災害研グループがある。石田さんは一九六九年九月の京都大学農学部封鎖解除の際逮捕された教官一〇人の中の一人である。二四時間研究室や実験室にいることの多い農学部の学生や院生、教員にとって、占拠は日常空間そのものの占拠であり、したがってそれは占拠というよりも、いつもの場所に居座ることであり、同時に占拠した空間の中で何を研究するのかということが問題になった。そして暴圧された後、多くの者が同じ研究には戻らなかったのである。災害研もそうした中で出来たのであり、大学内に独自な場所を確保し、反開発、反公害闘争とのかかわりを作り上げていった。一九七二年一〇月二四日の日付がある石田さんが書いた、「なぜ災害研究グループを結成したか」というビラには、反公害闘争とのかかわりの中で、「すでに「科学者」として出発してしまった我々はどうすればよいのか」と問い、「新たに人間を根底においた学問技術論を、我々が自己の中に染みついている「科学者」であることを解体しつつ（告発しつつ）、模索し、作り上げていく運動が我々の課題であり、災害研活動の基調である」としている。そして末尾は「我々は、このような作業を通じて、自然を分断し、分断化された自然を対象化し、さらには人間をも分断対象化した「物」としてしか扱わない現代科学の状況から、我々も含めて、人間の解放が可能になると考える」と結ばれている。

個別闘争、地域闘争の拡大と拡散は、党派性に結びつく研究とは異なる研究の運動における位置が求められる状況でもあった。災害研だけではなく、様々な研究グループがこうした状況にかかわっていった。そして自らの生きる場所自身を問う中で、まさしく天野さんがいうように、個別具体的な課題を媒介させていくような回路をどのように見出すのかということが問題になったのである。こうしたことは、反開発、反公害闘争や反原発闘争における自然科学系の研究に限ることではない。たとえば〇〇解放運動における〇〇解放研の位置も、同様だろう。ただ自然科学系の研究分野についていえることは、たとえば有害物質の分析といったようにすぐさま運動の役に立ってしまうという問題があった。そしてこの「運動の役に立つ」が、ある種の運動と研究の関係を固定化してしまったと、当時あまり役に立たなかった私は思っている。いいかえれば、応用先の変更がすぐさま「我々」も含めた「人間の解放」であるわけはない。そういう意味では自然科学は、使い勝手の悪い道具だった。だがそこでも、科学というツールを使ってアカデミアにおいて統制できない関係が作り上げられた。大学で実験室を一時的に占拠し、ガスクロマトグラフィーの分析機械を（こっそり）奪取し、大型コンピューターにデータを内緒で入力するというゲリラ活動が、日常的に展開されたのだ。それはやはり、研究活動において新たな関係を構築し、自らの生きる場所を作り上げる営みであったと思う。そしてここであえてつけ加えるべきは、こうした研究活動に、前衛組織や党派性とは異なる運動形態が内在していたということだ。それは「スユ＋ノモ」に出会うことにより、私の中から引き出された今に繋がる研究アクティヴィズムの系譜である。

あるいは人によっては、そこに一九五〇年代のサークル運動を想起する人もいるかもしれない。鶴見俊輔さんは前衛政党との対比においてこのサークル運動を論じたうえで、そこに関心に応じて次々と増殖する「つつみこみ学風」という研究のありようを見出している（鶴見俊輔「サークルと学問」『日常的思想の可能性』筑摩書房）。それは、関心を媒介するために次から次へと導入される道具としての学問の形態であり、その様々な道具は、理論でも分野でもなく問題関心においてつつみこまれている。それは、先に述べた渡邊太さんのいう「コミュニケーション・ツール」に近いように思う。あえていいかえれば、理論的に確保された未来に向けた綱領から導かれる戦術が、その場に居合わせた人々を党派闘争に巻き込むとしたら、その場に居合わせた者たちの問題関心にもとづく「つつみこみ学風」は、不確かなそして決して安易には一つにならない未来像を予兆として措定し続けることになる。道具としての研究は、この綱領なき戦術にかかわるのである。

もちろんここでも、サークル運動に研究アクティヴィズムのすばらしい理想像があるということをいおうとしているのではない。重要なのは、たとえば小倉虫太郎さんのように組織としての左翼ではない運動として、「もう一度サークル運動の「旗」を拾いなおすことがどのように可能であるのか」という問いを立ててみることだ（小倉虫太郎「大学の廃墟で」絓秀実／花咲政之輔編『ネオリベ化する公共圏』明石書店）。運動の形態を考えることは、終わったとされる過去の出来事にもう一度別の意味を吹き込み、まだ終わっていない運動として今に繋げていくことなのだ。

5　妄想―謀議

現在世界各地で起きている反グローバリズムの運動には、様々な運動の系譜が流れ込み、化学反応を起こしている。労働運動や農民運動、マイノリティの運動、あるいは反原発闘争や環境保護運動、そしてデヴィッド・グレーバーが『ニューレフト・レヴュー』（二〇〇二年一、二月号）で論じた「新しいアナーキストたち」もそこに登場している（翻訳、安藤丈将＆栗原康『現代思想』第三二巻六号、二〇〇四年）。グレーバーのいうこの「新しいアナーキスト」は、必ずしも自称するアナーキズムを指しているわけではない。それは、国家や党をめぐる綱領的な認識の問題ではなく、きわめて具体的で戦術的な運動形態にかかわる問題系を意味している。いいかえれば、綱領的認識から演繹される戦術ではなく、たまたま居合わせてしまった者たちが、とりあえず今の現実を変えるべき状況として現前に浮かび上がらせ、その状況の中で自分たちが何者かを確認し、自らの生きている場所を変えていくという運動形態である。それはシチュアシオニストやアウトノミアなどの流れを受け継ぎながらヨーロッパを中心に発生したプレカリアートたちの運動にみられる戦術にも重なるだろう（一五一号の櫻田和也さんの「プレカリアート共謀ノート」を見よ）。こうした運動形態は綱領的未来において保護されているのではなく、それ自身が様々な未来への予兆でもあるだろう。

そしてグレーバーにも共通している認識は、こうした運動形態においては、正しさを確保する「完璧な分析」作業とは異なる、自らの生きる日常を別の社会へと描き直していくような新しい理論的あるいは分析的活動の再創造、いいかえれば研究アクティヴィズムが求められているということだ。ここでも重要なことは、たとえばマンハッタンの運動を理想化し模倣することではない。そこには、特定の場所に運動の中心を見出すある種の前衛主義が存在する。先にふれた若者三人の鼎談の中で最後に小野俊彦さんは、地方にこだわることを宣言しているが、それと通じる問題である。

最近「スユ＋ノモ」は、韓米ＦＴＡ（自由貿易協定）阻止闘争、平澤基地拡張反対運動、セマングム反干拓闘争、移住労働者支援闘争などに取り組みだした。五月には各地の闘争を繋ぐように四〇〇キロの行程を歩く「大長征」という行動に出た。こうした政治課題に対して、彼ら、彼女らがどのような運動形態を作り上げるのかについては、現在進行形である（本号所収の今政肇さんの報告を参照）。先日この「大長征」の経験をめぐっておこなわれたワークショップで、高秉權《こびょんぐおん》さんは、非正規雇用の拡大、セマングンの干拓や平澤にみられるような土地の収奪、移住労働者の労働状態に言及し、治外法権の拡大という表現を使いながら、自分たちの生がたまたま生かされている生でありいつでも剥脱しうる状態になりつつあること、その剥脱が従来の法的手続きさえ無効にする問答無用の暴力として登場していること、そしてそうであるがゆえに社会の外へと放逐されるという恐怖が、社会全体に蔓延していることを指摘した。そしてそのうえで、放逐されるのではなく積極的に逃亡しようと呼びかけた。このやや理念的なアジテーションには、個人が抱え込んでいる不安や恐怖を、問答無用の暴力の承認ではなく別の方向へいかに社会化していくのかという問いがあるだろう。

このアジテーションを聞きながら平井玄さんが『ミッキーマウスのプロレタリア宣言』の中で、現在のフレキシブルで不安定な雇用状況を、「煮て食おうと焼いて食おうと勝手」と翻訳したことを思い出した。今求められている運動形態は、いつ放逐されるかわからない、いつ食われてしまうかわからない現実、「「階級社会」の底知れない谷間、ひんやりとした空気の流れる深い谷底の空間」（平井）から始まらなければならず、そしてその空間は、そこかしこに遍在しているのであり、またそのひんやりとした空気は、私たち一人一人の体の中に流れている。だからこそ、放逐されるかもしれないという自らの不安や恐怖にかかわる情動を、別の方向へと織り直していく共同作業が、すなわち討議空間が重要なのだ。そしてそれが生み出す運動形態は、やはり前衛組織ではなく、個人の内面に隠しこまれている不安を集団の妄想として拡張し、別の言葉として感染させていくような機械としての運動である。そして共謀罪は、まさしくこの討議空間に向けられている。たしかにマルクス主義は理論化された「狂気」なのであり、多焦点的に拡張していく共謀活動として、研究機械はある。妄想を語り、謀議し続けよう。

特集「接続せよ！　研究機械」『インパクション』（一五三号、二〇〇六年）より

補論2　大学の危機？

1　今何が起きているのか

国立大学は、二〇〇四年に法人化された。私大も、二〇〇四年の私学法の改正により、理事会の位置づけを明示することが求められ、それをいいことに理事長権限の拡大をおしすすめた。また同改正により財務内容の公表といわゆる経営状態の格付けもなされるようにもなった。こうした中で登場した、財務主導の大学経営と意思決定における経営陣の独裁という旧国立大学と私立大学を通底する共通平面では、大学という空間の管理強化と学生運動や新宗教団体をはじめとする「厄介者」の排除がすすめられている。すなわちこうした格付けの中で、やはり留学生を含む学生管理はきわめて重要な評価基準になるのであり、それは、コスト&ベネフィットにもとづき学生を管理することにもつながるだろう。

いや正確にいえば、真の意味での経済合理性ではなく、経営という問答無用の印籠を手に入れたといったほうがよい。多様であるべき大学を構成する価値観は、きわめて平板な理屈にもならない理屈となり、そこでは「過激派」と「カルト」は根絶対象であり、「不良学生」「不良留学生」は監視され、排除される。本号所収の清水雅彦さんの「大学における監視カメラ」では、様々な不安を煽りながらすすむ監視カメラ設置の実態とともに、想定される監視対象が大学内の「規律違反者」にも向けられていくことが指摘されている。財務主導の大学経営は、セキュリティを唱えながら大学警備を経営の軸へと押し上げ、大学を恒常的な人権侵害の場に変えつつあるのだ。

さらに法政大学では、こうした大学の動きに公安警察が加わり、大学経営を理由に公安が動き、大学職員や教員が自発的に公安の手足として働くという権力構図をつくりだした。経営は教育の名において語られ、教育的措置は警備職員や教員による暴力的弾圧になり、公安の暴力は大学教育と地続きになる。ふつうに考えるとおかしな理屈なのだが、この思考停止を前提にした屁理屈が、「ルールを守りなさい」という一言で恥ずかしげもなく堂々と語られているところに、今の問題の深刻さがあるのだろう。特高以来、法を無視し続けてきた公安警察（そしてその無法を承認し続ける司法）と、教育機関である大学によって生まれた、大学という空間を舞台に経営者と教育者と無法な警察が野合したこの権力を何と呼べばいいのか、いずれ明確な歴史評価がなされるであろうが、こうした傾向は多かれ少なかれ、すべての大学にも存在する。

また格付けの中で大学経営は、現在の大学労働者の最も中軸である非正規職員のリストラ、雇い止め、首切り、労働管理強化に、加速度的に向かっている。旧国立大学に関していえば、法人化以降、非正規職員の数はうなぎのぼりに増え、私の大学では職員の七一パーセントが非正規である。またいわゆる外部資金やグローバルＣＯＥといった三年から五年のプロジェクト型の資金投下は、多くの大学で特任研究員といった不安定雇用の研究職を大量に生み出している。本号所収の非正規職員労働組合の活動からもわかるように、こうした中で今、各大学では雇い止めへの抵抗運動が一気に拡大しつつある。またこうした労働運動は学生たちをも巻き込み、職員と労働者の新たな関係を生み出しつつあるのだ。

こうした法人化や私学法の改正に示される教育改革の流れは、これまでにも指摘されているように、日本だけのことではなくヨーロッパや米国をはじめ世界同時的な展開である。またこの展開は、たんに大学がビジネスになったということを意味するだけではなく、大学が格付され、グローバルに活動する金融資本の運動にまるごと巻き込まれる中で、大学と資本の新たな関係が生じてきている証左だろう（崎山政毅さんの文章を参照されたい）。すなわちそれは、科学技術や労働力の産業資本への適用や供給というだけではなく、大学が占有する人文学をも含む知識や情報あるいは人材と、知識資本主義との新たな関係が構築されてきているのではないだろうか。そして今、グローバル資本に先導された世界に蔓延する教育改革の矛盾は、学生と非正規労働者に集中的に顕在化しているといってよい。学生と非正規労働者が重なり合う客観的状況は、明らかに存在するだろう。

2　大学は誰のものか、あるいは危機について

こうしたあらゆる大学に通底する、財務主導の大学経営と意思決定における経営陣の独裁という共通平面を成り立たせ、大学経営を一つの方向に突き動かし、矛盾を学生と非正規雇用に集中させている原動力は、経営破綻という恐怖である。実際、すでにこの恐怖はあちこちで具体的に登場し、閉校や募集停止が次第に広まりつつある。また破綻を見越した合併交渉も盛んだ。広がる恐怖から逃れるためには、あらゆる手段をつかってでも競争に勝たなければならない。その結果、自分たちは勝ち組であることを日々確認しようとする、歪んだエリート主義が蔓延する。経営という平板な理屈が印籠になり、大学は監視と暴力の場となり、勝ち組を自認したい恐怖におののく輩たちが主人公になるのだ。

だがしかし、こうした恐怖を前にして、「大学は誰のものか」と問うてみよう。そしてそのとき、大学は資産でも資本でもないはずだ。先取りしていえば、大学とは誰のものでもない空間であり、関係ではないのか。大学は所有物ではなく、そこでどのような集合性が生み出されるのか、どのような関係性が生成するのかということこそが問われなければならないのではないか。所有関係に規定されたメンバーシップではなく、誰がどのような形でこの空間に入り込むのか、誰がどのような空間を創造するのかということを、考えなければならないのではないか。

本号でも登場する、実際に経営破綻を経験している聖トマス大学は、尼崎という地域との関係を新

たに生み出す試みをおこなった。それは、一方で門を硬く閉ざしたうえで都合よくＮＰＯや企業と連携するという今称揚されている展開ではなく、外部が大学に「ほっとけん」といって乗り込んでくるという展開だ。もちろんこうした展開が今後どうなるかは不明だし、その将来構想をうんぬんすることがここでの目的ではないが、はっきりしているのは、恐怖は実は新しい可能性の始まりでもあるということだ。またこうした地域と大学の関係には、米国のコミュニティ・カレッジのような展開と重なる論点があるだろう。

いわゆる一九六〇年代のアフリカ系アメリカ人やアジア系アメリカ人、ヒスパニック系アメリカ人などが居住する貧困地域におけるコミュニティ運動は、無償で無試験の高等教育を受ける場としてのコミュニティ・カレッジを生み出した。それは貧困と闘う中で生まれたユニオン、住民自治、大学自治の重層的な関係の結節点であり、多くの場合マイノリテイの運動拠点でもある。もちろん州からの援助が削減されている現在、今後どうなるか不明であり、ここでそれを理想モデルとして持ち上げたいわけではない。だがはっきりしているのは、グローバル資本の加速度的展開により世界に蔓延する総貧困化、総プレカリアート化は、自分の目の前からただ追い出すべき恐怖ではなく（実際追い出すことなどできない）、これまですでに試みられてきた「新たな」展開を発見する機会でもあるということだ。それはまた、「大学は誰のものか」という問いを立てたとき、大学に来る前に選別された人々を、議論の出発点に据えることでもあるだろう。

門を硬く閉ざし、敷地とよばれる大学に一歩でも踏み入れれば、公安とともに文字どおり暴力でもって「厄介者」として必死で排除するという、恐怖に憑かれた滑稽な展開があるとしたら、恐怖を正面から受け止め、招き入れて、大学という空間を新たに創造するという未来もある。そして「大学は誰のものか」という問いかけで考えたいのは、まさしく後者である。貧困化と大学については、本号所収の村澤真保呂さんの「スラム化する大学」を熟読していただきたいが、大学とは空間であり、関係であり、そこでどのような集合性が生み出されるのか、どのような関係性が生成するのかということこそが、やはり問われなければならないのだ。あるいはそれは、本号所収の李珍景《いじんぎょん》さんの「コミューンの構成における空間・機械の問題」にならって、大学という空間こそが持ちうる共同性といってもいいかもしれない。所有関係に規定されたメンバーシップではなく、誰がどのような形でこの空間に入り込むのか、誰がどのような空間を創造するのかということを、考えなければならないのである。またこうした共同性と空間に注目するなら、自治とは制度ではなく、空間創造の意である。そこには、労働組合、学生自治会といったこれまでの系譜もあるだろうが、こうした既存の制度がそのまま空間創造というわけではない。文字どおり制度を作り上げる運動として自治がある。自治や組合をふくめ、様々な運動を担う若い学生・院生たちが、いまこうした関係性をどのように作ろうとしているのかについては、冒頭の座談会を読んでほしい。

ところで注意すべきは、こうしたグローバルな資本の活動に対応する共通平面の広がりを根拠に、抵抗運動を一元化してはならないということだ。いま教育改革に対する抵抗運動は、世界規模で広がりを見せているのは確かだ。またこうした運動が、反グローバリズムや反貧困の運動と同様に、闘う共通の基盤を生み出しているのも重要だろう。だがそうであればこそ、これまでの運動との注意深い連携が求められることになる。所収のサミュエル・バナール（Xamuel Banales）のケレンミのある文章は、教育改革に対する「教育を守れという」運動が、すでに教育から排除されている人々、あるいはこうした人々のこれまでの教育をめぐる闘いを消去する傾向にあることを、鋭く指弾している。それは、大学を論じる数多くの議論が、青砥恭さんが「学校は子どもを貧困から救えるか」で述べている子どもたちを問題の外に追いやっていることと、ピッタリと重なるだろう。

あるいは、大学に限定されたことではないが、ネオリベあるいは格差社会や貧困に反対する運動の論理が、これまでの複数の運動の系譜を平板なものにしていくという問題は、やはりある。差別は貧困化の中で再定義されるのであり、また貧困化は差別の形をとって具現する。総プレカリアート化の中で拡大する非正規雇用の労働運動に、すべてを流し込み一元化するのではなく、複数の連携を丁寧に模索する努力が必要なのだろう。前述した、大学において学生や院生も巻き込みながら活動する小さな組合は、こうした試みでもあり、大学という空間が作り上げる集団性の意義も、こうしたもやいのような作業にあるといえるのではないか。

3　大学解体？　あるいはセンセイのお仕事

ここで、逃してはならない論点が浮上する。研究とは教育とはなにかという問いである。大学はやはり会社や工場ではないのだ。資本家にかわり労働組合が権力を取ればいいとか、今の大学経営陣ではなく学生自治が大学を握ればいいという、主体の置きかえだけでは圧倒的に不十分だ。あるいは大学を守れ、基礎研究を守れという、いい部分と悪い部分を切り分けて前者を後者に対峙させる単純な構図では、「大学は誰のものか」という問いに応えたことにはならない。大学という場の固有性に密着した議論が、必要なのだ。

> 我々が制度をトータルに否定した時、我々は言葉を失う。帝国主義的大学解体、ブルジョア大学解体と叫ぶことはできるが、肯定的なスローガンは持ちえない。我々の運動は、既存の体制、制度の告発でしかない。ブルジョア的学問の粉砕を叫び、近代主義的科学論をトータルに否定しようとする時、我々はいかなる方向にそれらを乗りこえたらよいかとまどう。革命的な学問、人民のための学問という言葉でもって対置することは容易ではあるが、未だ内実に乏しい。「反大学」ないし「批判的大学」という、我々がなんとか求めんとする方向も未だ空中楼閣にすぎない。（「自主ゼミの思想——戦後知性を告発せよ。」『京大闘争』京大新聞社編、京大全共闘協力、三一書房、一九六九年、傍点引用者）

いまはやりの六〇年代末を、過去の歴史として切り取るためにこの文章を引用したのではない。重要なのは、問題は確かに続いているということなのだ。そして今の状況は、かつて大学解体を叫んだ輩が、問題をごまかし先送りしながら、「失った言葉」を大学経営により補塡しているという側面が、やはりある。どうしようもない連中がいるということだけならあえて言及する必要はないが、私にはそれが現在の大学が抱え込む典型的な症状のように思えてならない。経営合理化にいそしみ、非正規職員の首を切り、嬉々として学生を弾圧する連中のエクスキューズ、「本当は研究がしたいのだけれど」というあの言い回しは、研究において向き合うことができなかった空虚さが経営や管理への欲望において補塡されていることの証左のように私には響く。先ほど大学と資本の新たな関係といったが、大学の資本への過剰なにじり寄りや連中の学生管理への執着は、経営破たんの恐怖や新たな大学と資本の関係というだけではないように思う。すべてではないが、この輩の大学管理への異常な欲望は、検討すべき論点なのであり、またその欲望は世代の問題ではなく、後続の若い輩にも模倣され続けている。

要するに、消去されたうえで置き換えられたセンセイの欲望は、これまで自省的に検討すべき出来事があったにもかかわらず、語られることなく消し去ることにより成立してきた大学という空間にかかわる問題だろう。そしてやはり忘れてならないのは、研究とは、教育とはなにかという問いである。また大学解体を問うとしたら、過去の歴史や教訓ではなく、こうした今の大学の状況の中でもう一度「言葉を失う」必要があるのかもしれない。

我々は、自主ゼミナールを開始した。／手さぐりの形ではあるが、すすめる他はない。我々は我々の想念を形に表した。制度的保証を何ら欲することのない〈塾〉の構築である。批判的に乗りこえられていくことを期待し、バリケードの中で闘う諸君の主体的加担を要請する。(同)

「想念を形に」したこうした〈塾〉は、地域闘争とあいまって七〇年代を通じて多焦点的に拡大し、今も続いている。そして大学は、四〇年かけてこうした〈塾〉やそれを志した人々を、大学の空間の外へと追いやってきたのだ。大学に残る残党がどうしようもないのは、あたりまえかもしれない。そして、経営破綻の恐怖の中で、すなわち大学解体の予感の中で、大学が外へと追いやってきた「想念」や〈塾〉のことを考えること、すなわち研究や教育に関わる真の意味での系譜を丁寧に見出し、空間を発見していく作業は、今、必要だと思う。またこうした作業は、近代自体の学知の系譜としても、検討しなければならないだろう。

ところで先ほど述べた大学経営に邁進し、学生管理を嬉々としておこなうセンセイ方の欲望以外にも、気になることがある。それは最初にもすこしふれた、自分と自分たちを、あるいは場合によっては自分の所属する大学を、危機の中で生き残るべき勝ち組と思い込もうとするエリート主義であり権威主義である。またそれはやはり、ゆがんだ形での危機への恐怖であるだろう。

常勤教員の仕事を労働問題として明確にしていく作業は、今急務である。とりわけ労働法制に位置づけられた法人化以降の旧国立大学においてはそうだ。またこうした作業により、他の労働運動との連携も見出されるだろう。では、教員の仕事とはなにか。例えば私が働く大学では、定期的に「教員基礎データ」という個人データ収集がウェッブ上でおこなわれている。同じことは多くの大学でもなされているだろう。また、こうしたデータ収集の目的は明らかにされていないが、これがいわゆる労働評価の基礎データであることはまちがいない。項目は論文、本など以外には学会発表、国際シンポ報告、また学会などの役職の有無であり、外部資金の獲得、つまりどこかからお金を持ってくることも項目に入れられている。また最近では大学経営にかかわる役職の報告も求められるようになった。とりあえずいえることは、こうした項目メニューが、センセイのお仕事なのだということだろう。しかし、学生や院生と長い時間話し込んだり、院生以外にも多くの人々と自主ゼミをしたり、また職員の人たちとともにシンポジウムをしたりすることは仕事ではないのか。あるいは機材を準備したり、コーヒーを沸かしたり、お菓子やワインをそろえたりすることはどうなのか。雑用と呼ばれる書類書きはどうなのか。毎日の自分の営みと照らし合わせて、このメニューはいかにも窮屈だ。

なにがいいたいのかといえば、大学の中での営みは、どこかで仕事の上下関係に支配されているということだ。そして自分たちの仕事は限定された意味での研究（つまり論文を何本書くか）と大学管理そして研究費をとってくることと、センセイは徒党を組んできめこんでいるのではないか。あるいは、それ以外の仕事は、本来の仕事ではなく、事務や非正規職員、あるいはティーチング・アシスタントや非正規研究員にできるだけ振りたいと思っているのではないか。誤解のないようにいえば、今、具体的な仕事の分担方法を問題にしているのではない。その背後にあるセンセイ方の仕事への意識、あるいは自分たちこそ大学の中で重要だと思い込む意識を問題にしているのだ。

もちろんこうした意識は古くからある。ただ、大学経営ということが前面に押し出され、経営危機が恐れとして登場し、人々を一方向に向けさせる問答無用の根拠となる中で、評価される仕事に自分の営みを限定しながら自分は勝ち組であると思い込みたいという歪んだエリート主義が、やはり、急速に蔓延しているのではないか。そしてこの五年余りの間に急激に広がった大学の非正規雇用の拡大の背後には、こうした差別感情とでもいうべき意識が醸成されているのではないか。ここでも、「本当は研究がしたいのだけれど」というエクスキューズが顔を出す。この種の人たちにとって、非正規職員は確かに必要であり、いなくなっては困るのだろう。だがその困り方は、家事を一切押付けて、会社こそが自分の本分だと思い続けているおやじが家を放り出された時の困り方と、似ていないこともない。大学という空間の共同性ということを考えるなら、もういちどセンセイの仕事とはなにかということからキッチリと始める必要があるのではないか。かかる意味でも、恐れられている危機は、好機なのかもしれない。

4　大学の可能性

教員の仕事も含めて、大学という空間にかかわるすべての営みを、共同性の創出として考えてみたいと思う。もちろんそれは、最初に述べたグローバルな資本と教育改革の中で想定される危機への応答であり、そこには抵抗運動が含意されている。だが大学という空間にこだわるなら、「我々が制度をトータルに否定した時、我々は言葉を失う。帝国主義的大学解体、ブルジョア大学解体と叫ぶことはできるが、肯定的なスローガンは持ちえない」という失語を、ごまかしてはならないと思う。学生であれ、院生であれ、非常勤教員であれ、非正規職員であれ、常勤教職員であれ、地域住民であれ、それぞれがこの失語から再度関係を作り直す作業をおこない、大学という空間で自らがなにを求め、なにを欲するのか、「想念」をいかに形にするのか、ということから再度研究や教育が創出されるとしたら、大学はとても面白い場所になるに違いない。

たとえば先に述べた座談会も、たんなるジャンルに分類された運動の解説や決意表明ではなく、一人ひとりがなにに苛立ち、なにを欲しているのかが、それぞれの言葉で提示されているといえる。他にも本号では、たとえば久保田みおさんの「大学に共有の空間を作る」は、集団性を作り上げる技術（アート）としての大学のありようとしても受け止めることができるだろう。またそれは、今分断されている人々をつなげていく、もやいのような作業でも、やはりあるだろう。そしてがんらい学知とは、このような、もやい作業にかかわることではなかったのか。そして、この自らの欲望をなにかに置き換えることなくきちんと言葉にすることほど、センセイと呼ばれる人々が苦手とすることはない。一番変わらなければならないのは、勝ち組だと思い込んでいるセンセイたちなのかもしれない。そして、そのことは、ある意味、戦後啓蒙や教養主義の問題でもあるだろう。

そして、大学が大学であり続ける最大の要点は、やはり学生である。それはかつてのような「層としての学生」という均質な意味としてではなく、またよくいわれた高級労働力商品としてでも、もちろんない。経営危機の恐怖におののきながら一方向に突き進む大学という制度が、もっともないがしろにしている欲望の存在として、学生がいるのではないかという意味である。社会人予備軍にしろ研究者予備軍にしろ、こうした予備軍としての学生にとって、大学はその先のための道具でしかない。大学は自らの道具としての有用性のみを学生におしつけ、学生には予備軍であることが強要される。そして今危機の中で、道具としての有用性が、失われつつあるのだ。大学がどんなにとり繕おうと、それは真実だろう。そしてこうした危機を前に、センセイたちのように勝ち組であろうとする、いや正確には勝ち組であることを確認したいと思う心性も、当然ながら学生の中に蔓延するだろう。また大学は、そこにつけ込み、確かに一定の満足が生まれるのだろう。

今こうした満足感を、否定しようというのではない。だがしかし、予備軍という名において隠されていた欲望は、やはり姿を表すのであり、それは言葉として紡がれ、「想念」は形となって大学の中にこれまでにない関係を生み出すだろう。若きフェリックス・ガタリが一九六四年に全国フランス学生共済組合で学生のノイローゼや精神衛生問題について、「この問題を検討する仕事は学生運動が担うべきである」と述べたことにならって、私も、この予備軍という足枷から解放された欲望を検討し集団性へとつなげていく作業は学生運動が担うべきである、と主張しよう（フェリックス・ガタリ「制度的治療法と学生社会における精神衛生問題に関する考察」『精神分析と横断性』杉村昌昭・毬藻充訳）。勝手なことをいうなと怒られるかもしれないが、学生が「思想を求め、論理を求めている主体の集まりであることを大学制度は、忘却している」（「自主ゼミの思想」同）のだ。そしてこの主体の集まり（集団性）が、多様な形をとって現れ、大学外も含む複数の場と接合していくプロセスにこそ、大学の未来がある。またその多様な形をつなげていく方法として、李珍景さんのいう「コミュネット」は、とても魅力的な技術（アート）として検討できるのかもしれない。危機は、やはり好機なのだ。

特集「大学は誰のものか？」『インパクション』（一七三号、二〇一〇年）より

補論3　醜い顔

酷い弾圧である。これまで一〇七名が逮捕され、二四名が起訴されている。この間、法政大学で起きている事態である。ビラ撒きやアジを威力業務妨害とみなし、学内集会には建造物侵入で対処する。また最近、警視庁公安部は暴力行為等処罰法という法を持ち出した。戦前に作られた同法は、「団体もしくは多衆の威力」を対象とするもので、労働運動などの弾圧を担ってきた。ノンセクトや全学連を狙いながら、公安が治安弾圧の臨界を確実に更新している。そして大学は、この弾圧の後押しをするのみだ。いずれ本誌でもキッチリと取り上げたい。

だが酷いと思うのは治安弾圧だけはない。ビラを撒こうとする学生をビデオカメラで追いまわし、四方を囲み、ビラを取り上げ、押し倒し、「ルールを守りなさい」と説教する大学職員と教員の醜い顔。当局と学生のこじれきった経緯は、問題の本質ではない。大学運営という職務理由も、何の言い訳にもならない。今この大学で日常的に起きている教職員による学生への暴力や人権侵害は、そんなことで弁明できる事態ではない。ちなみにセンセイ方の研究内容を拝見させていただいたが、ごく普通の研究者である。そのことがまた吐き気を増幅させる。私の大学でも見る醜い顔。自分もそうなっているかもしれない。反吐が出る。

爽快なのは、弾圧され続けている法政大学文化連盟のブログにアップされている彼らのアジだ。昨年五月二九日、学内デモに警察が襲いかかり、三三名が逮捕された。翌日、ある学生が話しかけるように訴えた。「中核派だからといって何してもいいわけではない」「中核派がウザイと思うことと、彼らを抹殺していいということとは全然違う」。問題は、ウザイかどうかではない。また一般的な思想信条の自由でもない。「〇〇だから社会的に抹殺されてもしかたがない」という暴力承認と「ウザイ」という閉じた感覚的判断が思考停止のまま野合することを、彼は全力で阻止しようとしているのだ。「〇〇だからしかたがない」と、眺めながら通り過ぎることに何の痛みも感じない社会。醜い顔が作るのは、このような社会だ。

それにしても、特高の流れを継ぐ公安部は一体何を考えているのか。たとえば公安と大学のこの緊密な連携は、有事法体制における「平時の有事化」が意味する社会的統括を、実体化しているのかもしれない。そして恐ろしいのは、連中が何も考えていないのではと思える時だ。新左翼諸党派、ノンセクト、朝鮮総連、日本共産党、反グローバリズム運動、反戦運動、オウム、……。「過激派」「テロリスト」「異常者」などの用語で感覚的判断を醸成し、「抹殺してよい」という承認を先取りしながら、次々と対象を変えて動くこの機械的な暴力が、社会を括り上げていく。その動因は、「〇〇だからしかたがない」だ。「○○だからといって何してもいいわけではない」。自分が○○の位置に嵌められたとき、誰がこの台詞をいってくれるのか。

『インパクション』（一六九号、二〇〇九年）より

注

序章

(1) フランツ・ファノン『黒い皮膚・白い仮面』海老坂武／加藤晴久訳、みすず書房、一九七〇年、二五頁。
(2) 伊波普猷「寂泡君の為に」『沖縄教育』一三七号、一九二四年。
(3) 『土曜日』にある記事の表題。中井正一が無記名で書いたもの。中井正一『美と集団の論理』久野収編、中央公論社、一九六二年、二〇六頁。
(4) Edward W. Said, *Beginnings: Intention & Method*, Columbia U.P., 1985, p. 373.
(5) つながっていく際、そのつながりが既存の集団を反復することと、その集団が、つながるプロセスの中で別物に変わることが、同居している。ビフォ（フランコ・ベラルディ）は、つながるという行為における前者への傾向が、「何ものかであれ」（Be）という秩序的要請であるとしたうえで、後者への展開を「連累せよ」（Concatenate）と表現している（フランコ・ベラルディ『プレカリアートの詩』櫻田和也訳、河出書房新社、二〇〇九年、二一六頁）。前者が命名や所属にかかわる名前が重要になるのに対し、後者は動態である。訳者の櫻田和也がきわめて的確に訳語として採用したこの「連累する」という動詞は、このビフォの文脈においてはすでにある集団への帰属ではなく、新たな集合性の生産を意味しているのである。この問題は本書全体の主題でもあるのだが、いまこのような意味を込めて、連累するという言葉を使っておきたい。
(6) 本章のエピグラフを参照。
(7) ファノン『黒い皮膚・白い仮面』（前掲）七八頁。
(8) 同、八一頁。
(9) ミシェル・フーコー『知への意志』渡辺守章訳、新潮社、一九八六年、一七五頁。
(10) 壺井繁治「十五円五十銭」『戦旗』一九二八年九月号。

(11) 「琉軍会報」(四月九日) 玉木真哲著『沖縄戦史研究序説』榕樹書林、二〇一一年、二〇一頁。
(12) それを物象化という概念で検討することもできるかもしれない。あるいは、商品語に人間の言葉が呑み込まれた事態なのかもしれない。私は崎山政毅と井上康の『資本論』にかかわる価値形態論の読みを、言葉へのこだわりとして読んだ。両者により資本は人間の言葉の問題として正面にすえられたのである。ただ本書では資本の問題として解析するのではなく、言葉の再開をいかに確保するのかという問題として考えていきたい。暴力の問題を、範疇的に区分するのではなく、言葉の問題として引き付けたいのだ。崎山/井上「商品語の〈場〉は人間語の世界とどのように異なっているのか(1-4)」(『立命館文学』六三二、六三三、六三五、六三八号、二〇一三-二〇一四年)。とりわけ言葉の問題に向かう最後の(4)が、私にとって重要だ。これらの論文は、大幅にリライトされて崎山/井上共著による『マルクスと商品語』(社会評論社、二〇一七年)に所収されている。
(13) ファノン『黒い皮膚・白い仮面』(前掲) 七九頁。
(14) 停留という言葉については、冨山一郎「言葉の始まりについて」(冨山一郎/鄭柚鎮編『軍事的暴力を問う』青弓社、二〇一八年)を参照されたい。この文章は、二〇一五年八月一三日、光州市の朝鮮大学校でおこなわれた講演「言葉の停留と始まり——戒厳状態の時間」での報告原稿に加筆したものである。
(15) Homi K. Bhabha, *The Location of Culture*, London and New York, Routledge, 1994, p. 41.
(16) ファノン『黒い皮膚・白い仮面』(前掲) 二二頁。
(17) 同、一四二頁。
(18) ジャン゠ポール・サルトル「序」フランツ・ファノン『地に呪われたる者』鈴木道彦/浦野衣子訳、みすず書房、一九六九年、八頁。
(19) 海老坂武「あとがきにかえて」ファノンン『黒い皮膚・白い仮面』(前掲) 一八六頁。
(20) Huey P. Newton, *Revolutionary Suicide*, Writer and Reader Publishing, Inc, 1995, p. 111.
(21) 武藤一羊「『やつら』と『われわれ』」『現代史・戦後篇月報』一九六八年一二月、みすず書房。

（22）『農夫の夜　金南柱詩集』金南柱詩集「農夫の夜」刊行会編訳、凱風社、一九八七年。
（23）Henry Louis Gates, Jr., Critical Fanonism, *Critical Inquiry*, Spring 1991, Vol. 17, no. 3, p. 457.
（24）サルトル「序」（前掲）七頁。
（25）同、九頁。
（26）Judith Butler, Violence, Nonviolence: Sartre on Fanon, Jonathan Judaken (ed.), *Race after Sartre*, Suny Press, 2008, p. 213.
（27）ファノン『地に呪われたる者』（前掲）二四頁。
（28）Butler, *op. cit.*, pp. 227-8.
（29）この対抗と遡行に関しては、次を参照されたい。冨山一郎「対抗と遡行――フランツ・ファノンの叙述をめぐって」『思想』八六六号、一九九六年。冨山一郎『流着の思想』（インパクト出版会、二〇一三年）の補章に所収。
（30）伊波普猷「寂泡君の為に」『沖縄教育』一三七号、一九二四年、『伊波普猷全集　第一〇巻』平凡社、一九七六年、三一四頁。

第一章

（1）フランツ・ファノン『黒い皮膚・白い仮面』海老坂武／加藤晴久訳、みすず書房、一九七〇年、六七頁。
（2）ジル・ドゥルーズ＆フェリックス・ガタリ『千のプラトー』宇野邦一／小沢秋広／田中俊彦／豊崎光一／宮林寛／守中高明訳、河出書房新社、一九九四年、四八三頁。
（3）フランツ・ファノン『黒い皮膚・白い仮面』（前掲）六七―六八頁。
（4）マノニは、被植民者に対して次のように述べている。「私たちは彼らを、劣等性を抜け出す道のりにそって、教導すべきである」（Octave Mannoni, *Prospero and Caliban: The Psychology of Colonization*, Methuen, 1956, p. 65）。
（5）ミシェル・フーコー『異常者たち』慎改康之訳、筑摩書房、二〇〇二年、一三頁。
（6）比嘉春潮『沖縄の歳月』中央公論社、一九六九年、一〇九―一一〇頁。

（7）内海愛子／高橋哲哉／徐京植『石原都知事「三国人」発言の何が問題なのか』影書房、二〇〇〇年、二〇一頁。
（8）同、九九－一〇一頁。
（9）沖縄県労働組合協議会『日本軍を告発する』一九七二年、六九頁。
（10）「琉軍会報」（四月九日）玉木真哲著『沖縄戦史研究序説』榕樹書林、二〇一一年、二〇一頁。
（11）伊波普猷「寂泡君の為に」『沖縄教育』一三七号、一九二四年、『伊波普猷全集　第一〇巻』平凡社、一九七六年、三一四頁。
（12）伊波普猷「琉球史の趨勢」『古琉球』沖縄公論社、一九一一年、一〇〇頁。
（13）同、一〇〇頁。
（14）同、一〇一頁。
（15）冨山一郎『暴力の予感』岩波書店、二〇〇二年の第二章を参照。
（16）同、九六頁。
（17）「個性」の停止から始まるこの「錯綜」については、伊波普猷「琉球民族の精神分析」『沖縄教育』（第一三二号、一九二四年）が極めて重要な起点になる。詳しくは冨山一郎『流着の思想』インパクト出版会、二〇一三年の第三章を参照されたい。
（18）詳しくは、同、一五三－一六八頁。
（19）この「奴隷」という言葉には複数の文脈がある。詳しくは冨山一郎『暴力の予感』岩波書店、二〇〇二年の第二章を参照。
（20）ジュディス・バトラー『触発する言葉』竹村和子訳、岩波書店、二〇〇四年、二二四頁。
（21）同、二二六頁。
（22）同、二〇六頁。
（23）同、二〇六頁。

（24）同、二〇六頁。

（25）こうした法の理解については、島袋まりあの研究が重要である。Annmaria M. Shimabuku, *Alegal: Biopolitics and the Unintelligibility of Okinawan Life*, Fordham U.P., 2018 をぜひ参照されたい。同書で島袋まりあは、法の前提としてある領域（Alegal）に沖縄を設定し、さらにそこにフーコーの生政治の問題を重ねることにより、主権を前提にした政治がいかに沖縄をその前提の領域に張り付けてきたのかを、議論している。だれを生きていてもいい存在とみなすのかという尋問の中で、このAlegalの領域は生政治と重なりながら、Miscegenationとして結実するのである。いわばこのMiscegenationという主権の前提を問わない限り、沖縄を語ることはできないのであり、そこからは批判されるべき対象として、国内政治において沖縄問題を語る者のみならず、グローバルなＮＰＯにおいて登場するグローバル・イシューとしての沖縄問題を語る者たちが浮かび上がる。こうした自らが住まう主権自体を問うことのないまま語られる個別化と一般化は明らかに共犯しているのであり、この共犯において沖縄は言葉を奪われるのだ。私の本書での議論も、島袋まりあと問題意識を共有している。また多くを同書から教示された。

（26）バトラー『触発する言葉』（前掲）一一六頁。同書の邦訳では、原文のsovereignが統治的と訳されているが、ここでは主権的と訳しなおした。

（27）ジャン・ラプランシュとＪ・Ｂ・ポンタリス『精神分析用語辞典』村上仁監訳、みすず書房、一九七七年、三七五―三七八頁。

（28）バトラー『触発する言葉』（前掲）二七四頁。

（29）同、二一一頁。

（30）同、二一二頁。

（31）ミシェル・フーコー『異常者たち』慎改康之訳、筑摩書房、二〇〇二年、一三頁。

（32）ピエール・クラストル『国家に抗する社会』渡辺公三訳、風の薔薇、一九八七年。ドゥルーズとガタリの予感とは、クラストルのいう「不在において何かが存在する」（同書、二八頁、傍点―原文）ことに対する知覚としてある。
(33) フランツ・ファノン『地に呪われたる者』鈴木道彦/浦野衣子訳、みすず書房、一九六九年、六七頁。
(34) ファノン『地に呪われたる者』(前掲) 四五頁。
(35) ファノン『黒い皮膚・白い仮面』(前掲) 七九頁。
(36) 同、七九頁。
(37) 同、一四三頁。
(38) ファノン『地に呪われたる者』(前掲) 二四頁。
(39) Judith Butler, Violence, Nonviolence: Sartre on Fanon, Jonathan Judaken (ed.), *Race after Sartre*, Suny Press, 2008, pp. 227-8. 序章注28を参照。

第二章

(1) フランツ・ファノン『黒い皮膚・白い仮面』海老坂武/加藤晴久訳、みすず書房、一九七〇年、一三六頁。
(2) ジャック・ランシエール『不和あるいは了解なき了解——政治の哲学は可能か』松葉祥一/大森秀臣/藤江成夫訳、インスクリプト、二〇〇五年、六一頁。
(3) DVD『三里塚——闘争から農村へ』映画美学校、二〇一六年。
(4) 鈴木一誌編著『小川プロダクション「三里塚の夏」を観る——映画から読み解く成田闘争』太田出版、二〇一二年、一五六頁。
(5) この「動き以前の動き」という言い方は、二〇一五年八月二六—二七日に京都でおこなわれた韓国ソウルを拠点に活動している研究空間「スユ＋ノモ」と、終章でとりあげる「火曜会」との共同討議「動詞的思考、あるいは変わりうる現在のために」によっている。その場で参加者の一人である高秉權氏は、私の『流着の思想』(インパクト出版会、二〇一三年) をとりあげ、同書が「言葉の以前の言葉」「思惟以前の思惟」「運動以前の運動」「知以前の知」を確保しようとしていると述べた。そしてこのような領域を「言葉に纏わりついた言葉（ad-verb）」、すなわち副詞的（adverb）と指摘した。この高秉權氏の議論は、同志社大学〈奄美—沖縄—琉球〉研究センターのＨＰで読むことができる（http://doshisha-aor.net/place/263/）。ぜひ参照されたい。

（6）小川プロの三里塚にかかわるドキュメンタリー全体をとりあげることは本書の目的ではないが、『第二砦の人々』（一九七一年）の後半に登場する籠城のための地下道とそれを説明する言葉の饒舌さや、機動隊が日常的に村に登場し、家宅捜索と青年行動隊の逮捕が常態化していく中で、すなわち尋問空間がより一層広がる中で、人々が夜に集まる寄合のような会議の場をとらえた『辺田部落』（一九七三年）は、依然としてこうした言葉の在処が確保されていることを、ありありと映し出しているといえるだろう。

（7）冨山一郎『暴力の予感』岩波書店、二〇〇二年、四七－六三頁。そこではこうした問題を、クロード・レヴィ＝ストロースの言語に対する扱いをめぐって検討した。その際、マルセル・モース、ピエール・クラストルとレヴィ＝ストロースの関係、ならびにレヴィ＝ストロースに対するジャック・デリダの批判が焦点になる。

（8）こうした問題を、伊波普猷と鳥居龍造との関係において検討したことがある。同、第二章を参照。

（9）フランツ・ファノン『革命の社会学』宮ヶ谷徳三／花輪莞爾／海老坂武訳、みすず書房、一九六九年、一〇七頁。

（10）すなわちトラウマ理論において定義されている「回避」である。「トラウマを受けた人が、そのトラウマの侵入的な再体験にさいなまれるようになると、彼らはこうした侵入がもたらす情緒を回避することを中心に自分の生活を構成するようになることが多い」。ベゼル・Ａ・ヴァン・デア・コルク／アレキサンダー・Ｃ・マクファーレン／ラース・ウェイゼス編『トラウマティック・ストレス』西澤哲監訳、誠信書房、二〇〇一年、一七頁。

（11）ファノン『革命の社会学』（前掲）一〇七頁。

（12）蟻塚亮二『沖縄戦と心の傷——トラウマ診療の現場から』大月書店、二〇一四年、九五頁。

（13）蟻塚も回避と述べている。同、九五頁。

（14）フランツ・ファノン『黒い皮膚・白い仮面』（前掲）六七頁。

(15) この確保ということは、組織論や運動論の中で再度検討しなければならない。この点については第四章以降、とりわけ終章で考える。また「論理」という表現についても終章で再度考えるが、久野収「解題」『中井正一全集1』(久野収編、美術出版社、一九八一年、四六一頁)を参照。

(16) ファノン『黒い皮膚・白い仮面』(前掲)二二頁。

(17) 同、一四〇頁。

(18) この臨床という連続性は、海老坂武が述べているように、ファノンが解放闘争の渦中のなかにあっても具体的な医療活動を継続していたということでもある。「彼(ファノン―引用者)は医学を捨てて革命に参加したのではない。医学とともに革命に参加したのである」。海老坂武『フランツ・ファノン』みすず書房、二〇〇六年、二〇八頁。海老坂の同書は、ファノンの全体像を考えるための必読文献である。

(19) 奥野路介はSPKについて、「マルクスが「疎外(エントフレムドゥンク)」という言葉で表現していることを、SPKは「病気(クランクハイト)」という概念のなかでとらえかえそうとするのである」と述べている。奥野路介「かき消された旅団――〈社会主義患者集団〉の失跡と痕跡」Herbert Worm/奥野路介/野村修/好村冨士彦/池田浩士『西ドイツ「過激派」通信』田畑書店、一九八〇年、七三頁。

(20) *SPK, SPK: Turn Illness into a Weapon*, KRRIM-self-publisher for illness, 1993, p. 74-76.

(21) 奥野「かき消された旅団」(前掲)八九頁。

(22) 同、八九頁。

(23) 「ローアバッハ通り一二番地」という固有の地名について、奥野は、SPKの活動が場を生み出していったことにふれたうえで「そのような場につけられた一つの記号」と述べている(同、八九頁)。そこには既存の世界において割り当てられた場が、同時に居場所を持たない場へとずれていくことが、すなわち固有名から未来に措定された地理的居場所を持たない場をつかみとろうとする宣言へと変わっていくことが、含意されているように思う。

(24) 奥野「かき消された旅団」(前掲)九二頁。

（25）　それは、ＳＰＫが主張した人民大学ということとも関係するだろう。SPK, *op. cit.*, p. 23.

（26）　Rebecca Solnit, *A Paradise Built in Hell*, Penguin Group, 2009, p. 203. 日本語訳はレベッカ・ソルニット『災害ユートピア――なぜそのとき特別な共同体が立ち上がるのか』（高月園子訳、亜紀書房、二〇一〇年）に基本的には従ったが、一部訳し変えたところもある。

（27）　このソルニットの「変わる可能性のある現在」については、冨山一郎「戦後復興を考える――鶴見俊輔の戦後」（冨山一郎／鄭柚鎮編『軍事的暴力を問う――旅する痛み』青弓社、二〇一八年）を参照されたい。

（28）　Solnit, *op. cit.*, p. 47.

（29）　『朝日新聞』朝刊一四面（二〇一一年一二月二九日）。

（30）　Solnit, *op. cit.*, p. 10.

（31）　内海愛子／高橋哲哉／徐京植『石原都知事「三国人」発言の何が問題なのか』影書房、二〇〇〇年、二〇一頁。

（32）　Solnit, *op. cit.*, p. 169.

（33）　*ibid.*, p. 172.

（34）　*ibid.*, pp. 178-179.

（35）　*ibid.*, p. 5.

（36）　*ibid.*, pp. 34-48.

（37）　*ibid.*, p. 10.

第三章

（１）　新城兵一「暗い予兆――九・一一」『新城兵一詩集　死生の海』あすら舎、二〇一一年、五四頁。

（２）　大江志乃夫『戒厳令』岩波書店、一九七八年、八一頁。

（３）　北博昭『戒厳』朝日新聞出版、二〇一〇年、二〇二頁。

（4）金杭『帝国日本の閾』岩波書店、二〇一〇年、一五五頁。
（5）ニコス・プーランツァス『国家・権力・社会主義』田中正人／柳内隆訳、ユニテ、一九八四年、八九頁。
（6）ジュディス・バトラー『触発する言葉』竹村和子訳、岩波書店、二〇〇四年、二〇六頁。第一章の注24に同じ。
（7）たとえばいま戒厳状態を考えることとは、緊急事態条項が記された自民党の「憲法改正案」の問題ではない。それは、路上に配備された自衛隊車両をめぐる暴力への感知力の問題なのだ。逆にいえばこの感知力を失ったところで語られる憲法談義は、沖縄にかかわる戒厳状態を見失うだろう。また安保法案反対運動に対する私の違和感も、自衛隊という軍隊にかかわるものだ。そこには自衛隊が他国の戦争に巻き込まれ、殺しあるいは殺されるという認識はあっても、その軍事的暴力が自分たちに向けられているという感覚は、ほぼ皆無である。次のような沖縄戦の記憶は、そこに入り込む余地はない。「私の妹夫婦は米軍に殺されたのではない。同胞であり、友軍だと信じていた日本軍に殺されたのである。……日本兵を恨むなという方が無理というものだろう。……沖縄が復帰すると、また自衛隊という軍隊が沖縄にやってくるという。もういやだ」（沖縄県労働組合協議会『日本軍を告発する』一九七二年、四頁）。本書はこの暴力への知覚から、問題を立てようとしている。
（8）玉木真哲『沖縄戦史研究序説』榕樹書林、二〇一一年。
（9）冨山一郎『流着の思想』インパクト出版会、二〇一三年の特に第三章を参照。
（10）嶋津与志『沖縄戦を考える』ひるぎ社、一九八三年、一六頁。
（11）沖縄県労働組合協議会『日本軍を告発する』（前掲）四頁。
（12）同、六九頁。
（13）ジュディス・バトラー『触発する言葉』（前掲）二一六頁。第一章注21参照。
（14）沖縄県労働組合協議会『日本軍を告発する』（前掲）六九頁。
（15）森崎和江は、「復帰」を目前にした一九七一年に、沖縄戦における日本軍の住民虐殺を、関東大震災における虐殺と重ね合わせたうえで、次のように述べている。「例えば沖縄の復帰を、戦争中の殺人行為の摘発として、恐怖する本土民衆はいるだろうか」。森崎和江「アンチ天皇制感覚――沖縄・本土・朝鮮」『現代の眼』一九七一年八月、森崎『異族の原基』（大和書房、一九七一年）所収、一九三頁。「復帰」をこのようにとらえていた同時代の文章を、森崎以外には私は知らない。

(16) フランツ・ファノン『地に呪われたる者』鈴木道彦／浦野衣子訳、みすず書房、一九六九年の第五章「植民地戦争と精神障害」は、「だが戦争は継続する」から始まる。この章では戦争は戦場での戦闘を指しているのではなく、「他者の系統立った否定」として描かれている。軍事的暴力はその存在において、こうした「否定」を担うのであり、それが続く以上、「戦争は継続する」のである。

(17) ティム・オブライエン『本当の戦争の話をしよう』村上春樹訳、文藝春秋、一九九八年、四二頁。オブライエンは「日本への移送」といっているので、移送の最終地は、沖縄を経由して立川基地や横田基地だったのかもしれない。

(18) ドキュメンタリー『ショック・ドクトリン』（マイケル・ウィンターボトム、マット・ホワイトクロス、二〇一三年）。

(19) VHS『いま語る沖縄の思い』市民の意見30の会制作、一九九六年。

(20) 沖縄タイムス社編『沖縄の証言　上』沖縄タイムス社、一九七一年、二八六頁。

(21) 同、二八六頁。

(22) 川満信一「わが沖縄・遺恨二十四年――死亡台帳からの異議申し立て」『展望』一九七〇年一月、『沖縄文学全集　第一八巻』国書刊行会、一九九二年、一二三頁。

(23) 同、一一九頁。

(24) 同、一一九頁。

(25) 本章注6参照。

(26) 同小説はその後「ガード」と表題を変えて、他の雑誌に転載された。『沖縄文学全集　第七巻』（国書刊行会、一九九〇年）所収。引用は同書、一〇〇頁。

(27) 大城立裕「カクテル・パーティー」『沖縄文学全集　第七巻』(国書刊行会、一九九〇年)所収。引用は同書、二五八頁。

(28) フランツ・ファノン『黒い皮膚・白い仮面』海老坂武/加藤晴久訳、みすず書房、一九七〇年、八一頁。および序章の注8に同じ。

(29) 同、二五九頁。

(30) フランツ・ファノン『革命の社会学』宮ヶ谷/花輪/海老坂訳、みすず書房、一九六九年、九八－九九頁。

(31) 同、九九頁。

(32) ミシェル・フーコー『知への意志』渡辺守章訳、新潮社、一九八六年、一七五頁。

(33) 同、一七五頁。

(34) Mark Driscoll, *Absolute Erotic, Absolute Grotesque*, Duke U.P., 2010.

(35) Sandro Mezzadra と Brett Neilson は、グローバルな人の移動と労働力の陶冶を検討しながら、主権を国境に囲われた内部性において考えるのではなく、内部の手前にとどめておく「留置 (detention)」と、いつでも強制的に捨て去ることができる「廃棄性 (deportability)」においてとらえようとしている。そこでは、国境を線引きされた境界ではなく、押し寄せる労働力を待機させる場としての境界ゾーンとみなし、またかかる待機状態にかかわって戒厳状態が例外ではなく常態として想定されている。こうした労働力の陶冶という問題は、東アジアについていえば帝国日本と冷戦におけるグローバル・ミリタリズムや基地にかかわる統治、さらには冷戦後の移民や難民にかかわる統治を通底する論点として、存在するだろう。さらにいえばそこには、冷戦が主権的領土への帰属ではなく、すでに帝国において展開していたグローバルな移動と労働力の陶冶を前提にして登場したこととも関連する。Sandro Mezzadra & Brett Neilson, *Border as Method*, Duke U.P., 2013, pp. 142-157.

(36) Achille Mbembe, Necropolitics, *Public Culture* 15 (1), Duke University, 2003.

(37) フーコー自身次のように述べている。「生政治 (biopolitics) の裏側は、死の政治 (thanatopolitics) なのである」(フーコー『自己のテクノロジー』田村俶/雲和子訳、岩波書店、一九九〇年、二三一頁)。また洪玧伸は、こうした死の政治において沖縄戦における「慰安婦」と「慰安所」を浮かび上がらせた。この画期的労作をぜひ参照されたい。洪玧伸『沖縄戦場の記憶と「慰安所」』インパクト出版会、二〇一六年。

(38) ポール・ギルロイ『ブラック・アトランティック』上野俊哉／毛利嘉孝／鈴木慎一郎訳、月曜社、二〇〇六年、一一五頁。

(39) 同、一二六頁。

(40) 松島朝義「乗りこえの論理」沖縄研究会編『沖縄解放への視角』田畑書店、一九七一年、二二一頁。同書には、「10・20嘉手納基地突入闘争被告　松島」とある。

(41) 同、二二一頁。

(42) 冨山一郎「単独決起を想起するということ」国際学術大会「怒りとユートピア」（二〇一三年六月一四日、全南大学）でも議論した。

第四章

(1) フランツ・ファノン『地に呪われたる者』鈴木道彦／浦野衣子訳、みすず書房、一九六九年、一四四頁。

(2) 嶋津与志『沖縄戦を考える』ひるぎ社、一九八三年、三七－三八頁。

(3) S・フロイト「戦争と死に関する時評」一九一五年、『フロイト著作集5』懸田克躬／高橋義孝他訳、人文書院、一九六九年、四〇〇－四〇一頁。

(4) ハーブ・カチンス／スチュワート・A・カーク『精神疾患はつくられる』高木俊介／塚本千秋訳、日本評論社、二〇〇二年。

(5) 琉球政府厚生局公衆衛生部予防課編『沖縄の精神衛生実態調査報告書　一九六六年』一九六九年。

(6) 当時那覇保健所に勤めていた仲本政幸は、「ライシャワー事件の後で、琉球精神衛生法もまさに収容主義で保健所はその先兵」だったと記している。玉木一兵編著『天空の星　玉木正明・島成郎』新星出版、二〇〇七年、四〇一頁。

(7) 當山冨士子「本島南部における沖縄戦の爪跡――精神障害者四〇例を中心に」佐々木雄司編『沖縄の文化と精神衛生』弘文堂、一九八四年。
(8) 半沢ひろし「PTSDとわたし」『精神医療』第一五号、一九九九年。
(9) 岩井圭司「トラウマ(心的外傷)論議の暗点」『精神医療』第一五号、一九九九年、一六頁。
(10) 大江健三郎『沖縄ノート』岩波書店、一九七〇年、七一頁。
(11) 同、七三頁。
(12) 同、七五頁。
(13) 大江健三郎「未来へ向けて回想する――自己解釈四」『沖縄経験　大江健三郎同時代論集4』岩波書店、一九八一年、三二〇―三二一頁。
(14) 同、四五―四六頁。
(15) 大江健三郎「核基地の直接制民主主義」『世界』一九六九年一月(『沖縄経験　大江健三郎同時代論集4』〈前掲〉所収)。
(16) 同、二五八頁。
(17) 同、五一頁。
(18) 同、六五―六七頁。
(19) 川満信一「わが沖縄・遺恨二十四年――死亡台帳からの異議申し立て」『展望』一九七〇年一月、『沖縄文学全集』第一八巻、国書刊行会、一九九二年、一二三頁。
(20) 同、一一九頁。
(21) 同、一一七―一一八頁。
(22) 岡本恵徳「水平軸の発想」『叢書わが沖縄　第六巻　沖縄の思想』木耳社、一九七〇年、『沖縄文学全集』第一八巻、国書刊行会、一九九二年。
(23) 同、一七九―一八〇頁。

（24）石田郁夫『沖縄　この現実』三一書房、一九六八年、一三九－一四〇頁。
（25）岡本「水平軸の発想」（前掲）一九一頁。
（26）フランツ・ファノン『黒い皮膚・白い仮面』海老坂武／加藤晴久訳、みすず書房、一九七〇年、六九頁。
（27）岡本「水平軸の発想」（前掲）一五八頁。
（28）大江「核基地の直接制民主主義」（前掲）二六一頁。
（29）東江平之「沖縄人の意識構造の研究」『人文社会科学研究』琉球大学人文社会科学研究所、一九六三年。
（30）岡本「水平軸の発想」（前掲）一九一頁。
（31）島成郎『精神医療・沖縄十五年』社会評論社、一九八八年、二五三頁。
（32）島成郎『精神医療のひとつの試み』批評社、一九八二年、一五七頁。
（33）Hussein Abdilahi Bulhan, *Frantz Fanon and the Psychology of Oppression*, Plenum Press, p. 248.
（34）ファノン『地に呪われたる者』（前掲）一四三頁。
（35）島『精神医療のひとつの試み』（前掲）一六一－一六二頁。
（36）東大精神科医師連合『精神医療』創刊号、一九七〇年、四九頁。
（37）同、一六一－一六二頁。
（38）同、一七一頁。
（39）新里厚子「島先生、ありがとうございました」『精神医療』（別冊）批評社、二〇〇一年、二〇頁。
（40）沖縄精神医療編集委員会「創刊にあたって」『沖縄精神医療』第一号、一九七七年三月、一頁。

第五章

（1）フランツ・ファノン『地に呪われたる者』鈴木道彦／浦野衣子訳、みすず書房、一九六九年、一四四頁。
（2）Hussein Abdilahi Bulhan, *Frantz Fanon and the Psychology of Oppression*, Plenum Press, p. 121.
（3）関広延『沖縄　1972.5.15』海風社、一九八七年、二〇頁。

（4）儀間進「コミュニケーションとしてのコザ反米騒動」『琉球弧』三号、一九七一年一月一九日、儀間進『琉球弧』（群出版、一九七九年）所収、同書七四頁。
（5）富村順一『わんがうまりあ沖縄』柘植書房、一九九三年、二三〇頁。
（6）同、二二五頁。
（7）同、二四六−二四七頁。
（8）ジュディス・バトラー『触発する言葉』竹村和子訳、岩波書店、二〇〇四年、二一六頁。第一章の注21に同じ。
（9）Hussein Abdilahi Bulhan, *Frantz Fanon and the Psychology of Oppression*, Plenum, 1985, p. 121.
（10）富村公判対策委員会・富村順一獄中手記編集委員会「読者の皆さんへ」富村『わんがうまりあ沖縄』（前掲）所収。
（11）フランツ・ファノン『地に呪われたる者』（前掲）四五頁。第一章の注34に同じ。
（12）同論文は後に岡本恵徳『沖縄文学の地平』三一書房、一九八一年に所収。ここでは同書から引用する。同、一二二頁。
（13）同、一二三頁。
（14）新城は岡本の論述を「富村の言葉に寄り添いつつもその臨海を更に推し進め新たな局面を開示しようとしている」と述べる。新城郁夫「岡本恵徳序論——「富村順一　沖縄民衆の怨念」論における法への喚問」『琉球アジア社会文化研究』第六号、二〇〇三年一〇月、一三七頁。
（15）船本洲治『黙って野たれ死ぬな』全国日雇労働組合協議会編、れんが書房、一九八五年、二一頁。
（16）戯曲の署名は知念正真ではなく、ちねん・せいしん、となっている。
（17）この『人類館』における富村の記述は、いくつかの転載の後に消えている。この変更がなにを意味するのかということについては、その上演空間も含めて検討する必要があるだろう。
（18）この「人類館」とは、一九〇三年大阪でおこなわれた勧業博覧会において、「学術人類館」という名称で、朝鮮人、アイヌ、台湾原住民、ジャワ人などとともに琉球人が陳列されたことを受けている。

(19) 富村『わんがうまりあ沖縄』（前掲）の三頁と二一頁。

(20) 同、一〇九頁。

(21) たとえば富村と岡本の共振を探ろうとした新城郁夫は、この引用部分について次のように述べている。「そこに見出されるべきは、法体系のなかで他者化される「狂人」というポジションを敢えて選んでみせるという論理の発言であり、狂人をはじめとして、心身障害者、在日外国人、性的マイノリティーといった法体系にとっての他者を生み出すことで法そのものを強化し維持させていこうとする〈法の暴力〉それ自体を、自らを「他者」化することを通じて露呈させていこうとする知性的な意思である」（新城「岡本恵徳序論」前掲、一三三頁）。ここで新城のいう「法」あるいは「狂人」を選び取るという議論は、批判的に検討すべき論点である。すなわち狂気は法外に位置しているのでは、断じてないということだ。重要なのは狂気を選び取る、あるいは選ばないということがいかなる事態なのかという検討を、制度批判とともに進めなければならないということであり、富村にとっての狂気の問題は、この点を凝視しながら議論を進めなければならない。こうした作業をおこなわない限り、いくら狂気という言葉を使おうときわめてわかりやすい議論に陥没してしまうだろう。そこでは尋問空間は追認されている。くりかえすが求められているのは、すぐさま岡本の「怨念の狂気」とは重ならない水脈へと向かう作業である。

(22) 富村『わんがうまりあ沖縄』（前掲）九二頁。

(23) 富村「第四回公判意見陳述」（同、二四五頁）。

(24) 富村公判対策委員会「公判闘争経過報告」（同、二一四頁）。

(25) ジュディス・バトラー『触発する言葉』（前掲）二〇六頁。第一章の注24に同じ。

(26) 一九五〇年に施行された精神衛生法は、沖縄では、一九六〇年に琉球政府によりほぼ同じ法が施行されている。本書の第四章でもふれたように、一九七五年の沖縄海洋博をめぐっては、当時皇太子であったアキヒトの来沖にともない、精神疾患を持つ人たちのリストアップがなされ、予防拘禁がおこなわれようとした。またこうした海洋博における治安管理と関連して、一九七〇年、厚生省は「人口過密な都市その他の地域」において、「精神障害者の実態を把握」するための個人カード作成の指示を「精神衛生特別都市対策要綱」として取りまとめており、さらに大阪万博では「日本万国博覧会会場における精神障害者またはその疑いのある者に対する取り扱い要領」を大阪府衛生部長通達として作成し、警察官通報と措置入院の連携を促している。こうした事態は、国体開催や天皇が動くたびに各地で引き起こされていく。野波行夫「地域管理社会と精神医療」『序章』六号、一九七一年を参照。日本社会におけるこうした治安管理の動きと、刑法が米国民政府による布令・布告のもとのおかれた復帰前の沖縄の状況をどのような連関において考えるかについて、すぐさま両者を法制度の違いにおいて区分けして考えてはならないだろう。くりかえすが尋問空間にかかわる問題は、法制度に還元されるものではないのだ。地域管理体制の強化が、様々な場所で同時並行的に展開していたことは確かであり、富村への精神鑑定も、こうした治安管理の経緯と個別の場所をこえた広がりの中で登場したものである。

(27) ミシェル・フーコー『異常者たち』慎改康之訳、筑摩書房、二〇〇二年、一三頁。

(28) 同、一八頁。

(29) 同、二九頁。

(30) ロボトミー手術をめぐるカルテをもとに長野英子は、手術の直前を次のように述べる。「手術前、手術台の上にて「どれ位切るんですか、かんべんして下さいよ、馬鹿になるんでしょ、殺されてしまうんじゃないですか、殺さないでください、お願いします、家に帰らせて下さい、先生、大丈夫でしょうか、死なないですか、先生、先生……」と克明に患者の声を書き取った上で、そのカルテには「情動的な訴えを繰り返す。優雅さが全然ない」と書かれていました。殺されようとしているときに、脳を切り取られようとしているときに、優雅な人間などいるか！　このような命がけの訴えまで、「病状」「症状」として無効化され、とりあげられないのが私たち「精神病」者なのです」（長野英子『精神医療』現代書館、一九九〇年、四頁）。ここで描かれているのは、事実を誤認した医療ではなく、事実性とは関係なく問答無用で行使される強制力なのだ。そしてこの強制力は、二〇〇三年に成立した心神喪失者等医療観察法により明確に制度化され、今、発動されている。

（31）本章注21を参照。
（32）とりあえず数値だけ述べれば、沖縄の流出人口は一九五五年から一九六〇年までは四八六九人だったのが、一九六五年から一九七〇年にかけては六万五六三七人に膨張している。冨山一郎「六〇年以降の沖縄の復帰運動と労働力の流入」『大阪社会労働運動史　第四巻』有斐閣、一九九一年参照。
（33）「K」はその後、二人を殺害する。野田正彰『犯罪と精神医療』（岩波書店、二〇〇二年）所収の「事例11」。また野田によれば、この「事件」は法務省が保安処分の必要を示す事例として取り上げられているという。
（34）「Y」については、関西を中心にすぐさま救援運動が展開する。この「Y」をめぐる救援運動の重要性をどのような場で、どのような言葉で考えるべきなのかについては、本章での富村をめぐる議論も含め、これから取り組むが、そこでも私は、「Y」と「K」が同時に語られる道筋を求めていきたいと思う。また「Y」をめぐっては多くの文書が残されているが、ここでは大阪人権博物館『ヤマトゥのなかの沖縄《ウチナー》』（二〇〇〇年、七六－七九頁）をあげておく。

終章

（1）ジュディス・バトラー『触発する言葉』竹村和子訳、岩波書店、二〇〇四年、二五〇－二五一頁。
（2）久野収「解題」『中井正一全集1』久野収編、美術出版社、一九八一年、四六一頁。
（3）小田実「「存在のことば」、「運動の言葉」」小田実『「共生」への原理』筑摩書房、一九七八年、一四八頁。
（4）ジュディス・バトラー『触発する言葉』（前掲）二〇六頁。第一章の注24に同じ。
（5）フランツ・ファノン『黒い皮膚・白い仮面』海老坂武／加藤晴久訳、みすず書房、一九七〇年、二二頁。
（6）同、一四〇頁。
（7）同、二五頁。序章のエピグラフも参照。
（8）亡くなった後に刊行された竹村和子『彼女は何を視ているのか』（編集河野貴代美／新田啓子、作品社、二〇一二年）には、竹村さんを支えてきた人々が作成した冊子「竹村和子さんと〈チームK（和子）〉」が挟み込まれている。そこには亡くなる前の竹村さんのメールが記載されている。引用したのは、その中の二〇一一年四月八日付の竹村さんのメール。竹村さんは同年の一二月一三日に亡くなった。この竹村さんのメールの引用箇所については、冨山一郎「視ているのは誰なのか」(https://wan.or.jp/article/show/1385) も参照されたい。

(9) 小森陽一監修『研究する意味』東京図書、二〇〇三年、一五八頁。

(10) また私の職場の移動にともない、大阪から京都に火曜会が移動した後に、「知り合い」や「左翼」といったコードはより顕著になったように思う。「〇〇さんの知り合いの××です」。あるいは議論を「知り合い」内部に収めようとする傾向も目に付いた。このことは、学生運動や社会運動のネットワークの密度の高い京都という場所を批判的に考えるうえで、とても興味深い問題であるだろう。

(11) 補論3「醜い顔」を参照。

(12) 火曜会にかかわる文書は、http://doshisha-aor.net/place/ に収録してある。

(13) 補論1「接続せよ！ 研究機械」、補論2「大学の危機？」を参照。

(14) ただ彼の考えていたことが、彼自身においてどのような言葉の場として登場するのかということについては、戦後彼が実践した農村文化活動や図書館活動を待たなければならないだろう。

(15) 中井正一『美と集団の論理』久野収編、中央公論社、一九六二年、二〇七頁。

(16) 平井玄は今の状況を的確にも「広告的政治」と述べている。平井玄「真に畏怖すべきもの――国民運動への異論」『季刊 ピープルズ・プラン』七三号、二〇一六年。

(17) 鶴見俊輔は次のように、態度という問いを出している。「私は思想は信念と態度の複合だと思っています」。鶴見俊輔「戦時から考える」桑原武夫編『創造的市民講座――わたしたちの学問』小学館、一九八七年（『鶴見俊輔集8 私の地平線の上に』筑摩書房、一九九一年、所収）、『鶴見俊輔集8』二五三頁。ここで鶴見のいう信念とは、民主主義が重要だといった一般的で普遍的な価値判断であり、鶴見の思想に対するこうした考えは、日本の戦後をどこから出発させるのかという自分自身への問いでもあった。「私が戦争中悟ったのは、人の思想を信念だけとして見ない、態度を含めて思想を信念と態度の複合として見る、ということ」（鶴見「戦時から考える」『鶴見俊輔集8』二五四頁）なのだ。冨山一郎・戸邉秀明「あとがき――歴史における態度の問題」森宣雄／冨山一郎／戸邉秀明編『あま世へ』法政大学出版局、二〇一七年、冨山一郎「三月十一日から軍事的暴力を考える」冨山一郎／鄭柚鎮編『軍事的暴力を問う』青弓社、二〇一八年、一七四－一七六頁参照。

(18) 中井正一「聴衆0《ゼロ》の講演会」（『朝日評論』一九五〇年四月号）『中井正一全集4』久野収編、美術出版社、一九八一年、一八九頁。

(19) 中井正一「われらが信念」（『昭徳』一九四二年四月号）『中井正一全集4』久野収編、美術出版社、一九八一年所収。

(20) 同、七五頁。

(21) 同、七五頁。

(22) 鶴見俊輔「解説　戦中から戦後へ」『中井正一全集4』（前掲）三五九頁。

(23) 同、三五九頁。

(24) 谷川はその魅力を、坑夫たちが花札をやる際の「しゃれた絵」という言葉であらわしている。それは「闘えば九分九厘敗北するにきまっているけれども、こととしだいによっては相手の裏目々々をついて一発轟沈の可能性を秘めている」札の模様のことだ。それはいかなる状況においても、まだ終わっていないと人に思わせる魅力のことなのだろう。私もどんなときでも、「しゃれた絵」を眺めながら楽しみたいと思う。あるいはしゃれた人物でありたい。また中井は、自分自身が谷川のいうような媒体であることを自覚しながら、それを「中井正一」という固有名ではない形で、提示したかったのではないかと想像する。それが「委員会の論理」なのかもしれない。谷川雁「士風・商風」『中井正一全集2　付録』美術出版社、一九八一年。

(25) 久野収「解題」『中井正一全集1』美術出版社、一九八一年、四六六－四六七頁。

(26) 中井正一「感嘆詞のある思想」『中井正一全集1』（前掲）一四六頁。

(27) 同、一四九頁。

(28) 同、一四九頁。

(29) フランツ・ファノン『地に呪われたる者』鈴木道彦／浦野衣子訳、みすず書房、一九六九年、四五頁。第一章の注34に同じ。

(30) 中井正一「委員会の論理」『中井正一全集1』（前掲）五一―五二頁。

(31) 同、五三頁。

(32) 同、五四頁。

(33) 久野「解題」（前掲）四六二頁、野間宏「中井正一から受けた批評」『中井正一全集2 付録』（前掲）一頁。

(34) 中井「委員会の論理」（前掲）五五頁。

(35) 同、九六―一〇二頁。

(36) だがこの審議性と代表性の関係は、「委員会の論理」においては、明確ではないように思われる。それは中井自身が「代表性の組織論は別稿にゆずりたい」と述べていることとも関連するだろう。同、一〇四頁。

(37) 本章注15に同じ。

(38) 私は次の高秉權の現状認識に、深く同意する。「要するに、正しい言葉はひたすら正しい言葉であるのみだ。それがわたしのものになるためには、わたしの中でふたたび体験されねばならない。わたしがわたしの仕方で体験しなかった言葉とは、ただ単に宙を漂う情報に過ぎない。世間には相も変わらず正しい言葉を探し求める人々が後を絶たないが、わたしは世間に正しい言葉が不足しているとは思わない。ただ、それがあてもなくあちこちへ漂流しているだけだ」。高秉權『哲学者と下女』今津有梨訳、インパクト出版会、二〇一七年、二〇四頁。

(39) ところでこの「書かれる論理」と「印刷される論理」の対比において知の在り方を考えることを、少し拡張しておきたい。すぐさま気づくように、この対比にかかわる中井の考えは、いわゆるポピュラー・カルチャーにかかわる議論でもあるのだ。すなわちポピュラー・カルチャーにおいては、ジョン・フィスクがいうように、「テキストが読者に対してどのようなかかわりをもちうるか」（ジョン・フィスク「ポピュラー・カルチャー」フランク・レントリッキア、トマス・マクラフリン『続・現代批評理論』大橋洋一／正岡和恵／篠崎実／利根川真紀／細谷等／清水晶子訳、平凡社、二〇〇一年、三一頁）が要点なのであり、このかかわりにおいて経験という領域が担保されるのである。このかかわりはテキストの解釈といってもいいかもしれないが、その解釈においては一つの正しい読み方を軸にして整序化や中井のいう教区的な広がりが追求されるのではなく、むしろ「人々が意味をめぐって闘うことの出来る場」（同、三〇頁）が構成されることが重要なのだ。かかる点に注目すれば、中井のいう「印刷される論理」から始まる集団は、ポピュラー・カルチャーをめぐるポピュラリティーの問題でもある。あえていえばポピュラリティーを、中井のいう新しい「活字的な思惟形態」としてどのように受け止めるのかという問題なのだ。「委員会の論理」の拡大は、カルチュラル・スタディーズやポピュラー・カルチャーをめぐる議論の今日的な意義を示すと同時に、中井のいう「印刷される論理」の領域を、ヴィジュアルなものも含めた領域に広げて考えることを要請するだろう。また読むという動詞は、視る、感じる、受け止めるという動詞と連結していくことになるだろう。文書というテキストや読むという動詞は、フィスクが念頭においているようなヴィジュアルなものも含めるべきであり、視る、聴く、感じるといった動詞も同時に想定することができるように思う。そしていずれにしても重要なのは、「一方的な説教と、売出的な叫び」の広がりではなく、読むという経験が契機となって新しい集合性に向かうプロセスとして、議論の場が確保されることなのだ。

(40)　中井「委員会の論理」（前掲）一〇三―一〇四頁。

(41)　同、七九頁。

(42)　同、七八頁。

(43)　ジュディス・バトラーは『自分自身を説明すること』において、まだ見ぬ他の存在により自分自身が「台無し」になる（become undone）ことを、「呼びとめられ（addressed）、求められ、私でないものに結ばれるチャンスでもあり、さらに動かされ、行為するように促され、私自身をどこか別の場所へと送り届けようとし（address myself elsewhere）、そうして一種の所有としての自己従属的な「私」を明け渡していくチャンス」と述べている。Judith Butler, *Giving an Account of Oneself*, Fordham University Press, 2005, p. 136.

(44) それは本章の態度のところでふれた、「聴く」ことにも当てはまるだろう。
(45) 中井「委員会の論理」(前掲)七九頁。
(46) 同、八七頁。模写については、中井正一「模写論の美学的関連」『中井正一全集1』(前掲)も参照。
(47) ところでこの模写とは、引用においてもいえることである。引用する際、そこでは間違いなく他者の言葉の反復において自分自身の読むという経験が言語化されているのだ。それは引用に注釈を加えることになるかもしれない。あるいはその注釈が引用としてなされるとき、さらなる注釈が連なっていくかもしれない。注釈が連なり、拡散していくのである。
(48) 中井「委員会の論理」(前掲)一〇三頁。
(49) 火曜会ではこうした文書をディスカッション・ペーパーとよんでいる。それは、論文ということではまったくなく、どのような形式であれ、まず読むという経験を出発点にすえるという意味だ。
(50) 中井「委員会の論理」(前掲)八八頁。
(51) 同、八七頁。
(52) 同、八八頁。
(53) この中井の技術的時間は、序章でふれた「現在は常に未来を構築する」というファノンのいう現在性とも重なるだろう。
(54) 小田実『「共生」への原理』(前掲)一四八頁。小田の議論は、序章の注5で述べた、連累という言葉にかかわるビフォ(フランコ・ベラルディ)の議論と、きわめて近似していると思われる。くりかえせばビフォは、つながるという行為における前者への傾向が、「何ものかであれ」(Be)という秩序的要請であるとしたうえで、後者への展開を「連累せよ」(Concatenate)と表現したのだ(フランコ・ベラルディ『プレカリアートの詩』櫻田和也訳、河出書房新社、二〇〇九年、二一六頁)。小田にそくしていいかえれば、前者が「存在のことば」であり、後者が「運動のことば」ということになるのではないだろうか。
(55) Rebecca Solnit, *A Paradise Built in Hell*, Penguin Group, 2009, p. 203. 第二章の注26を参照。

（56）小田実『「共生」への原理』（前掲）一六五頁。
（57）同、一八三頁。
（58）同、一八六頁。
（59）同、一九一頁。
（60）中井「委員会の論理」（前掲）九三―九五頁。
（61）フェルディナン・ド・ソシュール『ソシュール講義録注解』前田英樹訳、法政大学出版局、一九九一年、五三頁。このソシュールのいう言葉の「線状的性格」については、井上康／崎山正毅『マルクスと商品語』（社会評論社、二〇一七年、三五―三六頁）を参照されたい。同書ではマルクスが『資本論』、とりわけ価値形態論において人間の言葉により描こうとした商品語の〈場〉を、「線状的性格」をもつ人間の言葉を超えた水準に設定すると同時に、それを克服する可能性について検討している。いいかえればその可能性も、やはり〈場〉として確保されなければならないのである。
（62）同、五三頁。
（63）言葉を引用することは、言葉の意味を可能にする歴史的な「慣習を引用すること」なのだ。バトラー『触発する言葉』（前掲）五一―五四頁。
（64）同、五八頁。
（65）http://doshisha-aor.net/place/ で読むことができる。
（66）久野収「編者のことば」中井正一『美と集団の論理』（前掲）二九六頁。
（67）レーニン「一歩前進、二歩後退」『レーニン全集7』大月書店、一九六四年、二〇九頁。
（68）同、二〇九―二一〇頁。
（69）同、二〇九頁。
（70）中井正一『美と集団の論理』（前掲）二〇七頁。本章の注15に同じ。
（71）鶴見俊輔『思想の落し穴』岩波書店、二〇一一年、二六四頁。

(72) 第二章の注23を参照。
(73) 鶴見『思想の落し穴』(前掲)二六四頁。
(74) 中井正一「雪」『中井正一全集4』(前掲)五七頁。
(75) 同、五七頁。

あとがき

本書を担当してくださった奥田のぞみさんから、「ファノンについての本を書きませんか」と記された年賀状をいただいた時から、すべてが始まった。二〇一五年の正月だったと思う。後述するように、これまでいろいろな場で話したり書いたりしてきたものが本書に関係しているが、補論にいれた文章以外は、すべて大幅に書き直した。またこれらの文章は、本としてまとまることが予定されていたわけでは決してない。かかる意味で奥田さんからの年賀状は、自分の文章をもう一度読み、書き直そうとする契機になった。また、そこかしこに散乱していた自分の言葉に張り付いている身体感覚を確かめながら本を作ることになったのは、年賀状にファノンという名前があったからだろう。

東京駅のオイスターバーで最初の相談の機会を持った際、奥田さんが、「海賊はいないのか、海賊たちはどこへいったのか」といたずらっぽく話したことを、今思い出している。それは、昨今の書かれたもの全般に対する、奥田さんの不満だったように思う。すなわち、正しさのレールを進んでいく列車のような文章への不満であり、終着駅がすでにわかっているような文章が蔓延することへの危機感である。あるいはそれは、書く、そして読むという一連の営みが失われていくことへの、書籍作りにたずさわる者としての喪失感でもあったのかもしれない。こうした文章には、未決の未来にさらされる恐怖も、自らの未来をつかみとる喜びも、ない。書き手であれ読み手であれ、自らの航海術だけをたよりに、未来への航路をつかみ取ろうとするような海賊たちは、一体どこにいったのか。そのような憤りとして、私は奥田さんの言葉を受け取った。

正しさというレールを脱線しないようにすすむことは、正しさという横断的なスローガンにおいて異なる複数の動きを代表しようとする試みとは、まったく違う。前者の正しさが閉じた保身であるのに対し、後者には、異なる者たちとともに無理を承知で動き出そうとする他者に開かれた身構えがある。こちらの正しさは動因であって、等質な空間を定義する公理や最大公約数ではない。今必要とされるのは、用意されたレールにのりながら万人受けすることを唱える保身的な正しさではなく、この無理を承知で身を開いていく構えだ。またこの無理にでも他者とともにすすもうとするところにも、ある種の航海術があるだろう。航海術においては、自らの未来を切り開こうとしてまだ見ぬ航路をつかみとることと他者との交差は、ともにある。また正しさという代表性も、この交差の中で確保されなければならないのだ。

予感し、巻き込まれ、引き受けるといった動詞において担われていくプロセスを、本書では知とよぼうとした。別の言い方をすればこの知は、こうした航海術に他ならない。それは、壇上から啓蒙する知でもなければ、階梯を構成するものでもない。ましてや、本数だの採択数だのといった量に換算されたはかり売りの品物でもなければ、「いいね！」の数を争うものでもない。知とは、正しさの名のもとに命名することでもなければ拍手を求めて解説することでもなく、ともに動くことだ。一人で海に漕ぎ出し、船影のまったく見えない海においてまだ見ぬ他者とつながるための技術なのだ。

こうした船には、あらかじめ用意された所属の旗ではなく、海賊旗こそがふさわしい。終章に登場する中井正一とともに新聞『土曜日』を刊行した能勢克男による無声の八ミリ映像『「土曜日」の一周年』（一九三七年）には、中井たちが船に乗り込み琵琶湖を周遊するシーンが登場する。その船尾には、「土よう日」という文字の入った旗が立てられていた（DVD『ファシズムと文化新聞「土曜日」の時代』牧野守監修、六花出版、二〇一二年）。海というには琵琶湖は小さく、また船も決して大きくはないが、この「土よう日」旗はまさしく海賊旗なのだろう。能勢克男は、この映像がとられた翌年の一九三八年、治安維持法違反で検挙される。

私が六〇歳になった二〇一七年の夏、本書の終章に登場する火曜会のメンバーが中心となって、私が書き散らかしたあらゆる文章から一人ひとりが自由にピックアップして読み、それについてA4一枚以内で文章を書くという催しがおこなわれた。私の名が付いた文章から始まった読むという経験をそれぞれが言葉にした文章が、一斉に差し出されたのである。この催しは「饗宴」と名付けられていたのだが、宴で食したのは私ではない。逆に、自分がバラバラになりながら食されている感触を、覚えたのである。書くことが、たった一人で漕ぎ出すことだとするなら、読むということは海で他者と交差していくことなのかもしれない。そして両者は分かちがたく重なっている。この「饗宴」では、読み、そして書くということにおいて、多くの船影が浮かび上がり、一堂に会することになったのである。

その「饗宴」で配られた文章の中に、次のようなものがあった。「一見異質に見える言葉たちに、自らの現状が言葉と暴力の拮抗する地点を通過しているというある身体感覚が表れているような気がしてならない」。自分の文章がこのように読まれたとき、そこで記されている身体感覚は、私のものでもあり、読んだ者のものでもあり、またどちらでもない。それはある種のつながりとしかいいようのない感覚であり、そしてこのつながりの中で、「言葉と暴力の拮抗する」私たちの今が、浮かび上がるのである。それは、蔓延する暴力を予感し身構えながらつながろうとする者たちの存在自体を、消去し続けてきたこの社会である。またそれは、法案にかかわる賛否の問題というより、ある領域については議論をしないという問答無用の前提とそこに浮かび上がる薄っぺらい安寧のことだ。海賊旗を掲げなければならない。

ところで最初にも述べたように、奥田さんからの年賀状が本書の始まりなのだが、もう一つ契機になったのは、同じく二〇一五年の二月二三日から二七日までの四日間にわたって、韓国ソウルで活動中の研究集団〈スユノモN〉において、ファノンについての集中講義をおこなったことがある。本書の第I部の原型は、この集中講義のために作成した原稿である。それは講義というよりも、議論の時間であった。毎回早めの夕食をとった後におこなわれたこの集中講義には、学生や院生、留学生だけではなく、様々な社会運動の活動家や労働者が連日集まり、それぞれが「私のファノン」を表明し、議論したのである。

　この集中講義では、ファノンについての一般的な知識が提示されたのでもなければ、そこで何かしらのファノンについての認識の一致が形成されたわけでもない。議論がすすむにつれて、ファノンを語ることが自らを語ることとして登場し、ファノンという言葉が熱を帯びだした。この熱感が充満する中で、次第にそれぞれの多様な生きざまが一堂に会していき、場が生み出されていったのである。またその場の熱は毎回懇親会にも流れ込み、議論は多焦点化し、拡張し続けた。ファノンは、多様な背景を持つ人々が集合的に化学反応を起こしながら別の状態に移行していく触媒になったのである。また始まった反応は止めることができない。本書の終章の最後に登場する「議論中毒」という言葉も、この集中講義の最終日に登場した。

　本書は、火曜会や「饗宴」も含め、こうした中毒症状の中で生まれた。最後に各章に関連する文章を記しておく。補論については、最低限の字句の統一、誤字の訂正をおこなったが、基本的には初出のまま収録した。ここに記したこうした文章は、元の文章ということではなく、内容が対応しているということでもない。文章のどれもが中毒症状を抱え込んでいるのであり、あえていえば、すでに書かれた文章を、そこに隠された中毒症状とその熱感をたよりに議論の場に差し戻して再読し、症状をさらにこじらせながら書き直したというべきかもしれない。ともに症状を共有したすべての人々に感謝する。

序章　「スユノモN」での集中講義（二〇一五年二月二三―二七日）
第一章　「スユノモN」での集中講義（二〇一五年二月二三―二七日）
第二章　「スユノモN」での集中講義（二〇一五年二月二三―二七日）
「巻き込まれるということ」（『日本学報』三一号、二〇一二年）
第三章　「戒厳状態と沖縄戦」川島正樹編『記憶の共有をめざして』（行路社、二〇一五年）
「基地を想起するということ」（シンポジウム「冷戦研究の最前線」韓国高麗大、二〇一四年三月七日）
第四章　「言葉の在処と記憶における病の問題」冨山一郎編『記憶が語りはじめる』（東京大学出版会、二〇〇六年）
第五章　「この、平穏な時期に」野村浩也編『植民者へ』（松籟社、二〇〇七年）
「単独決起を想起するということ」（国際シンポジウム「Anger and Utopia」韓国全南大、二〇一三年六月二四日）
終章　「共に考えるということ」（「火曜会」と「スユノモN」の合同ワークショップ「動詞的思考、あるいは変わりうる現在のために」同志社大学、二〇一五年八月二五―二六日）
「共に考えるということ（II）」（「第27期火曜会シラバス」二〇一六年、http://doshisha-aor.net/place/480/）
「旅する痛み」冨山一郎／鄭柚鎮編『軍事的暴力を問う』（青弓社、二〇一八年）

補論1　「接続せよ！　研究機械」『インパクション』（一五三号、二〇〇六年）
　　2　「大学の危機？」『インパクション』（一七三号、二〇一〇年）
　　3　「醜い顔」『インパクション』（一六九号、二〇〇九年）

本書の「あとがき」として、最後に記しておきたいことがある。それは私がファノンに魅かれた理由の一つでもあり、またこれまで決して明示的に述べることのなかったことでもある。それは、精神医療という領域にかかわることだ。本書の第四章や第五章からもわかるように、私にとって精神医療は、ファノンあるいは沖縄を考える際の重要な軸である。だがそれだけではない。精神医療はいつも自分の傍らにあった。若くして「発病」した妹は、九つもの精神医療機関において入退院と失踪を繰り返したのち、二〇一五年の四月三日、一人暮らしのアパートの部屋において絶命しているところを発見された。享年五五歳。見事に生き抜いた妹の生を考えることは、兄や家族ということだけではなく、彼女を通して「病」と精神医療に様々な形でかかわることになった自分自身を考えることでもある。民族解放闘争の活動家ではなく、ポストコロニアル理論の担い手でもなく、臨床にたちつづけた精神科医としてのファノンをどうしても凝視してしまうのは、そこに妹の生きてきた軌跡と私自身を考える端緒があるに違いないと思い続けてきたからに他ならない。また人が生きることに対して命名し解釈するのではない態度を、臨床という言葉に込めようとしたことの傍らには、「病」と医療をめぐる極めて具体的な出来事がある。答えはない。だが、「発病」ならびに「病」という表記は、書き改められなければならないと考えている。

本書を、冨山直子にささげる。

二〇一八年三月二九日未明

冨山一郎

著者紹介

冨山 一郎（とみやま　いちろう）
1957年生まれ。大阪大学大学院文学研究科をへて現在，同志社大学グローバル・スタディーズ研究科教授。
著書に『近代日本と「沖縄人」』日本経済評論社，1990年，『戦場の記憶』日本経済評論社，1995年（ハングル版，2002年），『暴力の予感』岩波書店，2002年（ハングル版，2009年），『流着の思想』インパクト出版会，2013年（ハングル版，2015年）ほか。
編著に『記憶が語り始める』東京大学出版会，2006年，『ポスト・ユートピアの人類学』（石塚道子・田沼幸子共編）人文書院，2008年，『現代沖縄の歴史経験』（森宣雄共編）青弓社，2010年，『コンフリクトから問う』（田沼幸子共編）大阪大学出版会，2011年，『あま世へ』（森宣雄・戸邉秀明共編）法政大学出版局，2017年，『軍事的暴力を問う』（鄭柚鎮共編）青弓社，2018年など。

サピエンティア　53
始まりの知
ファノンの臨床

2018年7月1日　初版第1刷発行

著　者　冨山一郎
発行所　一般財団法人　法政大学出版局
〒102-0071　東京都千代田区富士見2-17-1
電話03（5214）5540／振替00160-6-95814
組版　言海書房／印刷　三和印刷／製本　誠製本
装幀　奥定泰之

ISBN 978-4-588-60353-2　Printed in Japan